Die einstweilige Verfügung
im Arbeitskampf

Europäische Hochschulschriften

European University Studies

Publications Universitaires Européennes

Reihe II **Rechtswissenschaft**

Series II Law

Série II Droit

Band/Volume **5769**

Stefan R. Janssen

Die einstweilige Verfügung im Arbeitskampf

PL ACADEMIC RESEARCH

Bibliografische Information der Deutschen Nationalbibliothek
Die Deutsche Nationalbibliothek verzeichnet diese Publikation in der Deutschen Nationalbibliografie; detaillierte bibliografische Daten sind im Internet über http://dnb.d-nb.de abrufbar.

Zugl.: Köln, Univ., Diss., 2015

D 38
ISSN 0531-7312
ISBN 978-3-631-66492-6 (Print)
E-ISBN 978-3-653-05744-7 (E-Book)
DOI 10.3726/978-3-653-05744-7

PL Academic Research ist ein Imprint der Peter Lang GmbH.
Peter Lang – Frankfurt am Main · Bern · Bruxelles · New York · Oxford · Warszawa · Wien

Diese Publikation wurde begutachtet.

www.peterlang.com

Inhaltsverzeichnis

Abkürzungsverzeichnis 11

1 Einführung 15

1.1 Verortung der einstweiligen Verfügung im Arbeitskampf 15

1.2 Fortlaufender Bedeutungszuwachs 19

1.3 Grund und Gang der Untersuchung 26

2 Arbeitskampf – Grundlagen 31

2.1 Zweck von Arbeitskämpfen 31

2.2 Der Arbeitskampfbegriff 32

2.2.1 „weiter Arbeitskampfbegriff" 32

2.2.2 „enger Arbeitskampfbegriff" 33

2.3 Die Kampfparteien 34

2.4 Die Kampfmittel 34

2.4.1 Kampfmittel der Beschäftigten 35

2.4.2 Kampfmittel der Arbeitgeber 36

2.5 Rechtsgrundlagen des Arbeitskampfes 37

2.5.1 Verfassungsrechtliche Grundlagen 38

2.5.2 Grenzen der Arbeitskampffreiheit 39

2.5.3 Rechtmäßigkeitsvoraussetzungen von Streiks 41

2.5.3.1 Tariffähigkeit der Parteien 41

2.5.3.2 Ausrichtung auf Tarifziel 42

2.5.3.3 Friedenspflicht 42

2.5.3.4 Verhältnismäßigkeit 43

2.5.3.4.1 Geeignetheit 44

2.5.3.4.2 Erforderlichkeit 44

2.5.3.4.3 Angemessenheit (Proportionalität) 46

2.5.4 Staatliche Neutralität 49

2.5.5 Rechtsfolgen 49

2.5.5.1 Rechtsfolgen zulässiger Arbeitskämpfe 49
2.5.5.2 Rechtsfolgen unzulässiger Arbeitskämpfe 50
2.5.5.2.1 Im Verhältnis Arbeitgeber zum Arbeitnehmer 50
2.5.5.2.2 Im Verhältnis Arbeitgeberverband zur Gewerkschaft 51
2.5.5.2.3 Im Verhältnis Arbeitgeber zur Gewerkschaft 51

2.6 Zwischenergebnis 52

3 Eilverfügungsrecht – Grundlagen 53

3.1 Einstweiliger Rechtsschutzes im Zivilprozess 54
3.1.1 Die Verfügungsarten 56
3.1.1.1 Die Sicherungsverfügung, § 935 ZPO 56
3.1.1.2 Die Regelungsverfügung, § 940 ZPO 57
3.1.1.3 Die Leistungs- bzw. Befriedigungsverfügung 57
3.1.1.4 Die sog. „Feststellungsverfügung“ 59
3.1.2 Das Verfahren der einstweiligen Verfügung 61
3.1.2.1 Zuständiges Gericht 61
3.1.2.2 Verfügungsgesuch 62
3.1.2.3 Glaubhaftmachung von Verfügungsanspruch/-grund 62
3.1.2.3.1 Verfügungsanspruch 63
3.1.2.3.2 Verfügungsgrund 66
3.1.2.4 Entscheidung über den Antrag 70
3.1.2.5 Maßnahmen der eV 71
3.1.2.6 Rechtsbehelfe 71

3.2 Eilrechtsschutz im arbeitsgerichtlichen (Urteils-)Verfahren 72
3.2.1 Verfügungsarten im arbeitsgerichtlichen Urteilsverfahren 72
3.2.2 Zuständigkeit 72
3.2.3 Verfahren 74
3.2.4 Entscheidung über den Antrag 75
3.2.5 Rechtsbehelfe 75

3.3 Zwischenergebnis 75

4 Die Verfügungsart der „Arbeitskampfverfügung“ 77
4.1 Befriedigungsverfügung 77
4.2 Rechtsgrundlage 78
4.2.1 Exkurs: „Kampfrechtliche Feststellungsverfügung“? 81
4.2.2 Exkurs: Notwendigkeit einer Zwischenverfügung 84
4.3 Glaubhaftmachung bei der Arbeitskampfverfügung 84
4.4 Mündliche Verhandlung 85
4.5 Zwischenergebnis 85
5 Statthaftigkeit von „Arbeitskampfverfügungen“ 87
5.1 Vielschichtigkeit des Meinungsbildes 88
5.1.1 Generelle Unstatthaftigkeit 89
5.1.2 Einschränkende Sichtweisen 93
5.1.2.1 Endgültige Wirkung der einstweiligen Verfügung 93
5.1.2.2 Schwierigkeit der zu behandelnden Rechtsfragen 100
5.1.2.3 Rechtsfortbildung 104
5.1.2.4 Grenzinitiativen/Institutionenschutz 108
5.1.2.5 Einschränkung analog § 32 BVerfGG 112
5.1.3 Generelle Statthaftigkeit 114
5.1.4 Stellungnahme 116
5.2 Exkurs: Beschleunigtes Hauptverfahren statt Eilverfügung? 128
5.3 Zwischenergebnis 130
6 Verfügungsansprüche gegen Streiks 133
6.1 Verzicht auf Prüfung des Verfügungsanspruches? 133
6.2 Anspruchsgrundlagen 134
6.2.1 § 826 BGB 134
6.2.2 § 823 Abs. 1 BGB – Eingriff in den Gewerbebetrieb 136
6.2.2.1 Eingriff in den Gewerbebetrieb 137
6.2.2.2 Rechtswidrigkeit 141

6.2.2.2.1 Exkurs: Umgrenzung des Verhältnismäßigkeitsmaßstabs 142
6.2.2.2.2 Indizierung der Rechtswidrigkeit 150
6.2.2.3 Eigentumsverletzung 151
6.2.3 § 823 Abs. 2 BGB i.V.m. Schutzgesetz 152
6.2.4 § 862 Abs. 1 BGB bei Betriebsbesetzungen 152
6.2.5 Unterlassungsanspruch aus tarifvertraglicher Friedenspflicht 155
6.2.6 § 1004 BGB 155
6.2.7 Anspruchsgegner 155
6.3 Prüfungsmaßstab an die Rechtswidrigkeit 156
6.3.1 Bloße Wahrscheinlichkeit 156
6.3.2 Offensichtliche Rechtswidrigkeit 159
6.3.3 Einfache Rechtswidrigkeit 162
6.4 Zwischenergebnis 163
7 Der Verfügungsgrund 167
7.1 Existenzgefährdung 167
7.2 Gefahr des endgültigen Rechtsverlustes 168
7.2.1 Interessenabwägung 170
7.2.1.1 Aspekte der Interessenabwägung 172
7.2.1.1.1 Eindeutigkeit der Sach- und Rechtslage 172
7.2.1.1.2 Schutzbedürftigkeit 173
7.2.1.1.3 Schadensersatzansprüche 175
7.2.1.1.4 Drittinteressen 176
7.2.1.2 Unentschiedener Ausgang der Abwägung 177
7.3 Zwischenergebnis 177
8 Sonderfragen des Verfahrens 179
8.1 Schutzschriften 179
8.2 Gerichtsstandproblematik – „forum (s)hopping“ 182
8.3 Exkurs: Änderung des Instanzenzuges? 185
8.4 Zwischenergebnis 188

9 Blick ins Ausland ... 191
9.1 Arbeitskampf in den USA ... 191
9.1.1 Evolution des Arbeitskampfrechts und Eingriffsmöglichkeiten ... 191
9.1.2 Konsequenz ... 192
9.2 Zwischenergebnis ... 193
10 Endergebnis/Schlussgedanken ... 195
Literaturverzeichnis ... 199

Abkürzungsverzeichnis

a.A.	andere Ansicht
a.a.O.	am angegebenen Ort
abgedr.	abgedruckt
abl.	ablehnend
abw.	abweichend
AcP	Archiv für die civilistische Praxis
a.E.	am Ende
ähnl.	ähnlich
AiB	Arbeitsrecht im Betrieb
AK-ZPO	Alternativkommentar zur Zivilprozessordnung
allg.	allgemein
Anm.	Anmerkung
AP	Arbeitsrechtliche Praxis
ArbG	Arbeitsgericht
ArbGG	Arbeitsgerichtsgesetz
ArbR	Arbeitsrecht
ArbRB	Der Arbeits-Rechts-Berater
Art.	Artikel
AuR	Arbeit und Recht
Ausf.	Ausführlich
BAG	Bundesarbeitsgericht
BAGE	Entscheidungen des Bundesarbeitsgerichts
BayVGH	Bayerischer Verwaltungsgerichtshof
BB	Der Betriebsberater
Bd.	Band
BAD	Bundesvereinigung der Deutschen Arbeitgeberverbände
bearb.	bearbeitet
BeckOK	Beck'scher Online-Kommentar
begr.	begründet
Beil.	Beilage
Beschl.	Beschluss
best.	bestimmt
BetrVG	Betriebsverfassungsgesetz
BGB	Bürgerliches Gesetzbuch
BGH	Bundesgerichtshof

B/L/A/H	Baumbach/Lauterbach/Albers/Hartmann
BReg	Bundesregierung
bspw.	beispielsweise
BVerfG	Bundesverfassungsgericht
BVerfGE	Bundesverfassungsgerichtsentscheidung
bzw.	beziehungsweise
DAV	Deutscher Anwaltverein
DB	Der Betrieb
DFS	Deutsche Flugsicherung
DGB	Deutscher Gewerkschaftsbund
diesbzgl.	diesbezüglich
Diss.	Dissertation
ders.	derselbe
DRiZ	Deutsche Richterzeitung
dt.	deutsch/e/er/es
eR	einstweiliger Rechtsschutz
ErfK	Erfurter Kommentar
etc.	et cetera
eV(en)	einstweilige Verfügung(en)
EzA	Entscheidungssammlung zum Arbeitsrecht
f.	folgende
FA	Fachanwalt Arbeitsrecht
FAZ	Frankfurter Allgemeine Zeitung
ff.	fortfolgende
FN(en)	Fußnote(en)
FS	Festschrift
GdF	Gewerkschaft der Flugsicherung
GDL	Gewerkschaft Deutscher Lokomotivführer
gem.	gemäß
GG	Grundgesetz
ggfs.	gegebenenfalls
GK	Gemeinschaftskommentar (zum Arbeitsgerichtsgesetz)
GMH	Gewerkschaftliche Monatshefte
grds.	grundsätzlich
Grundz	Grundzüge
GRUR-RR	Gewerblicher Rechtsschutz und Urheberrecht-Rechtsprechungsreport
GS	Gedächtnisschrift
GVG	Gerichtsverfassungsgesetz

h.M.	herrschende Meinung
H/W/K	Henssler/Willemsen/Kalb
Hrsg./hrsg.	Herausgeber/herausgegeben
i.d.R.	in der Regel
insb.	insbesondere
insg.	Insgesamt
juris-PR	juris Praxis Report
JuS	Juristische Schulung
JZ	Juristenzeitung
KJ	Kritische Justiz
krit.	kritisch
MDR	Monatsschrift für deutsches Recht
m.w.N.	mit weiteren Nachweisen
m.E.	meines Erachtens
LAG	Landesarbeitsgericht
LAGE	Entscheidungen des Landesarbeitsgericht
L/C/K	Löwisch/Caspers/Klumpp
Lit.	Literatur
NJW	Neue Juristische Wochenschrift
NJW-RR	Neue Juristische Wochenschrift-Rechtsprechungsreport
NZA	Neue Zeitschrift für Arbeitsrecht
o.	oder
o.ä.	oder ähnlich
OLGZ	Entscheidungssammlung der Oberlandesgerichte in Zivilsachen
PersV	Die Personalvertretung
RCPO	Reichs-Civilprocessordnung
RdA	Recht der Arbeit
RN	Randnummer
Rspr.	Rechtsprechung
S.	Seite
SAE	Sammlung Arbeitsrechtlicher Entscheidungen
s.o.	siehe oben
sog.	sogenannt (e/en/er)
Sp.	Spalte
st.	ständig(e)
s.u.	siehe unten
TVG	Tarifvertragsgesetz
u.	und

u.a.	unter anderem/und andere
Urt.	Urteil
u.U.	unter Umständen
UWG	Gesetz gegen den unlauteren Wettbewerb
v.	von/m
v.a.	vor allem
vgl.	vergleiche
V.n.b.	Vorname nicht bekannt
Vol.	Volume (engl.)
Vorb.	Vorbemerkung
WAZ	Westdeutsche Allgemeine Zeitung
wörtl.	wörtlich
WRP	Wettbewerb in Recht und Praxis
z.B.	zum Beispiel
ZfA	Zeitschrift für Arbeitsrecht
ZHR	Zeitschrift für das gesamte Handels- und Wirtschaftsrecht
ZIP	Zeitschrift für Wirtschaftsrecht
ZPO	Zivilprozessordnung
z.T.	zum Teil
ZTR	Zeitschrift für Tarifrecht
zust.	zustimmend
ZVR	Zwangsvollstreckungsrecht
ZZP	Zeitschrift für Zivilprozess

1 Einführung

1.1 Verortung der einstweiligen Verfügung im Arbeitskampf

In den westlichen Industriegesellschaften ist die Beziehung zwischen dem Arbeitnehmer und dem Arbeitgeber seit jeher von einer Interessensdisparität gekennzeichnet.[1] Sucht der Arbeitnehmer nach hohen Löhnen und sicheren Arbeitsplätzen, so möchte sich der Arbeitgeber leicht lösen können und möglichst wenig zahlen müssen. Abgesehen von Zeiten, in denen Vollbeschäftigung herrscht und die Nachfrage nach Arbeitskräften das Angebot übersteigt, herrscht im Verhältnis zwischen dem Arbeitgeber und dem Arbeitnehmer in der Regel keine Vertragsparität, sondern ein Machtungleichgewicht zu Lasten des Arbeitnehmers.[2] Ein Gegengewicht dazu stellt das Auftreten im Kollektiv dar, die Ausübung von gebündelter Macht in konzertierter Aktion stärkt die Position des Einzelnen erheblich. Der Zusammenschluss von Arbeitnehmern in Gewerkschaften zur Durchsetzung von angemessenen Löhnen und Arbeitsbedingungen ist die logische Konsequenz. Das wirkungsvollste Druckmittel der Gewerkschaften ist dann der Streik. Ein Streik ist gemeinhin rechtmäßig, wenn er von Tarifparteien um den Abschluss eines Tarifvertrages geführt wird und nicht gegen ein Kampfverbot verstößt. Ist der Streik danach rechtswidrig, so will der Arbeitgeber schnellstmöglich, dass die Beschäftigten ihre Arbeit wieder aufnehmen und den Streik beenden. War das wichtigste Kampfinstrument der Arbeitgeber, um ihrerseits Gegendruck auf die Arbeitnehmer auszuüben, die Abwehraussperrung, so ist gerade in großen Tarifrunden mehr und mehr ein Rechtsmittel in den Vordergrund des Interesses geraten, das als allererste Maßnahme gegen den drohenden Streik in Betracht gezogen wird: **Die einstweilige Verfügung**.

Ist die eV auch seit Jahrzehnten wiederkehrend immer mal wieder Gegenstand ausgetragener Arbeitskampfstreitigkeiten, nahm die Antragsfrequenz in jüngerer Vergangenheit stetig zu. Fast ebenso oft wie eine eV beantragt wird, bieten die Entscheidungen im Nachlauf allerdings Anlass zu Kritik und Diskussion, so dass kaum eine im Rahmen größerer Tarifstreitigkeiten unkommentiert bleibt.

---

1 *Rüthers* in: Brox/Rüthers, Arbeitskampf, RN 1.

2 vgl. *Michlik*, Die gewerkschaftliche Urabstimmung vor einem Arbeitskampf, S. 21. Die Arbeitnehmer sind zu einer Angebotsverknappung oder zu einem Ausweichen auf andere Arbeitgeber nämlich nicht in der Lage, so *Treber* in: Schaub, Arbeitsrechtshandbuch, § 193 RN 67.

Nicht allein die im Jahre 2007 im Rahmen des Arbeitskampfes der Gewerkschaft Deutscher Lokomotivführer erlassenen Entscheidungen[3] haben eine beachtliche Zahl von Veröffentlichungen nach sich gezogen.[4] Dies bedeutet jedoch keineswegs, dass man die literarische Behandlung[5] der einstweiligen Verfügung und der hierzu ergangenen Rechtsprechung etwa als abgeschlossen ansehen könnte. Die besondere Dynamik der kampfrechtlichen Auseinandersetzungen bringt immer wieder in regelmäßigen Abständen wichtige und umstrittene Entscheidungen zu diesem Themenkreis hervor.

Gerade in den letzten Jahren ist die Thematik „Arbeitskämpfe und einstweiliger Rechtsschutz" durch spektakuläre und für eine mediale Verwertung interessante Arbeitskämpfe wieder verstärkt in den Fokus nicht nur der Rechtsanwender und Rechtsgelehrten, sondern auch der Öffentlichkeit, gerückt. Die von den erkennenden Gerichten getroffenen Entscheidungen spalten die Arbeitsrechtswissenschaft und lösen immer wieder äußerst kontroverse Diskussionen aus. Kaum einmal herrscht eine einigermaßen weitreichende, verlässliche Konformität.

Die Instanzgerichte werfen, auch in derselben Sache, laufend Entscheidungen aus, die – wenn sie nicht schon vom Ergebnis her betrachtet vollkommen gegensätzlich sind – zumindest in der Begründung auf völlig unterschiedlichen Ansätzen beruhen.[6] Von einer Vorhersehbarkeit der Ergebnisse oder gar Rechtssicherheit

---

3 Eine Übersicht zu allen im Rahmen dieses Tarifkonflikts erlassenen Entscheidungen findet sich bei *Blanke*, KJ 08, 204 (212 f.); vgl. auch *Walter*, AiB 07, 683 f.; *Weber*, Verhältnismäßigkeit der Arbeitskämpfe von Spartengewerkschaften, S. 57 ff.

4 Gleichen Eindrucks: *Wank*, RdA 09, 1; neben den Tarifstreitigkeiten der Lokführer standen z.B. die Tarifstreits der Ärzte sowie 2009 des Kabinenpersonals der Lufthansa im Blickpunkt. Zahlreiche Entscheidungen u. Veröffentlichungen gab es bereits 1984 zu den Arbeitskämpfen in der Metall- und Druckindustrie u. 1987 in der Metalltarifrunde, vgl. dazu die Nachweise bei *Walker*, ZfA 95, 185 (189 FNen 16 u. 17).

5 Vgl. schon die Arbeiten von *Brändel*, Einstweilige Friedensregelungen in kollektiven Arbeitsrechtsstreitigkeiten, 1960; *Gattung*, Einstweiliger Rechtsschutz gegen Streiks, 1972; *Holzinger*, EVen gegen gewerkschaftliche Streiks, 1974; *Henniges*, Einstweiliger Rechtsschutz gegen gewerkschaftliche Streiks, 1987; *Luckscheiter*, Der einstweilige Rechtsschutz gegen Streiks, 1989; *Steinbrück*, Streikposten und einstweiliger Rechtsschutz im Arbeitskampfrecht der Bundesrepublik Deutschland, 1992.

6 Bspw. im Arbeitskampf der GDL 2007: ArbG Mainz v. 10.07.2007 – 3 Ga 19/07 – untersagte den Streik der GDL wegen Verstoßes gegen die relative Friedenspflicht; aufgehoben am 14.07.2007 – 3 Ga 19/07 – nach Widerspruch der Gewerkschaft; ArbG Mainz v. 31.07.2007 – 4 Ga 24/07 – lehnte den Erlass einer einstweiligen Verfügung jetzt ab, Argument der Tarifeinheit sei nicht durchgreifend, auch das Argument des Verstoßes gegen die Friedenspflicht sei nach Fallenlassen eines Teils der Forderungen nicht mehr beachtenswert; ArbG Chemnitz v. 06.08.2007 – 7 Ga 15/07 – untersagte den Streik

kann daher nur schwerlich bis gar nicht die Rede sein.[7] Ist das Arbeitskampfrecht schon grundsätzlich keineswegs als stabil zu bezeichnen,[8] – problematisch ist zuvorderst die schwierige Grenzziehung, der schmale Grat, zwischen rechtswidrigen und rechtmäßigen Arbeitskämpfen – potenzieren sich die vorhandenen Unsicherheiten dann noch, wenn wie im Arbeitskampf der GDL durch eine Antragsstreuung (sog. „forum (s)hopping"[9]) über die gesamte Republik eine Vielzahl von Gerichten angerufen werden, die keine einheitliche Linie bezüglich der Schrankensetzung gewerkschaftlicher Streikaktionen vertreten.[10]

---

wegen Verstoßes gegen den Grundsatz der Tarifeinheit und darauf beruhender Unverhältnismäßigkeit; ArbG Düsseldorf v. 01.08.2007 - 11 Ga 74/07 - untersagte den Streik ebenfalls wegen Verstoßes gegen den Grundsatz der Tarifeinheit (genau anders: LAG Rheinland-Pfalz v. 14.06.2007 - 11 Sa 208/07) und gegen das Paritätsprinzip; ArbG Nürnberg v. 08.08.2007 - 13 Ga 65/07 - untersagte den Streik aufgrund von Zweifeln an seiner Rechtmäßigkeit aufgrund der drohenden volkswirtschaftlichen Schäden; ArbG Chemnitz v. 05.10.2007 - 7 Ga 26/07 - untersagte den Streik wegen Unverhältnismäßigkeit ebenfalls aufgrund der immensen volkswirtschaftlichen Schäden, nun jedoch begrenzt auf den Fernverkehr; die relative Friedenspflicht, die Kampfparität und der Grundsatz der Tarifeinheit seien aber nicht verletzt; LAG Sachsen v. 02.11.2007 - 7 SaGa 19/07 - hob die Entscheidung der Vorinstanz auf (ArbG Chemnitz v. 05.10.2007 - 7 Ga 26/07), der Arbeitskampf sei nur rechtswidrig bei offensichtlicher Ungeeignetheit und Unverhältnismäßigkeit. Die Möglichkeit, ein Mindestmaß an Versorgung im Notbetrieb zu gewährleisten, sei gegeben gewesen.

7 vgl. auch *Krause*, Jahrbuch des Arbeitsrechts, Bd. 45, 2008, 23 (25); *Heinze*, RdA 86, 273 (294); *Isenhardt* in: FS Stahlhacke, S. 195; *Meik*, NZA 2010, Beil., 116 (120) fasst die Meinungen der Fachteilnehmer des Symposions „Tarifpluralität" am 16.09.2009 in Köln zusammen, die mitunter harsche Kritik an der „Uneinheitlichkeit und Zufälligkeit der Entscheidungen" geübt haben (*Das Arbeitskampfrecht ist ein „Schrotthaufen"*).

8 vgl. *Rüthers*, DB 90, 113 (114); *Rieble*, BB 08, 1506 (1513), dieser sieht das Arbeitskampfrecht *„aleatorisch"*; *Buchner*, BB 08, 106, bemüht sogar den Begriff „Chaos" und beobachtet eine Auflösung der Strukturen; zur Instabilität des Arbeitskampfrechtes auch *Kentner*, Arbeitskampfmittel der Arbeitgeber, S. 27 f., *„das Arbeitskampfrecht ist genau das Gegenteil von dem was es eigentlich sein soll, nämlich normativ festgeschrieben und rechtssicher anwendbar"*; *Konzen* zieht Bilanz in: FS 50 Jahre BAG, 515 ff.

9 Die Grenzen der Zulässigkeit eines solchen „forum hoppings" sind nach wie vor ungeklärt. (Der Begriff wird diesbzgl. nicht einheitlich verwendet, teilweise auch „forum shopping").

10 vgl. *Krause*, Jahrbuch des Arbeitsrechts, Bd. 45, 2008, 23 (25); siehe hier nur FNen 3 u. 6. Eine ähnliche Antragsstreuung unternahm die Deutsche Bundespost 1994 im Rahmen der Warnstreiks der dt. Postgewerkschaft, vgl. *Isenhardt* in: FS Stahlhacke, S. 195.

Die angeschobenen Eilverfahren beherrschen teilweise derart die Szenerie, dass die eigentlichen Tarifverhandlungen komplett aus der Wahrnehmung verschwinden, sofern sie denn überhaupt tatsächlich stattfinden.[11] Schauplatz der Arbeitskämpfe sind anstatt der Verhandlungstische oftmals die Gerichtssäle. Die besondere soziale Brisanz der Arbeitskämpfe gerade in jüngerer Vergangenheit, die nach wie vor bestehenden grundlegenden Problematiken und ungeklärten Rechtsfragen, die Vielzahl unterschiedlicher Ansichten und nicht zuletzt der nie verstummende Ruf nach einer Kodifizierung[12] des Arbeitskampfrechts aufgrund der sehr schwierigen Bestimmung der Grenzen eines zulässigen Arbeitskampfes lassen das Thema nicht zur Ruhe kommen. Weitgehend unbestritten ist zwar, dass die Arbeitskämpfe innerhalb der geltenden Rechts- und Sozialordnung zulässig sind; je umfangreicher und komplexer die Kampfhandlungen aber werden, desto schwieriger wird die genaue Bestimmung deren Zulässigkeitsvoraussetzungen.[13]

Solange der Gesetzgeber Tarifauseinandersetzungen nicht über ein einheitliches Arbeitskampfgesetz lenkt und weiterhin das Aufstellen grundlegender Regeln dem Richterrecht überlässt, bleibt es auch zukünftig Aufgabe der Fachgerichte, die für die Zulässigkeit von Arbeitskämpfen maßgeblichen Parameter, insbesondere den Begriff der „Verhältnismäßigkeit" zu konkretisieren[14] und ein völliges Ausufern des Streikrechts mit gewaltigen Schäden für die Bestreikten und die Allgemeinwirtschaft zu vermeiden.

Zugleich ist darauf zu achten, dass die Arbeitskampffähigkeit der Gewerkschaften als sehr hohes Gut zur Gewährleistung der Verhandlungsparität nicht

---

11 In der Lohnrunde zwischen der GDL und der Bahn AG ist es wochenlang nicht einmal dazu gekommen, an den Verhandlungstisch zu treten. Dieses besondere Lehrstück für gegenseitige Zermürbungsversuche war bis dato unerreicht; vgl. dazu *Reichold*, NZA 07, 1262 (1263), der die Verantwortung für die endlos erscheinende Hängepartie zwischen den Parteien der Bahn AG zuschreibt („*Wo kein Wille, da kein Weg*").

12 Ein kodifiziertes Arbeitskampfrecht – welches die Rechtssicherheit gewiss fördern würde – besteht trotz diverser Rufe und Initiativen bekanntlich bis heute nicht. Vgl. statt vieler z.B. *Wank*, RdA 09, 1 (2); *Kissel*, Arbeitskampfrecht, § 16 RN 9 f.; *Schwarze*, JuS 94, 653; *Höfling/Engels*, NJW 07, 3102 (3103 m.w.N.); vgl. dazu auch den im Jahre 1988 von *Birk/Konzen/Löwisch/Raiser/Seiter* vorgelegten Entwurf eines „Gesetz zur Regelung kollektiver Arbeitskonflikte" und den neuen Entwurf v. *Franzen/Thüsing/Waldhoff* eines „*Gesetzes zur Regelung kollektiver Arbeitskonflikte in der Daseinsvorsorge*", abzurufen unter: http://www.cfvw.org/stiftung/projektbereich-zukunft-der-arbeit/arbeitskampf/gesetzentwurf.

13 *Kentner*, Arbeitskampfmittel der Arbeitgeber, S. 25.

14 vgl. *Feudner*, RdA 08, 104 (105); *Buchner*, BB 08, 106 (107 f.); vgl. auch *Fischer*, jurisPR-ArbR 4/2015 Anm. 1 unter C. Dazu mehr unter 6.2.2.2.1.

ausgehöhlt wird. In diesem Spannungsfeld bewegen sich Eilanträge im Rahmen des einstweiligen Rechtsschutzes.

1.2 Fortlaufender Bedeutungszuwachs

Das Arbeitskampfrecht ist auch heute noch dasjenige Rechtsgebiet, in dem der Erlass einstweiliger Verfügungen am heftigsten umstritten ist.[15] Obwohl das Gesetz in § 9 Absatz 1 Satz 1 ArbGG allgemein eine Beschleunigung des arbeitsgerichtlichen Verfahrens anordnet, dauern die arbeitsgerichtlichen Streitigkeiten in aller Regel so lange, dass gerade im Arbeitskampf ein großes praktisches Bedürfnis für einen vorläufigen Rechtsschutz in Form einer einstweiligen Verfügung besteht.[16] Bis das BAG über eine Unterlassungsklage gegen einen drohenden Streik entschieden hat, dürfte der Streik in der Regel längst Geschichte sein.[17] Insbesondere die Arbeitgeber sind daher versucht, sich anbahnende oder bereits begonnene Streiks „über Nacht“ abzuwehren und zum Erliegen zu bringen. Arbeitgeber sehen sich zunehmend Tarifforderungen kleiner, schlagkräftiger Sparten- und Spezialistengewerkschaften ausgesetzt, die gleichermaßen egoistisch wie effizient ihre Interessen „durchzuprügeln“ versuchen.[18]

---

15 Die betagte Feststellung hat an Aktualität nichts eingebüßt; vgl. statt vieler: z.B. *Piehler*, eR und materielles Recht, S. 18; *Luckscheiter*, eR gegen Streiks, S. 3; *Bertzbach* in: Däubler, Arbeitskampfrecht, § 24 RN 1; *Walker*, ZfA 95, 185 f.; *Steinbrück*, Streikposten und einstweiliger Rechtsschutz; auch *Wenzel*: *„Die Zahl der Kontroversen ist Legion“*, NZA 84, 112 (113).

16 vgl. *Brox* in: Brox/Rüthers, Arbeitskampfrecht, RN 763; *ders.*, JA 82, 221 (224); *Kissel*, Arbeitskampfrecht, § 65 RN 4; *Korinth*, eR im Arbeitsgerichtsverfahren, S. 309 RN 195.

17 *Dorndorf* in: Dorndorf/Weiss, Warnstreiks und vorbeugender Rechtsschutz, S. 12.

18 *Feudner*, BB 04, 2297; *ders.*, RdA 08, 104; *Budras*; FAZ v. 16.10.07, *„Spartengewerkschaften auf dem Vormarsch“*; vgl. auch ArbG Chemnitz v. 05.10.2007 – 7 Ga 26/07 = AuR 07, 393 u. *Greiner*, NZA 07, 1023 (1024); sie sehen das Tarif- und Arbeitskampfrecht in einer grundlegenden Umbruchsituation: *„Der Arbeitskampf einer Spezialistengewerkschaft kann [...] eine neue Disparität, diesmal zu Lasten der Arbeitgeberseite, auslösen“*, so *Greiner*, a.a.O. (i.E. ähnl. *Bayreuther*, NZA 08, 12 (16); *Hunold*, NZA 07, 1037 (1038); *Sittard*, ZTR 08, 178 (183); *Feudner*, BB 07, 2459 (2461); *Meyer*, NZA 06, 1387 (1390); *ders.*, DB 06, 1271 f. Man erinnere sich nur an die Forderung der GDL einer Lohnerhöhung von satten 31 % oder der Forderung der GdF im Tarifstreit im Februar 2012 mit der Betreibergesellschaft Fraport von zunächst unglaublichen 64 bis 73 %.

Die Entsolidarisierung[19] verschiedener Berufsgruppen innerhalb eines Unternehmens durch die Bildung eigener Koalitionen[20] stellt die Arbeitgeber vor massive Probleme. Aufgrund der Schlüsselpositionen ihrer Mitglieder und der damit einhergehenden Blockademöglichkeit sind diese in der Lage, ein Unternehmen innerhalb kürzester Zeit mit relativ wenig Aufwand komplett aus dem Markt zu nehmen und selbst ganze Wirtschaftszweige zum Erliegen zu bringen.[21] Die Kampfmaßnahmen dieser sog. „Funktionseliten"[22] beschädigen nicht allein die Unternehmer; sie setzen sich fort über Lieferanten, Produzenten, Abnehmer etc. und münden häufig sogar in einer Beeinträchtigung der Gemeinwohlbelange. Oftmals fällt in diesem Zusammenhang der Begriff „Geiselhaft".

Es fällt in der Tat schwer, nicht zu glauben, dass die Schädigung Dritter gezieltes Kalkül zur Kampfführung ist, wenn Spartengewerkschaften ihre Stellung in einem Monopolbereich ausnutzen, in dem Verbrauchern keine Ausweichmöglichkeit bleibt, z.B. im Flug- oder Zugverkehr. Eine kleine Berufsgruppe kann komplexe Wirtschaftsgefüge massiv erschüttern, nur weil sie bildlich „an den Schalthebeln" sitzt.[23]

---

19 *Feudner*, RdA 08, 104; vgl. auch *Fickinger*, FAZ v. 28.08.07, „Die aufgekündigte Solidarität". *Kamanabrou*, ZfA 08, 241 (261 f.).

20 Zu denken ist etwa an die Gewerkschaft der Flugsicherung „GdF" (Tariffähigkeit der GdF anerkannt in: Hessisches LAG, Beschl. v. 23.07.2005 - 9 SaGa 593/04), die Ärztekoalition Marburger Bund „MB", die Pilotenvereinigung Cockpit „VC", die Deutsche Orchestervereinigung „DOV", die Unabhängige Flugbegleiter Organisation „UFO", der Verband angestellter Akademiker und leitender Angestellter der chemischen Industrie „VAA" und nicht zuletzt an die Gewerkschaft Deutscher Lokomotivführer „GDL".

21 vgl. *Sittard*, ZTR 08, 178 (183); *Feudner*, BB 07, 2459 (2461); *Hunold*, NZA 07, 1037 (1038).

22 Zur Begrifflichkeit der „Funktionselite": *Kamanabrou*, ZfA 08, 241 (242 f.); *Weber*, Verhältnismäßigkeit der Arbeitskämpfe von Spartengewerkschaften, S. 45 m.w.N; auch bereits BAG v. 22.12.1980 - 1 ABR 2/79 - AP Nr. 70 zu Art. 9 GG Arbeitskampf = NJW 81, 937.

23 „*Verfolgt jede Berufsgruppe, die mehr oder weniger zufällig über Blockademöglichkeiten verfügt, ihre eigenen Interessen, droht eine Vervielfachung von Arbeitskämpfen mit gravierenden Auswirkungen auf die Volkswirtschaft*", so das ArbG Chemnitz v. 05.10.2007 – 7 Ga 26/07 = AuR 07, 393 u. *Greiner*, NZA 07, 1023 (1024); vgl. auch *Giesen*, NZA 09, 11 (16); *Lehmann*, BB 2010, 2237 (2239 f.); *Steinau-Steinrück/Brugger*, NZA 2010, Beil., 127 (129); *Brocker*, NZA 2010; Beil., 121 ff. Inzwischen wird aufgrund der jüngsten Erfahrungen mit den Spartengewerkschaften (insb. der GDL) eine gesetzliche Regelung, die den Grundsatz „Ein Betrieb - ein Tarifvertrag" festschreibt, gefordert. (Das Tarifeinheitsgesetzt wird voraussichtlich im Sommer 2015 verabschiedet und soll den Aktionsradius von Berufsgewerkschaften begrenzen). Angedacht wurde auch bereits

Die z.T. enormen finanziellen Folgen eines rechtswidrigen Arbeitskampfes, vornehmlich in Gestalt von Produktionsausfall, sind für den Arbeitgeber in den seltensten Fällen nachholbar und nicht mehr wettzumachen. Neben diesen tiefgreifenden, irreparablen Einschnitten machen drohende Imageschäden sowie das Bedürfnis, keinem unzulässigen Druck ausgesetzt zu sein und durch die Streikmaßnahmen in eine schlechte Verhandlungsposition zu geraten, nachvollziehbar, dass rasches Handeln aus Arbeitgebersicht zwingend erforderlich ist, um die Streikmaßnahmen abzuwehren und ein Zuwarten nicht in Frage kommen kann. Der ständigen Erweiterung[24] der Kampfmöglichkeiten der Arbeitnehmer stehen dabei kaum erweiterte Abwehrmaßnahmen der Arbeitgeber entgegen, noch nicht einmal mehr die vorhandenen Instrumente können ohne weiteres genutzt werden.[25] Der Arbeitgeber braucht zwar an die Streikenden nichts zu zahlen, damit ist das Problem der Streikabwehr nicht erschöpft. *Greiner*[26] sieht, dass die Aussperrung nicht oder anders organisierter Arbeitnehmer auf die Gewerkschaft keinerlei Druck ausübt, da sie die Streikkasse nicht belastet und die Einbeziehung konkurrierender Gewerkschaften im Gegenteil sogar willkommen ist. Sollten mit anderen Gewerkschaften Tarifverträge bestehen, schiede daneben eine Aussperrung aufgrund der zu respektierenden Friedenspflicht ohnehin aus.[27] Unabhängig davon käme sie wegen der von der Rechtsprechung aufgestellten Voraussetzungen

---

eine „Missbrauchskontrolle von Spartengewerkschaften" durch das Bundeskartellamt, so *Haucap*, Vorsitzender der Monopolkommission der Bundesregierung, angesichts der Fluglotsenstreiks Ende 2011 (gegenüber der „Neuen Osnabrücker Zeitung" v. 11.10.2011).

24 *Kentner*, Arbeitskampfmittel der Arbeitgeber, S. 26; (vgl. auch *Olbertz/Reinartz*, ArbRB 08, 310 ff.). *Kentner* weist zutreffend darauf hin, dass sich der Aktionsradius der Gewerkschaften im Laufe der Zeit ständig durch Erschließung neuer Kampfformen erweitert, z.B. durch die neue Streikstrategie des sog. „Flash-Mob", dazu *Rieble*, NZA 08, 796 f., *Rüthers/Höpfner*, JZ 2010, 261. Daneben hat auch die Rspr. neue Möglichkeiten eröffnet: Mit Urt. v. 24.04.2007 - 1 AZR 252/06 - AP Nr. 2 zu § 1 TVG Sozialplan = NZA 07, 987 hat das BAG Streiks um Tarifsozialpläne als zulässiges Arbeitskampfmittel angesehen (zur äußerst umstrittenen Problematik: *Willemsen/Stamer*, NZA 07, 413; *Kühling/Bertelsmann*, NZA 05, 1017; *Bauer/Krieger*, NZA 04, 1019; *Schiefer/Worzalla*, DB 06, 46). Wenig später folgte die Freigabe der Unterstützungsstreiks, BAG v. 19.06.2007 - 1 AZR 396/06 - AP Nr. 173 zu Art. 9 GG Arbeitskampf = DB 07, 2038; dazu z.B. *Junker*, JZ 08, 103; *Olbertz/Reinartz*, DB 08, 815; *Konzen*, SAE 08, 1 f.; *Rieble*, BB 08, 1506; *Paukner*, ZTR 08, 130.

25 *Wank*, RdA 09, 1 (9), dazu tritt das negative Image einer Aussperrung, a.a.O.

26 in: NZA 07, 1023 (1027); siehe auch eingehender unter 5.1.4.

27 *Giesen*, NZA 09, 11 (14).

und der schwierig zu handhabenden Quotenregelung auch kaum mehr in Frage, meint *Wank*.[28]

Auch im Falle von existenzbedrohenden Kampfmaßnahmen helfen Abwehraussperrungen nicht weiter, sie sind zur Beseitigung in solchen Fällen schlicht ungeeignet.[29] Die einstweilige Verfügung erweist sich daher mehr und mehr als das einzig effektive Gegenmittel des Arbeitgebers.[30] Insgesamt setzen sich die Unternehmer deshalb immer häufiger mit einstweiligen Verfügungen zur Wehr und konfrontieren die Gerichte mit einschlägigen Anträgen. Der Trend aus dem Wettbewerbsrecht[31] ist endgültig in der „Arena" der arbeitskampfrechtlichen Auseinandersetzung angekommen – die eV ist längst zu einem bedeutenden Instrument geworden. Die von *Wenzel*[32] seinerzeit befürchtete Verlagerung der Entscheidung zur Hauptsache hat sich längst bewahrheitet. Denn in arbeitskampfrechtlichen Auseinandersetzungen kommt es in der Tat äußerst selten zur Durchführung eines Hauptsacheverfahrens.[33] *Baur*[34] prägte in diesem Zusammenhang die fast schon legendäre Formulierung *„Schuss übers Grab"*. Der Zustand wird seit jeher kritisiert, da für Eilverfahren gem. § 72 Absatz 4 ArbGG

---

28 in: RdA 09, 1 (9).

29 Der Arbeitgeber will, dass der Betrieb weiterläuft, mit einer Aussperrung würde er im Gegenteil den Betrieb erst recht lahm legen, vgl. auch S. 115 f.; *Walker*, eR im Zivilprozess, RN 723; v. *Steinau-Steinrück/Glanz*, NZA 09, 113 (116); *Giesen*, NZA 09, 11 (14).

30 *Wank*, RdA 09, 1, (9); *Otto*, Arbeitskampf- u. SchlichtungsR, § 19 RN 25; *Kissel*, Arbeitskampfrecht, § 65 RN 3; *v. Steinau-Steinrück/Brugger*, NZA 2010, Beil., 127 (134); *Dorndorf* in: Dorndorf/Weiss, Warnstreiks und vorläufiger Rechtsschutz, S. 16; *Hoeniger* wunderte sich seinerzeit noch darüber, wie selten man sich mit einer eV gegen einen Streik zur Wehr setze, RdA 53, 204 (210).

31 So *Wenzel*, NZA 84, 112 (113); auch bereits *Dorndorf* in: Dorndorf/Weiss, Warnstreiks und vorläufiger Rechtsschutz, S. 13.

32 NZA 84, 112 (113); *Faupel* spricht sogar von „Ausuferung" des einstweiligen Rechtsschutzes, DB 71, 816 (817).

33 So bereits *Baur*, Studien zum einstweiligen Rechtsschutz, S. 3, 80; *Grunsky* in: Stein/Jonas, ZPO, vor § 935 RN 31; *Faupel*, DB 71, 816 (817), identifiziert als maßgebliche Ursache die Schnelligkeit des Verfügungsverfahrens im Vergleich zur Dauer eines Hauptverfahrens (vgl. auch *Korinth*, eR im Arbeitsgerichtsverfahren, S. 309 RN 195) mit den Vorzügen der Möglichkeit der Entscheidung ohne mündliche Verhandlung, der Entscheidung ohne Anhörung des Gegners und die Beschränkung auf die Glaubhaftmachung unter Bezug auf allein bereits präsente Beweismittel.

34 in: BB 64, 607. Denn die spätere Aufhebung des Streikverbots hat für die zurückliegende Zeit keine Wirkung mehr.

die Revision an das BAG ausgeschlossen ist. Eine höchstrichterliche Entscheidung kann somit nicht ergehen.[35]

Die Möglichkeiten einstweiligen Rechtsschutzes bei Arbeitskämpfen sind nicht zuletzt aus diesem Grund bis heute nicht erschöpfend aufgeklärt.[36] Verschärft wurde die Situation obendrein durch den Umstand, dass die sich seit geraumer Zeit anbahnende[37] und in der Literatur fast einhellig geforderte Aufgabe[38] des Grundsatzes der Tarifeinheit[39] in 2010 verwirklicht hatte.[40] Arbeitnehmer, die dieselben

---

35 Das BAG kann nach momentaner Rechtslage höchstens im Rahmen einer Schadensersatzklage gem. § 945 ZPO darüber entscheiden, ob die Voraussetzungen für den Erlass der eV vorlagen.

36 So schon *Dorndorf* in: Dorndorf/Weiss, Warnstreiks und vorbeugender Rechtsschutz, S. 13, dies gilt bis heute unverändert.

37 *Sittard*, ZTR 08, 178 (182); *Jacobs*, NZA 08, 325 f.; *Bayreuther*, NZA 08, 12; dieser sieht in der Entscheidung des LAG Sachsen v. 02.11.2007 - 7 SaGa 19/07 = NZA 08, 59 den entscheidenden Schritt zur Abkehr von der Tarifeinheit.

38 z.B. *Reichold*, RdA 07, 321 f.; *ders.*, NZA 07, 1262 (1263); *ders.*, NJW-Editorial, Heft 33 aus 2007; *Band*, Tarifkonkurrenz, Tarifpluralität und der Grundsatz der Tarifeinheit, S. 119 f.; *Bayreuther*, NZA 06, 642 (645 f.); *ders.*, BB 05, 2633 (2640); *Greiner*, LAGE Art. 9 GG Arbeitskampf Nr. 80, S. 45 f.; *ders.*, NZA 07, 1023 (1025); *Schliemann* in: FS Hromadka, S. 359 (377); *Däubler*, Anm. zu LAG Rheinland-Pfalz v. 22.06.2004 - 11 Sa 2096/03 - AP Nr. 169 zu Art. 9 GG Arbeitskampf; *Fenn* in: FS Kissel, S. 213 f.; *Franzen*, RdA 01, 1 (7 f.); *ders.* in: ErfK, § 4 TVG RN 71; *Hohenstatt*, DB 92, 1678; *Konzen*, RdA 78, 146; *Kraft*, RdA 92, 161; *Lindemann/Simon*, BB 06, 1852 (1856); *Merten*, BB 93, 572; *Müller*, NZA 89, 449 (452); *Rieble*, BB 03, 1227 (1228) in Reaktion auf LAG Hessen v. 02.05.2003 - 9 SaGa 638/03; *ders.*, SAE 06, 89; *Salje*, SAE 93, 79; *Wiedemann/Arnold*, ZTR 94, 399 (443); *Waas*, Tarifkonkurrenz und Tarifpluralität, S. 123 f.; *Thüsing/von Medem*, ZIP 07, 510 f.; *Jacobs/Krause/Oetker*, TVR, § 7 RN 234.
Für die Beibehaltung plädierten u.a. *Hromadka* in: GS Heinze, S. 387; *ders.*, NZA 08, 384 f.; *Buchner*, ZfA 04, 229 (243 f.); *ders.*, BB 08, 106 f.; *Meyer*, NZA 06, 1387 f.; *Feudner*, BB 07, 2459 (2462); *Giesen*, NZA 09, 11 f.; *Steinau-Steinrück/Glanz*, NZA 09, 113 f.

39 Ausf. zum Grundsatz der Tarifeinheit *Jacobs*, Tarifeinheit und Tarifkonkurrenz, S. 334 f.

40 Der 10. Senat des Bundesarbeitsgerichts hat am 23.06.2010 entschieden, dass in einem Unternehmen mehrere Tarifverträge nebeneinander gelten können und sich damit der vom Vierten Senat des Bundesarbeitsgerichts im Anfragebeschluss v. 27.01.2010 - 4 AZR 549/08 (A) dargelegten Rechtsauffassung zur Tarifeinheit angeschlossen (BAG, Beschl. v. 23.06.2010 - 10 AS 2/10 und 10 AS 3/10). Es gebe keinen übergeordneten Grundsatz, dass für verschiedene Arbeitsverhältnisse derselben Art in einem Betrieb nur einheitliche Tarifregelungen zur Anwendung kommen könnten, vgl. Pressemitteilung BAG Nr. 46/10. Der jahrzehntealte Grundsatz „*Ein Betrieb, ein Tarifvertrag*" gehörte damit der Vergangenheit an, siehe aber FN 41. Zu den Folgen der Tarifpluralität für das Arbeitskampfrecht vgl. *Deinert*, RdA 2011, 12 ff.

Tätigkeiten ausüben, können somit aufgrund unterschiedlicher Gewerkschaftszugehörigkeiten unterschiedlichen Arbeitsbedingungen unterworfen sein, eine andere Vergütung erhalten, abweichende Urlaubsregelungen beanspruchen und anderen Stundenwochen unterliegen.[41]

Das bedeutet aber nicht nur, dass sich die Arbeitgeber auf verschiedene Tarifverträge mit verschiedenen Inhalten, Vertragspartnern und Laufzeiten einstellen müssen. Die Arbeitgeber werden es immer häufiger nicht mehr nur mit einem, sondern mit mehreren Verhandlungsführern zu tun bekommen.[42] Das heißt zugleich nämlich auch, dass sich die Arbeitgeber in immer kürzeren Abständen mit Arbeitskampfmaßnahmen divergierender Koalitionen konfrontiert sehen werden.[43] Auch vor diesem Hintergrund der drohenden Vervielfachung der Arbeitskämpfe wird sich die Relevanz des einstweiligen Rechtsschutzes weiter erhöhen. Die numerisch im Verhältnis relativ geringe Anzahl der einstweiligen Verfügungsverfahren im Arbeitsrecht darf deshalb nicht über deren immense Bedeutung hinwegtäuschen.

Nach der vom Bundesministerium für Arbeit und Soziales herausgegebenen amtlichen Statistik[44] zur Tätigkeit der Arbeitsgerichtsbarkeit wurden im Jahre 2013 403.486 Klagen im Urteilsverfahren und 11.709 Anträge im Beschlussverfahren eingereicht. Die Zahl der erledigten Eilverfahren, Arreste und eVen betrug 4.480. Der Anteil der Eilverfahren an den Gesamtstreitigkeiten machte damit weniger als 3 % aus. Wie viele davon wiederum im Zusammenhang mit Arbeitskämpfen zur Entscheidung gebracht wurden, lässt sich nicht darlegen, dürften aber nochmals

41 Die Bundesregierung reagiert darauf mit dem „Tarifeinheitsgesetz", das im Sommer 2015 verabschiedet werden soll. Dieses stellt inhaltlich neue Regeln für den Fall einer Tarifkollision auf, so dass die Gewerkschaft mit den meisten Mitgliedern im Betrieb Vorrang hat. Mittelbar wirkt sich das auch auf Streiks aus: Streiks sind dann unverhältnismäßig, wenn das Kampfziel unzulässig ist. Dies dürfte für Tarifverträge einer Minderheitsgewerkschaft, die nicht zur Anwendung kämen, i.d.R. der Fall sein.

42 *Reichold*, RdA 07, 321 (322): *„DGB-Gewerkschaften kämpfen nicht mehr allein auf weiter Flur um Tarifabschlüsse"*.

43 Dies befürchten auch: *Hromadka/Schmitt-Rolfes*, NZA 10, 687; *Greiner*, NZA 07, 1023 (1024); auch *Kraft*, WAZ v. 09.05.2011. Der Erfolg einer Spartengewerkschaft weckt Begehrlichkeiten. Unterschiedlich ausfallende Lohnerhöhungen führen schnell zu Unfrieden in der Belegschaft. Dazu auch unter 6.2.2.2.1.

44 Abzurufen auf der Homepage des Bundesministeriums für Arbeit und Soziales: http://www.bmas.de/DE/Themen/Arbeitsrecht/Statistik-zur-Arbeitsgerichtsbarkeit/inhalt.html.

lediglich einen Bruchteil ausmachen.[45] Die Bedeutung der einstweiligen Verfügung lässt sich, wie oben bereits angerissen, aber auch nicht aus ihrer Anzahl, sondern vielmehr daraus ableiten, dass sie häufig nicht nur für die Prozessparteien, sondern für eine Vielzahl von Arbeitnehmern und Arbeitgebern weitreichende Folgen haben.[46]

Nicht übersehen werden darf deshalb, dass der einstweiligen Verfügung fast immer eine vorentscheidende Rolle zukommt:

Wird der Streik untersagt, so ist er nicht nur vorläufig beendet. In ihren Wirkungen bricht eine einstweilige Verfügung einen Streik in der Regel endgültig ab und verhindert diesen.[47] Nach der Aufhebung einer zu Unrecht ergangenen einstweiligen Verfügung lässt sich ein Streik kaum bzw. nicht ohne weiteres fortführen.[48] Der komplizierte und von den Gewerkschaften praktizierte Streikmechanismus vom Streikbeschluss über die Urabstimmung bis zur eigentlichen Arbeitsniederlegung müsste unter den damit einhergehenden Schwierigkeiten des neuerlichen Aufbaus des gesamten Streikapparates neu durchlaufen werden.[49] Auch die Streikbereitschaft der Arbeitnehmer lässt sich keinesfalls jederzeit neu anfachen.[50] Es liegt in der Natur der Sache, dass ein Arbeitskampf nur zu einem bestimmten Zeitpunkt seine Wirkung ideal entfalten kann; es ist unmöglich, diesen einfach zu verschieben und zu einem späteren Zeitpunkt wieder

---

45 So schon zu vorangegangenen Statistiken *Walker*, ZfA 95, S. 185 (186) u. *Bertzbach* in: Däubler, Arbeitskampfrecht, § 24 RN 1.

46 *Bertzbach* in: Däubler, Arbeitskampfrecht, § 24 RN 1; *Walker*, eR im Zivilprozess, RN 33.

47 Siehe eingehend unter 5.1.2.1. *Korinth*, eR im Arbeitsgerichtsverfahren, S. 310 RN 196; *Faupel*, DB 71, 816 (817); *Krause*, Jahrbuch des Arbeitsrechts, Bd. 45, 2008, 23 (26); *Heckelmann*, AuR 70, 166 (167); *Hergenröder* in: H/W/K, Art. 9 GG RN 352; *Reichold* in: FS Buchner, 721 (722); *ders.*, FA 08, 98; *Hoffmann*, AuR 68, 33 (45); *Isenhardt* in: FS Stahlhacke, S. 195 (200); *Gattung*, Einstweiliger Rechtsschutz gegen Streiks?, S. 5; *Iliakopoulos*, Grenzen der Befriedigungsverfügung, S. 103.

48 *Grunsky* in: Stein/Jonas, ZPO, vor § 935 RN 71; *Kissel*, Arbeitskampfrecht, § 65 RN 16; u.U. lasse er sich sogar überhaupt nicht fortführen, so *Wolfer*, AiB 86, 81.

49 *Faupel*, DB 71, 816 (817); *Heckelmann*, AuR 70, 166 (167).

50 *Gamillscheg*: *„Ein Streik lässt sich nicht „an- und ausknipsen wie eine Taschenlampe"*, in: Differenzierung nach Gewerkschaftszugehörigkeit, S. 23; auch *Hoffmann*, AuR 68, 33 (45), in die gleiche Richtung: *„Die Mobilisierung und der Entschluss der ungeheuren Vielzahl der an einem Streik beteiligten Arbeitnehmer ist ein einmaliges, unwiederholbares soziales Geschehen, das nicht wie ein Maschinenventil durch beliebigen Handdruck in Gang gesetzt werden kann."* Vgl. auch *Krause*, Jahrbuch des Arbeitsrechts, Bd. 45, 2008, 23 (26); *Isenhardt* in: FS Stahlhacke, Arbeitsgesetzgebung und Arbeitsrechtsprechung, S. 195 (200); *Reichold* in: FS Buchner, 721 (722); *ders.*, FA 08, 98.

aufzunehmen.[51] Dies weiß auch der Arbeitgeber: Die Verhandlungsposition der Gewerkschaft verschlechtert sich rapide. Daneben wird die Akzeptanz in der Bürgerschaft für einen wiederholten Streik schwinden.[52]

Umgekehrt verhält es sich ähnlich: Wird die einstweilige Verfügung abgelehnt, geht der Streik mit möglicherweise dramatischen Folgen für den Arbeitgeber weiter. Dazu entsteht in der Bevölkerung (fälschlicherweise) der Eindruck, dass der Streik rechtmäßig ist und damit zugleich die Forderungen legitim sein müssen. Dies schafft wiederum für den Arbeitgeber wegen der entstehenden Drucksituation ein gesteigert ungünstiges Verhandlungsklima.[53]

Daraus lässt sich erahnen, welch entscheidende Schlüsselfunktion der einstweiligen Verfügung im Arbeitskampf zukommt und es wird verständlicher, warum sich die Gerichte auch aufgrund der z.T. außerordentlichen Verantwortung mit der Entscheidung für oder wider den Erlass zwangsläufig so schwer tun (müssen).

1.3 Grund und Gang der Untersuchung

Die kampfrechtliche Situation wird letztendlich – neu befeuert durch das Auftreten der Spartengewerkschaften, die neuerdings zulässigen Unterstützungsstreiks[54] sowie die Möglichkeit von Standortkämpfen – die ohnehin schon hohe

---

51 Diese Wirkung ist auch in anderen Rechtsordnungen erkannt worden, für das britische Recht vgl. z.B: Associated British Ports v. Transport & General Workers' Union [1989] I.R.L.R. 305 (Neill L.J., S. 313); Union Traffic Ltd. v. Transport & General Workers' Union [1989] I.C.R. 98 (Bingham L.J., S. 110).

52 „Nicht schon wieder"- Argument.

53 Der rechtlich nicht vorgebildete Bürger vermag i.d.R. die Bedeutung der einstweiligen Verfügung aufgrund der teilweise wenig erhellenden medialen Berichterstattung nicht richtig einzuordnen und weiß nicht, dass der Streik aufgrund der Natur des summarischen Verfahrens möglicherweise doch rechtswidrig ist; die Maßstäbe im Hauptsacheverfahren und Eilverfahren sind bekanntlich nicht deckungsgleich, vgl. *Wank*, RdA 09, 1 (9). Oftmals bleiben dem Bürger allein Headlines wie „Gericht erklärt Streik für (un-)zulässig" im Gedächtnis.

54 Zuletzt rief die GDF im Februar 2012 im Rahmen der „Vorfeldstreiks" zu einem Unterstützungsstreik ihrer Mitglieder bei der DFS Deutsche Flugsicherung GmbH (Geschäftsbereich Tower) auf, als die Streiks nicht die gewünschte Wirkung zeigten und durch Ersatzteams weitgehend kompensiert werden konnten. Das ArbG Frankfurt untersagte den Streik allerdings per eV auf Antrag der Fraport AG, der Deutsche Flugsicherung GmbH (DFS) und der Deutsche Lufthansa AG wegen Unverhältnismäßigkeit, da er von seinen Auswirkungen und seiner Bedeutung her dem Hauptstreik der Mitarbeiter in der Vorfeldkontrolle, der Vorfeldaufsicht und der Verkehrszentrale bei der

praktische Bedeutung der einstweiligen Verfügung im Arbeitskampf weiter steigern. Die immer wieder aufflammenden und vor dem Arbeitsgericht ausgetragenen Tarifkonflikte[55] zeigen, dass aus einer ehemals eher flankierenden Maßnahme, sich gegen Arbeitskampfmaßnahmen zur Wehr zu setzen, sich mehr und mehr eines der Hauptkampfmittel[56] der Arbeitgeber entwickelt. Diese Ausgangslage ist daher Anlass und Rechtfertigung einer aktuellen Untersuchung der *„einstweiligen Verfügungen im Arbeitskampf"*, so dass sich als Grundfrage die Folgende identifizieren lässt:

Inwiefern kann sich der Arbeitgeber gegen Kampfmaßnahmen der Arbeitnehmer(-gewerkschaften) erwehren und worauf lässt sich ein solcher Anspruch stützen?

Schwerpunkt der vorliegenden Arbeit sollen dabei solche Verfügungen sein, die darauf abzielen, den Streik insgesamt zu untersagen.[57]

Selbstredend können auch im Rahmen eines rechtmäßigen Streiks einzelne Streikmaßnahmen gegen die arbeitskampfrechtlichen Grundsätze verstoßen, so sind insbesondere eVen in Bezug auf das (Fehl-)Verhalten von Streikposten keine Seltenheit.

Einstweilige Verfügungen, die sich punktuell gegen solche Kampfmaßnahmen richten, sollen dennoch nicht primärer Untersuchungsgegenstand sein.[58] Der Grund dafür liegt darin, dass nach wie vor diejenigen Fälle außerordentlich umstritten sind, in denen ein Arbeitskampf als solcher gänzlich untersagt bzw. der Erlass einer derartigen Verfügung seitens der Gewerkschaft abgewehrt werden soll.[59] Die Abwehr von Streikmaßnahmen durch den Arbeitgeber steht deshalb

---

Fraport AG gleichkomme und nicht lediglich unterstützend wirke, Urt. v. 28.02.2012 – 9 Ga 25/12 = NZA 2012, 579.

55 z.B. im August 2011 DFS Deutsche Flugsicherung GmbH ./. Gewerkschaft der Flugsicherung e.V. (GdF).

56 *Birk*, AuR 74, 289 (295), erkannte die eV zwar nicht als Hauptkampfmittel, aber als „zusätzliches" Kampfmittel, das dem Arbeitgeber in die Hände gespielt werde.

57 Maßnahmen wie die Aussperrung sind aufgrund der doch eher geringen praktischen Relevanz – eVen kommen kaum vor – hier zu vernachlässigen.

58 Diese werden allgemein als unproblematisch gesehen, vgl. *Steinbrück*, Streikposten und einstweiliger Rechtsschutz, S. 82 und ausf. 93 ff.; *Heinze*, RdA 86, 273 (283); *Faecks*, NZA 85, Beil., 6 (11); *Zeuner*, RdA 71, 1 (8); *Birk*, AuR 74, 289 (290 FN 10); vgl. auch *Kissel*, Arbeitskampfrecht, § 65 RN 38 ff.; *Korinth*, eR im Arbeitsgerichtsverfahren, S. 314 RN 214 ff.; zudem kommt ihnen in den allermeisten Fällen keine hohe praktische (Grund-)Relevanz zu.

59 So schon bereits *Faupel*, DB 71, 816; vgl. auch die weiteren Nachweise bei *Steinbrück*, Streikposten und einstweiliger Rechtsschutz, S. 82 FN 8.

im Vordergrund, denn dieser ist i.d.R. dringender auf schnelle gerichtliche Hilfe angewiesen.

Die mit einem rechtswidrigen Streik verbundenen Schäden treffen den Arbeitgeber hart. Sie müssen kompensationslos[60] hingenommen werden, während sich der Arbeitnehmer bei rechtswidrigen Streikmaßnahmen des Arbeitgebers wegen der Lohnzahlungspflicht schadlos halten kann.[61] Es handelt sich demnach um solche Verfügungen, die entweder den Ausbruch eines Streiks präventiv verhindern sollen oder um solche repressiven, die einen bereits angelaufenen Streik schnellstmöglich wieder unterbinden sollen.[62]

Nach einem Überblick über die Grundlagen des Arbeitskampfes, der Begrifflichkeiten und der anschließenden Erörterung der Systematik des zivilprozessualen einstweiligen Verfügungsfahrens soll der Bogen zu den „Kampfverfügungen" gespannt werden. Nach Beantwortung der Grundfrage nach der generellen Statthaftigkeit und der Darlegung der möglichen Anspruchsgrundlagen sind die Voraussetzungen und Prüfungsmaßstäbe des Verfügungsanspruchs und des Verfügungsgrundes zu klären. Hier schließt sich systematisch der Kreis, denn die Frage nach der grundsätzlichen Zulässigkeit einstweiliger Verfügungen entscheidet sich im Wesentlichen bei der Interessenabwägung im Rahmen jenes Verfügungsgrundes. Als weiterer Schwerpunkt folgt die Begutachtung der verfahrensimmanenten Besonderheiten des einstweiligen Rechtsschutzes in Streiksituationen wie z.B. dem „forum (s)hopping" oder die Behandlung von Schutzschriften. Da sich absehbar an dem heutigen Umgang mit der eV bei Arbeitskämpfen wohl nichts ändern wird[63] und die grundsätzliche Zulässigkeit der eV in der geübten Praxis nicht ernsthaft zu bezweifeln ist, sind diese verfahrenstechnischen Probleme im Umgang mit der Rechtsfigur der eV im Arbeitskampf ebenfalls interessant.

---

60 Schadensersatzansprüche lassen sich kaum realisieren, vgl. dazu FN 186.

61 vgl. *Kissel*, Arbeitskampfrecht, § 65 RN 3.

62 Es kann sich dabei z.B. um ein Verbot handeln, einen Streik zu beschließen, einzuleiten oder zu einem solchen aufzurufen, eine Urabstimmung durchzuführen etc. oder etwa einen bereits ausgebrochenen Streik fortzusetzen.

63 Ein Arbeitskampfgesetz ist nicht in Sicht, vgl. aber den Gesetzesentwurf der Professoreninitiative *Franzen/Thüsing/Waldhoff* zum Arbeitskampf in der Daseinsvorsorge, abzurufen unter: http://www.cfvw.org/stiftung/projektbereich-zukunft-der-arbeit/arbeitskampf/gesetzentwurf. Der Gesetzgeber hat sich zwischenzeitlich für ein „Tarifeinheitsgesetz" entschieden, um die kampfrechtliche Situation zu entschärfen, siehe FN 41.

Ein kurzer Blick auf das amerikanische Arbeitskampfsystem soll dann die Vorzüge ins Gedächtnis rufen, die ein festgeschriebenes Arbeitskampfrecht bieten kann.

Die Arbeit möchte in ihrem Verlauf keinesfalls sämtliche Fragen und Probleme des Eilrechtsschutzes im Arbeitskampf anheben und lösen, sondern ist hinsichtlich der Zielsetzung bescheidener angelegt:

Sie soll die Diskussion der einstweiligen Verfügung im Arbeitskampf unter Auswertung des fast unüberschaubaren Meinungsstandes aufnehmen, die relevantesten Grundfragen in klarer Struktur systematisch behandeln und eine schlüssige Darstellung der „Arbeitskampfverfügung“ vorlegen. Die Arbeit konzentriert sich darauf, die wesentlichen Kernfragen einzukreisen und zu erörtern.

2 Arbeitskampf – Grundlagen

Die Grundlagen des Arbeitskampfes waren und sind bereits Gegenstand zahlreicher Abhandlungen in der Literatur. Ein Überblick in der gebotenen Kürze sollte deshalb genügen – ist aber auch notwendig – um die eV im Gefüge des Arbeitskampfrechts zu positionieren.

2.1 Zweck von Arbeitskämpfen

Die hiesige Arbeitsmarktordnung ist durch den Tarifvertrag geprägt. Die Regelung der Arbeitsbedingungen kann angesichts der Verteilung von Macht und Gegenmacht auf dem Arbeitsmarkt nicht allein der Abmachung zwischen den einzelnen Arbeitnehmern und ihren Arbeitgebern überlassen werden, andererseits wegen der ständigen Veränderungen auf dem Arbeitsmarkt aber nicht vom Staat vorgenommen werden.[64] Diese Lücke zwischen Individualvertrag und staatlicher Regelung schließt der Tarifvertrag. Regelungsschwierigkeiten zwischen Tarifvertragsparteien sollen in der freiheitlichen Wirtschaftsordnung der Bundesrepublik im „*freien Spiel der Kräfte ohne staatliche Zwangsschlichtung*" ausgetragen werden.[65] Der Gesetzgeber hat daher in Art. 9 GG den Koalitionen und den dort organisierten Arbeitgebern und Arbeitnehmern das Recht eingeräumt, Bestimmungen über alle regelungsbedürftigen Einzelheiten des Arbeitsvertrages treffen zu können.[66] Kann eine Einigung zwischen den Sozialpartnern nicht erzielt werden, muss die Möglichkeit gegeben sein, die Verhandlungsbereitschaft der Gegenseite herbeizuzwingen und das Zustandekommen des Tarifvertrages doch noch zu erreichen.[67]

Dieses dafür vorgesehene Mittel ist das Recht zum Arbeitskampf.[68] Der Arbeitskampf dient folglich der Durchsetzung widerstreitender tariflicher Interessen

---

64 *Löwisch/Rieble* in: Löwisch, Schlichtungs- u. Arbeitskampfrecht, RN 1.

65 BAG v. 13.07.1993 – 1 AZR 676/92 – AP Nr. 127 zu Art. 9 GG Arbeitskampf = NZA 93, 1135.

66 *Preis*, Kollektives Arbeitsrecht, § 108, S. 274; *Treber* in: Schaub, Arbeitsrechtshandbuch, § 192 RN 5.

67 *L/C/K*, Arbeitsrecht, RN 1086; *Preis*, Kollektives Arbeitsrecht, § 108, S. 274; *Treber* in: Schaub, Arbeitsrechtshandbuch, § 192 RN 2; *Söllner/Waltermann*, Arbeitsrecht, § 30 RN 668.

68 Ohne dieses Mittel seien Tarifverhandlungen nicht mehr als „*kollektives Betteln*", BAG v. 10.06.1980 – 1 AZR 822/79 – AP Nr. 64 zu Art. 9 GG Arbeitskampf = NJW 80,

der Koalitionspartner und ist daher Garant für die Funktionsfähigkeit des Tarifvertragssystems. Der Arbeitskampf erfüllt danach in unserem Rechts- und Wirtschaftssystem gewissermaßen die Funktion eines Konfliktlösungsmittels,[69] er zielt auf Konfliktlösung durch Kampf.[70] Die jeweils andere Seite soll durch Ausübung wirtschaftlichen Drucks zum Nachgeben gezwungen und dadurch der Boden für die notwendige Einigung bereitet werden.[71]

2.2 Der Arbeitskampfbegriff

Den „Arbeitskampf" erwähnt das Gesetz zwar an einigen Stellen[72], eine Legaldefinition findet sich allerdings bislang nicht;[73] das Gesetz setzt den Arbeitskampf vielmehr als gegeben voraus. Die den Arbeitskampf benennenden Normen beschäftigen sich allein mit Folgefragen von Arbeitskämpfen.[74] Die Rspr. und die Lit. haben einige Versuche unternommen, den Begriff des Arbeitskampfes in eine handfeste Form zu gießen.[75]

2.2.1 „weiter Arbeitskampfbegriff"

Die h.M.[76] will einen „weiten" Begriff etablieren, der alle Sachverhalte erfasst und vermeiden hilft, dass bereits der Wortlaut der Definition über die Rechtmäßigkeit

1642; BAG v. 21.04.1971 – GS 1/68 – AP Nr. 43 zu Art. 9 GG Arbeitskampf = NJW 71, 1668: *„Arbeitskämpfe müssen möglich sein, um Interessenkonflikte über Arbeits- und Wirtschaftsbedingungen im äußersten Fall austragen und ausgleichen zu können."*

69 *L/C/K*, Arbeitsrecht, RN 1086.

70 *Löwisch/Rieble* in: Löwisch, Schlichtungs- u. Arbeitskampfrecht, RN 4.

71 *Löwisch/Rieble* in: Löwisch, Schlichtungs- u. Arbeitskampfrecht, RN 4.

72 Bspw. Art. 9 Abs. 3 Satz 3 GG, § 2 Abs. 1 Nr. 2 ArbGG, Auflistung der Vorschriften mit unmittelbarem Arbeitskampfbezug bei *Däubler* in: *Däubler*, Arbeitskampfrecht, § 8 RN 9.

73 Anders der Gesetzesentwurfs „Arbeitskampf in der Daseinsvorsorge" von *Franzen/Thüsing/Waldhoff*, dort § 1 Abs. 2: *„Kollektive Arbeitskonflikte sind Auseinandersetzungen mit dem Ziel, den Abschluss eines Tarifvertrags durchzusetzen oder abzuwenden"*, abzurufen unter: http://www.cfvw.org/stiftung/projektbereich-zukunft-der-arbeit/arbeitskampf.

74 *Preis*, Kollektives Arbeitsrecht, § 110, S. 291.

75 Vertiefend dazu *Richardi* in: FS Wolf, S. 549 ff.

76 z.B. *Otto*, Arbeitskampf- u. SchlichtungsR, § 1 RN 2; *Risak/Born/Holter* in: Der Kampf um Arbeit, S. 157; Brox in: *Brox/Rüthers*, Arbeitskampfrecht, RN 17; *Söllner/Waltermann*, Arbeitsrecht, § 29 RN 659; *Michalski*, Arbeitsrecht, RN 940; *Hromadka/Maschmann*, Arbeitsrecht Bd. 2, § 14 RN 14 f.; *Kissel*, Arbeitskampfrecht, § 13 RN 1;

oder Rechtswidrigkeit der Kampfmaßnahme (mit)entscheiden kann. Dieser sog. „weite“ Arbeitskampfbegriff wird danach als Maßnahme verstanden, *„die der zielgerichteten Ausübung kollektiven Drucks durch Arbeitnehmer oder Arbeitgeber mittels der Zufügung von Nachteilen oder deren Abwehr dient“.*[77]

2.2.2 „enger Arbeitskampfbegriff“

Eine Gegenauffassung vertritt einen „engen“ Arbeitskampfbegriff. Danach sollen nur *„die aufgrund eines Kampfentschlusses der Arbeitnehmer- oder Arbeitgeberseite erfolgte Störung des Arbeitslebens durch kollektive Kampfmaßnahmen zu dem Zweck, mit Hilfe des dadurch ausgeübten Drucks eine freiwillig nicht zugestandene kollektiv-vertragliche Regelung zu erreichen oder abzuwehren“* erfasst werden.[78] Diese Definition hat aufgrund des erwähnten Kampfziels einengende Wirkung und daher eher fragmentarischen Charakter.

Diese Auffassung erklärt ohne nähere Prüfung alle Maßnahmen, die nicht auf ein tariffähiges Ziel gerichtet sind, zugleich für unzulässig.[79] Sie enthält bereits eine rechtliche Würdigung. Eine solche Begriffseinengung ist nicht zweckmäßig, denn Begriff und Rechtmäßigkeit eines Arbeitskampfes sind zweierlei: Auch rechtswidrige Arbeitskämpfe sind begrifflich Arbeitskämpfe.[80] Um eine rechtliche Präjudizierung auszuschließen, ermöglicht daher nur der weite Begriff eine von der Begriffsbestimmung unabhängige Wertung des Kampfmittels. Außerdem können so einheitliche Vorgänge unabhängig von ihrer Zielstellung behandelt

---

Reichold, Arbeitsrecht, § 13 RN 4; *Junker*, GK Arbeitsrecht, RN 592; *Gamillscheg*, Kollektives Arbeitsrecht I, § 20 II 4 b; *Zöllner/Loritz/Hergenröder*, Arbeitsrecht, § 41 II 1; *Preis*, Kollektives Arbeitsrecht, § 112, S. 303; *Seiter*, Streikrecht, S. 568 ff.; *Brox/Rüthers/Henssler*, Arbeitsrecht, RN 741; *Treber* in: Schaub, Arbeitsrechtshandbuch, § 192 RN 6; *Dütz/Thüsing*, Arbeitsrecht, RN 655.

77 Je nach Quelle in leicht abgewandelter Form (vgl. vorstehende FN im Einzelnen) z.B. auch: *„jede kollektive Störung der vertragsmäßigen Durchführung der Arbeitsverhältnisse, durch die die Arbeitnehmer- oder Arbeitgeberseite den Gegner absichtlich unter Druck setzt, um ein bestimmtes Ziel zu erreichen“*. Notwenige Begriffselemente sind aber stets 1) Kollektive Druckausübung zur Erreichung eines best. Ziels 2) durch die Arbeitgeber o. Arbeitnehmer u. dadurch 3) Störung der Vertragsbeziehungen, vgl. *Söllner/Waltermann*, Arbeitsrecht, § 29 RN 659. *Däubler* in: Däubler: Arbeitskampfrecht, § 8 RN 1, findet vier Kriterien.

78 So *Säcker* in: Hueck/Nipperdey, Arbeitsrecht Bd. 2, 2. Halbbd, S. 870 (887 ff.); die Definition aus dem Gesetzesentwurf *„Arbeitskampf in der Daseinsvorsorge“* von *Franzen/Thüsing/Waldhoff* (FN 72) ist ebenso als „eng“ zu bezeichnen.

79 *Brox* in: Brox/Rüthers, Arbeitskampfrecht, RN 16.

80 *v. Münch*, Jura 79, 25 (26).

werden[81], nah beieinander liegendes wird nicht unnatürlich getrennt.[82] Der weite Arbeitskampfbegriff ist zumindest dort vorzugswürdig, wo die Prüfung der grundsätzlichen Zulässigkeit einer Arbeitskampfmaßnahme noch aussteht.[83] Da der Arbeitskampf „Kampf nach Regeln" ist, die sich von Fall zu Fall ändern können, sind „abschließende" Definitionen allerdings sowieso wenig sinnvoll.[84]

2.3 Die Kampfparteien

Bei den typischen Konstellationen werden einerseits Arbeitskämpfe zwischen der Gewerkschaft und dem Arbeitgeberverband (um einen Verbandstarifvertrag) oder etwa zwischen der Gewerkschaft und einzelnen Arbeitgebern (um einen Firmentarifvertrag) ausgefochten. Von den Parteien selbst sind die übrigen am Arbeitskampf Beteiligten zu unterscheiden, mittelbar Beteiligte und Drittbetroffene. Bei den mittelbar Beteiligten handelt es sich um Personen, die am Arbeitskampfgeschehen nicht teilnehmen, aber dennoch wirtschaftlich oder rechtlich involviert werden, z.B. Unternehmer, die aufgrund eines betriebsfremden Arbeitskampfes selbst in Produktionsschwierigkeiten geraten.

Drittbetroffen sind jene, die weder unmittelbar noch mittelbar am Arbeitskampf beteiligt sind, deren Interessen aber dennoch durch einen Arbeitskampf gestört werden. Dies kann z.B. der Endverbraucher sein, dem Waren oder Dienstleistungen zeitweise nicht verfügbar sind,[85] wie der am Bahnsteig wartende Passagier, der dies vergeblich tut…

2.4 Die Kampfmittel

Art. 9 Abs. 3 GG erfasst alle koalitionsspezifischen Betätigungen.[86] Demzufolge sind zunächst alle Arbeitskampfmittel als von der Verfassung geschützt anzusehen. Im Rahmen der Arbeitskämpfe in den vergangenen Jahrzehnten wurde eine Vielzahl von Arbeitskampfmitteln und -taktiken entwickelt und eingesetzt.[87] Die althergebrachten Kampfmaßnahmen haben erhebliche Modifikationen in ihrer Anwendung erfahren. Zugleich wurden neue Kampfmittel

---

81 *Nickisch*, Arbeitsrecht Bd. 2, § 62 I 3.

82 *Kentner*, Arbeitskampfmittel der Arbeitgeber, S. 30.

83 *Schultheis*, Stilllegungsbefugnis, S. 191; *Rieger*, Die arbeitskampfbedingte Betriebsstilllegung, S. 106.

84 *Reichold*, Arbeitsrecht, § 13 RN 4.

85 Dazu *Ricken* in: MüKo-ArbR, § 194 RN 10.

86 BVerfG v. 04.07.1995 = BVerfGE 92, 365 = NJW 96, 185.

87 *Preis*, Kollektives Arbeitsrecht, § 113, S. 304.

erschlossen. Die zentralen, klassischen Kampfmittel sind aber nach wie vor der **Streik** und auf Arbeitgeberseite die **Aussperrung**.

2.4.1 Kampfmittel der Beschäftigten

Hauptkampfmittel der Arbeitnehmer ist bis heute der Streik[88], also die Nicht- oder Schlechtleistung der vertraglich geschuldeten Arbeitsleistung. Die Nichtleistung erfolgt dadurch, dass die Beschäftigten nicht an ihrem Arbeitsplatz erscheinen und ihre Arbeit aufnehmen.

Daneben kann es auch zu einem sog. „Sitzstreik" kommen, dem Streik am Arbeitsplatz. Die Beschäftigten nehmen zwar ihren Arbeitsplatz ein, verrichten aber ihre Tätigkeit nicht. Die übergenaue Befolgung von Ordnungs- und Sicherheitsbestimmungen, die den Betrieb stören oder zum Erliegen bringen, sog. „Dienst nach Vorschrift" („go slow") oder die verabredete Krankmeldung („go sick") unterfallen ebenso dem Streikbegriff, wie wenn die Arbeitnehmer ihre Aufgaben derart aufreizend langsam verrichten, so dass am Ende des Tages das Soll keinesfalls erreicht wird, sog. „Bummelstreik".

Der Streik kann grundlegend in verschiedenen Ausformungen auftreten.[89] Wird um einen neuen Tarifvertrag gerungen, kommt es herkömmlicherweise zunächst zu „Warnstreiks", die zeitlich begrenzt sind und die Kampfbereitschaft zu einem nachfolgenden und länger andauernden „Erzwingungsstreik" eindrucksvoll dokumentieren sollen. Schließlich sind Hauptstreiks von sog. „Unterstützungs- oder Sympathiestreiks"[90] abzugrenzen.

---

88 Nach st. Rspr. als *„gemeinsame Arbeitsniederlegung einer Mehrzahl von Arbeitnehmern zur Durchsetzung kollektiver Ziele"* definiert, z.B. BAG v. 25.01.1963 – 1 AZR 288/62 – BAGE 14, 52 = NJW 63, 1172; vgl. auch *Kemper* in: von Mangoldt/Klein/Starck, GG, Art. 9 Abs. 3 RN 166; *Junker*, GK Arbeitsrecht, RN 593; *Kissel*, Arbeitskampfrecht, § 14 RN 1; *Wollenschläger*, Arbeitsrecht, RN 619. Überblick über die Streikarten z.B. bei: *Hromadka/Maschmann*, Arbeitsrecht Bd. 2, § 14 RN 22; *Preis*, Kollektives Arbeitsrecht, § 113, S. 304; *Treber* in: Schaub, Arbeitsrechtshandbuch, § 192 RN 7 ff.

89 z.B. Schwerpunktstreiks, Flächenstreiks, Wechselstreiks, Wellenstreiks etc., vgl. statt vieler z.B. *Däubler* in: Däubler, Arbeitskampfrecht, § 8 RN 14.

90 Von dem Tarifziel der Kampfpartei nicht betroffene Belegschaften legen die Arbeit ebenfalls nieder, um die Kämpfenden zu unterstützen. Zulässigkeit anerkannt in: BAG v. 19.06.2007 – 1 AZR 396/06 – AP Nr. 173 zu Art. 9 GG Arbeitskampf = DB 07, 2038; für w. N. siehe FN 24.

Weitere Kampfmittel der Arbeitnehmer sind der Boykott[91] sowie Störungen des Betriebs, die sich in letzter Zeit entwickelt haben und nicht zu den althergebrachten Kampfmitteln zählen: Beeinträchtigungen der Betriebsabläufe über sog. „Flashmobs".[92]

Einen „numerus clausus" zulässiger Kampfmittel gibt es im Übrigen nicht.[93] Die Arbeitnehmer sind in der Wahl der Kampfmittel frei.[94]

2.4.2 Kampfmittel der Arbeitgeber

Traditionelles Mittel der Arbeitgeber ist die Aussperrung.[95] Erfolgt sie als Gegenreaktion auf Streikmaßnahmen der Arbeitnehmer, handelt es sich um eine „Abwehraussperrung". Geht der Arbeitgeber zuerst in die Offensive, spricht man von der „Angriffsaussperrung". In der Praxis ist nur die Abwehraussperrung üblich,

---

91 Boykott ist die organisierte Meidung (Ächtung) bestimmter Personen mit dem Zweck, sie zu einem bestimmten Verhalten zu veranlassen oder für ein Verhalten zu maßregeln. Der arbeitsrechtliche Boykott zielt auf die Durchsetzung bestimmter Arbeitsbedingungen ab, *Wollenschläger*, Arbeitsrecht, RN 630. Dies kann z.B. über einen Aufruf zur Meidung bestimmter Waren- oder Dienstleitungen erfolgen. Der Begriff geht auf den englischen Gutsverwalter Charles C. Boycott zurück, der Mitte des 19. Jahrhunderts seine irischen Pächter schlecht behandelte und daraufhin in Irland „boykottiert" wurde.

92 Die Zulässigkeit solcher „überfallartiger Störaktionen" vom BAG grds. bejaht mit Urt. v. 22.09.2009 - 1 AZR 972/08 - AP Nr. 174 zu Art. 9 GG Arbeitskampf (mit abl. Anm. *Willemsen/Mehrens*) = JZ 2010, 2054; krit. dazu auch *Rieble*, NZA 2008, 796 ff.; *Krieger/Günther*, NZA 2010, 20; *Säcker*, NJW 2010, 1115; auch *Fischer*, RdA 2011, 50.

93 BVerfG v. 26.06.1991 - 1 BvR 779/85 - AP Nr. 117 zu Art. 9 GG Arbeitskampf = BVerfGE 84, 212 (230) = NZA 91, 809; BAG v. 22.09.2009 - 1 AZR 972/08 - AP Nr. 174 zu Art. 9 GG Arbeitskampf (mit abl. Anm. *Willemsen/Mehrens*) = JZ 2010, 254.

94 *„Die Koalitionen sollen [...] die Mittel, die sie für erforderlich halten, selbst wählen können"*, BVerfG v. 02.03.1993 - 1 BvR 1213/85 - AP Nr. 126 zu Art. 9 GG Arbeitskampf = BVerfGE 88, 103 (114);

95 Zulässigkeit grds. anerkannt in: BAG v. 28.01.1955 - 1 AZR 1/54 - AP Nr. 1 zu Art. 9 GG Arbeitskampf = BAGE 1, 291 = DB 1955, 605. Aussperrung bedeutet die *„planmäßige Ausschließung mehrerer Arbeitnehmer von der Arbeit unter Verweigerung der Lohnfortzahlung zur Erreichung bestimmter Ziele durch einen oder mehrere Arbeitgeber"*, z.B. *Hromadka/Maschmann*, Arbeitsrecht Bd. 2, § 14 RN 31; *Brox/Rüthers*, Arbeitskampfrecht, RN 45; *Junker*, GK Arbeitsrecht, RN 594; *Kemper* in: von Mangoldt/Klein/Starck, GG, Art. 9 Abs. 3 RN 173. Aussperrung erhöht den Kostendruck auf die Gewerkschaft, da die ausgesperrten Mitglieder mit Streikgeld alimentiert werden müssen. Arbeitskampf ist daher immer auch „Kampf um Kassen", *Reichold*, Arbeitskampf, § 13 RN 8.

weil für gewöhnlich die Gewerkschaften in die Kampf-Offensive treten und die Arbeitgeber reagieren, nicht agieren.[96] Daneben kann der Arbeitgeber versuchen, den Streik über Streikbruchprämien[97] oder eine Betriebsschließung/-stilllegung[98] zu unterwandern. Die einstweilige Verfügung ist dagegen kein klassisches Arbeitskampfmittel. Neben der Nutzung des ihm zur Verfügung stehenden Arsenals an Kampfmitteln ist es dem Arbeitgeber natürlich erlaubt, die Auswirkungen eines Streiks zu versuchen abzumindern und abzufedern.

Die hierfür in Betracht kommenden Mittel unterscheiden sich von den Arbeitskampfmitteln aber dadurch, dass ihr Einsatz allein „kampf**begleitend**" gedacht ist. Eine der wichtigsten Möglichkeiten dieser kampfbegleitenden Mittel ist in Zeiten der starken Sparten- und Spezialistengewerkschaften neben dem Ersatz (Substitution) der streikenden Belegschaft die einstweilige Verfügung. Aufgrund des Versagens der Aussperrung im Arbeitskampf der Spezialisten und der nicht immer gegebenen Möglichkeit der Substitution[99] kann man sagen, dass die eV oft das einzig verbliebene Mittel der Arbeitgeber ist, gegen den Streik zu intervenieren, auch wenn die Maßnahme nicht zum Kanon der Kampfmittel schlechthin zählt. Aus Sicht des Arbeitgebers handelt es sich jedenfalls um einen Rechtsbehelf, der mit einem Minimum an Aufwand eine maximale Wirkung erzielen kann.[100]

2.5 Rechtsgrundlagen des Arbeitskampfes

Das Arbeitskampfrecht ist nahezu gänzlich Richterrecht. Eine gesetzliche Ausgestaltung ist trotz der verfassungsrechtlichen Pflicht[101] des Gesetzgebers bislang

---

96 Eine Angriffsaussperrung hat die Arbeitskampfgeschichte der BRD bis heute nicht gesehen.

97 Streikprämien sind Zuwendungen, die der Arbeitgeber an Arbeitnehmer allein dafür zahlt, dass sie während eines Streiks weiter ihrer Arbeit nachgehen, *Hromadka/Maschmann*, Arbeitsrecht Bd. 2, § 14 RN 35.

98 Das BAG sieht hierin kein Kampfmittel, da sich der Arbeitgeber nur dem Kampf beuge, BAG v. 27.06.95 – 1 AZR 1016/94 = DB 96, 143. In der Folge verlieren auch die arbeitsbereiten Arbeitnehmer ihren Lohnanspruch, selbst dann, wenn ihre Beschäftigung möglich und wirtschaftlich sinnvoll wäre.

99 z.B. *Steinau-Steinrück/Brugger*, NZA 2010, Beil., 127 (129). So sind z.B. Fluglotsen nicht an „jeder Ecke" aufzutreiben.

100 *Dieterich* in: ErfK, Art. 9 GG RN 228; *Isenhardt* in: FS Stahlhacke, S. 195 (200); *Kissel*, Arbeitskampfrecht, § 65 RN 12; *Reichold*, FA 08, 98; *Hergenröder* in: H/W/K, Art. 9 GG RN 352.

101 BVerfG v. 17.02.1981 – 2 BvR 384/78 – BVerfGE 57, 220 (insb. 248) = NJW 81, 1829: Dem Richter ist es verwehrt, *„die Sache des Gesetzgebers, nämlich die Tragweite der*

weder gelungen noch zu erwarten.[102] Das Grundgesetz erwähnt den Arbeitskampf in Art. 9 Abs. 3 GG, ohne die Gewährleistung ausdrücklich auszusprechen oder Kampfmittel zu benennen.[103] Eine verfassungsrechtliche Gewährleistung ist denn auch aus der Bezugnahme nach h.M. noch nicht abzuleiten.[104]

2.5.1 Verfassungsrechtliche Grundlagen

Die verfassungsrechtliche Gewährleistung des Arbeitskampfes ergibt sich vielmehr aus der in Art. 9 Abs. 3 Satz 1 GG verankerten „kollektiven Koalitionsfreiheit".[105]

Die „individualrechtliche Gewährleistung" – *das Recht, zur Wahrung und Förderung der Arbeits- und Wirtschaftsbedingungen Vereinigungen zu bilden, ist für* ***jedermann*** *und für alle Berufe gewährleistet* – setzt sich in einem Freiheitsrecht der Koalitionen selbst fort.

Das BVerfG hat in seiner grundlegenden Entscheidung vom 26.06.1991[106] klar zum Ausdruck gebracht, dass Art. 9 Abs. 3 GG die Koalitionen in ihrem Bestand und in ihrer Betätigung zur Wahrung und Förderung der Arbeits- und Wirtschaftsbedingungen unmittelbar schützt.[107] Hänge die Verfolgung eines Koalitionszwecks von dem Einsatz bestimmter Mittel ab, seien auch diese vom Schutz der Grundrechte umfasst.[108] Zu den durch Art. 9 Abs. 3 GG geschützten

---

Koalitionsfreiheit zu bestimmen und die Befugnisse der Koalitionen auszugestalten und näher zu regeln." Zust. *Höfling/Engels*, NJW 07, 3102 f.; *Söllner/Waltermann*, Arbeitsrecht, § 30 RN 670; *Fischer*, jurisPR-ArbR 4/2015 Anm. 1 unter A. Zuvor bereits schon BVerfG v. 01.03.1979 – 1 BvR 532/77, 1 BvR 533/77, 1 BvR 419/78, 1 BvL 21/78 – AP Nr. 1 zu § 1 MitbestG = BVerfGE 50, 290 (368 f.).

102 vgl. *Michalski*, Arbeitsrecht, RN 944. Daher trage die Rspr. die „*Last der Situation*", so *Dieterich* in: ErfK, Art. 9 GG RN 111.

103 *Treber* in: Schaub, Arbeitsrechtshandbuch, § 192 RN 21.

104 *Michalski*, Arbeitsrecht, RN 944.

105 *Preis*, Kollektives Arbeitsrecht, § 112, S. 296; *Michalski*, Arbeitskampf, RN 945.

106 BVerfG v. 26.06.1991 – 1 BvR 779/85 – AP Nr. 117 zu Art. 9 GG Arbeitskampf = BVerfGE 84, 212 (insb. 224 f.) = NZA 91, 809. Dazu z.B. *Coester*, Jura 92, 84 ff.; *Richardi*, JZ 92, 27 ff.; *Däubler*, AuR 92, 1 ff.

107 Vgl. dazu statt vieler z.B. *Klimpe-Auerbach*, Personalrat 08, 51, unter Verweis auf BVerfG v. 06.02.2007 – 1 BvR 978/05 = ZTR 2007, 185; *Dieterich* in: ErfK, Art. 9 GG RN 39.

108 Leitsatz 1, a.a.O, FN 105, „*Zu den durch Art. 9 GG geschützten Mitteln zählen auch Arbeitskampfmaßnahmen, die auf den Abschluss von Tarifverträgen gerichtet sind. Sie werden insoweit von der Koalitionsfreiheit erfasst, als sie allgemein erforderlich sind, um eine funktionierende Tarifautonomie sicherzustellen.*"

Betätigungsfreiheiten zählen danach auch Arbeitskampfmaßnahmen, die auf den Abschluss von Tarifverträgen gerichtet sind.[109]

Kurz darauf anerkannte das BVerfG ausdrücklich die verfassungsrechtliche Garantie des Streiks.[110]

Zuvor hatte schon das BAG nach mehreren zögerlichen Hinweisen[111] und der Grundsatzentscheidung vom 10.06.1980[112] schließlich verlauten lassen, dass Art. 9 Abs. 3 GG den Gewerkschaften das Recht gibt, zur Durchsetzung ihrer Tarifforderungen zu streiken.[113]

Das Arbeitskampfrecht, das also Koalitionen und tarifvertragliche Regelungen voraussetzt, ist i.E. Fortsetzung und letzte Konsequenz der Tarifautonomie, die nicht ohne Kampfmaßnahmen als letztes Mittel der Konfliktlösung auskommen kann.[114]

2.5.2 Grenzen der Arbeitskampffreiheit

Arbeitskämpfe sind aufgrund der Verfassungsgarantie wie gesehen zwar grundsätzlich zulässig. Die Arbeitskampffreiheit besteht aber nicht uneingeschränkt. Grenze einer Ausgestaltung der Kampfmittel bildet der *„objektive Gehalt des Art. 9 Abs. 3 GG“*.[115] Grenze ist danach zuvorderst die Funktionsfähigkeit der

---

109 Der Abschluss von Tarifverträgen ist ein wesentlicher Zweck der von Art. 9 Abs. 3 GG geschützten Betätigungsfreiheit der Gewerkschaften, *Klimpe-Auerbach*, Personalrat 08, 51 (52).

110 BVerfG v. 02.03.1993 - 1 BvR 1213/85 - AP Nr. 126 zu Art. 9 GG Arbeitskampf = BVerfGE 88, 103 (114); siehe auch BVerfG v. 04.07.1995 = BVerfGE 92, 365 (393) = NJW 96, 185.

111 BAG v. 17.12.1976 - 1 AZR 605/75 - AP Nr. 51 zu Art. 9 GG Arbeitskampf = DB 1977, 824 sowie BAG v. 21.03.1978 - 1 AZR 11/76 - AP Nr. 62 zu Art. 9 GG Arbeitskampf = NJW 78, 2114.

112 BAG v. 10.06.1980 - 1 AZR 822/79 - AP Nr. 64 zu Art. 9 GG Arbeitskampf = NJW 80, 1642.

113 BAG v. 12.09.1984 - 1 AZR 342/83 - AP Nr. 81 zu Art. 9 GG Arbeitskampf = NJW 85, 85. Wörtlich heißt es dort: *„Das Recht der Gewerkschaften zur Durchsetzung von Arbeitsbedingungen einen Streik ausrufen zu dürfen, ergibt sich aus Art. 9 Abs. 3 GG.“*

114 *Reichold*, Arbeitskampf, § 13 RN 1. Ansonsten drohten die Tarifforderungen zu einem ***„kollektiven Betteln“*** zu verkümmern, so BAG v. 10.06.1980 - 1 AZR 168/79 - AP Nr. 65 zu Art. 9 GG Arbeitskampf = NJW 1980, 1653.

115 *Treber* in: Schaub, Arbeitsrechtshandbuch, § 192 RN 21 u. § 193 RN 44 ff.

Tarifautonomie.[116] Funktionsfähig ist die Tarifautonomie nur, solange zwischen den Parteien ein ungefähres Kräftegleichgewicht – Parität – herrscht.[117]

Ist diese Voraussetzung nicht erfüllt, besteht die Gefahr einer einseitigen Durchsetzung vertraglicher Inhalte durch die überlegene Seite.[118] Nur wenn die Tarifautonomie funktioniert, besteht auch die verfassungsrechtliche Legitimation, dass Tarifvertragsparteien mit Drittwirkung ohne staatliche Einflussnahme eigenverantwortlich Rechtsnormen schaffen können.[119]

Die Wahrung der Kampfparität muss also zentrale Vorgabe für die Rechtmäßigkeit einer Kampfmaßnahme sein.[120] So hat das BVerfG erkannt, dass unvereinbar mit Art. 9 GG eine Ausgestaltung jedenfalls dann wäre, *wenn sie dazu führt, dass die Verhandlungsfähigkeit einer Tarifvertragspartei bei Tarifauseinandersetzungen einschließlich der Fähigkeit, einen wirksamen Arbeitskampf zu führen, nicht mehr gewahrt bleibt und ihre koalitionsmäßige Betätigung weitergehend beschränkt wird, als es zum Ausgleich der beiderseitigen Grundrechtspositionen erforderlich ist.*[121]

Das Paritätsprinzip reicht allerdings als Bewertungsmaßstab der einzelnen Kampfsituationen aufgrund seiner Abstraktionshöhe nicht aus, es bezeichnet nur die Grenze, die bei der gerichtlichen Ausgestaltung nicht überschritten

---

116 BAG v. 22.09.2009 – 1 AZR 972/08 – AP Nr. 174 zu Art. 9 GG Arbeitskampf (mit abl. Anm. *Willemsen/Mehrens*) = JZ 2010, 254; *Seiter*, RdA 86, 165 (183); *Dütz/Thüsing*, Arbeitsrecht, § 13 RN 698. Mit der Funktionsfähigkeit wird das Paritätstheorem vielfach gleichgesetzt, *Preis*, Kollektives Arbeitsrecht, § 112, S. 296.

117 *Treber* in: Schaub, Arbeitsrechtshandbuch, § 192 RN 23. Grund dafür ist, dass das „*Tarifvertragssystem darauf angelegt ist, die strukturelle Unterlegenheit des Arbeitnehmers beim Abschluss von Arbeitsverträgen durch kollektives Handeln auszugleichen und damit ein gleichgewichtiges Aushandeln zu ermöglichen*", BVerfG v. 26.06.1991 – 1 BvR 779/85 – AP Nr. 117 zu Art. 9 GG Arbeitskampf = BVerfGE 84, 212 (insb. 224 f.) = NZA 91, 809; siehe *Treber* a.a.O. u. *Klimpe-Auerbach*, Personalrat 08, 51 (52).

118 *Preis*, Kollektives Arbeitsrecht, § 109, S. 283. I.E. ist der Einsatz von Kampfmaßnahmen folglich insoweit zu beschränken, als dass durch sie kein Übergewicht bei Tarifverhandlungen entstehen darf, weil bei einem Ungleichgewicht eben diese Funktionsfähigkeit der Tarifautonomie beeinträchtigt wird, *Klimpe-Auerbach*, Personalrat 08, 51 (52) unter Bezug auf BVerfG v. 26.06.1991 – 1 BvR 779/85 – siehe FN 116.

119 *Preis*, Kollektives Arbeitsrecht, § 111, S. 296.

120 *Brox/Rüthers/Henssler*, Arbeitsrecht, RN 754.

121 BVerfG v. 26.06.1991 – 1 BvR 779/85 – AP Nr. 117 zu Art. 9 GG Arbeitskampf = BVerfGE 84, 212 (insb. 224 f.) = NZA 91, 809; BAG v. 19.06.2007 – 1 AZR 396/06 – AP Nr. 173 zu Art. 9 GG Arbeitskampf = DB 07, 2038.

werden darf.[122] Die Frage nach der Zulässigkeit konkreter Kampfmaßnahmen beantwortet es indes nicht.

2.5.3 Rechtmäßigkeitsvoraussetzungen von Streiks[123]

Heute existiert im Arbeitskampfrecht ein einheitliches Rechtmäßigkeitskriterium wie die Sozialadäquanz[124] nicht mehr. Die Rechtmäßigkeit richtet sich aufgrund der fehlenden gesetzlichen Vorschriften nach den von der Rspr. entwickelten Maßstäben.[125] Die Rechtmäßigkeit eines Arbeitskampfes auf der Arbeitnehmerseite setzt danach voraus:

Die

(1) Ausrichtung auf eine rechtmäßige tarifvertragliche Regelung, die
(2) Beachtung der Friedenspflicht, die
(3) Tragung von einer Gewerkschaft und die
(4) Wahrung des Grundsatzes der Verhältnismäßigkeit.[126]

2.5.3.1 Tariffähigkeit der Parteien

Nur tariffähige Parteien dürfen Arbeitskämpfe führen.[127] Tariffähig sind Gewerkschaften, einzelne Arbeitgeber und Arbeitgebervereinigungen sowie Spitzenvereinigungen.[128] Jeder Streik, zu dem nicht von einer tariffähigen Partei aufgerufen worden ist, gilt als wilder Streik und ist rechtswidrig, sofern die Gewerkschaft diesen nicht übernimmt.[129]

---

122 *Treber* in: Schaub, Arbeitsrechtshandbuch, § 193 RN 46.

123 Die Rechtmäßigkeitsvoraussetzungen einer Aussperrung sind im Wesentlichen deckungsgleich und sollen hier nicht näher erörtert werden. Dazu z.B. *Wollenschläger*, Arbeitsrecht, RN 660 f.

124 Dazu unter 6.2.1.

125 *Rüthers*, NZA 2010, 6 (9); *Hromadka/Maschmann*, Arbeitsrecht Bd. 2, § 14 RN 37. Dazu auch eingehend *Mayer-Maly* in: FS Richardi, S. 691.

126 Nach *Treber* in: Schaub, Arbeitsrechtshandbuch, § 193 RN 1; vgl. auch *Klimpe-Auerbach*, Personalrat 08, 51 (52); *v. Hoyningen-Huene*, JuS 90, 298 (300).

127 BAG v. 20.12.1963 - 1 AZR 428/62 - AP Nr. 32 zu Art. 9 GG Arbeitskampf = NJW 64, 883.

128 *Brox/Rüthers/Henssler*, Arbeitsrecht, RN 755; *Hromadka/Maschmann*, Arbeitsrecht Bd. 2, § 14 RN 38; *Söllner/Waltermann*, Arbeitsrecht, § 30 RN 675. Vgl. auch § 2 TVG.

129 *Michalski*, Arbeitsrecht, RN 953; *L/C/K*, Arbeitsrecht, RN 1101; *Söllner/Waltermann*, § 29 RN 663; *Dütz/Thüsing*, Arbeitsrecht, § 13 RN 700.

2.5.3.2 *Ausrichtung auf Tarifziel*

Das inhaltliche Ziel des Arbeitskampfes muss tariflich regelbar sein.[130] Der Arbeitskampf muss um den Inhalt, den Abschluss oder die Beendigung von Arbeitsverhältnissen, über betriebliche oder betriebsverfassungsrechtliche Fragen, Bestimmungen über gemeinsame Einrichtungen oder um eine schuldrechtliche Tarifregelung geführt werden und darf die Grenzen der Tarifmacht nicht überschreiten.[131] Nur insoweit sind die Eingriffe in die Arbeitsverträge und die sonstigen Rechte des Kampfgegners gerechtfertigt. Wird der Arbeitskampf um ein Ziel geführt, das mit der Regelung der Arbeitsbedingungen im Sinne des Tarifrechts nichts zu tun hat, richtet er sich etwa an den Gesetzgeber oder die Regierung, ist er unzulässig.[132]

2.5.3.3 *Friedenspflicht*[133]

Zu einem Arbeitskampf darf erst dann aufgerufen werden, wenn die Friedenspflicht aus dem Tarifvertrag abgelaufen ist.[134] Unter Friedenspflicht versteht man die Verpflichtung, während der Dauer des Tarifvertrags von Arbeitskampfmaßnahmen in bestimmtem Umfang keinen Gebrauch zu machen.[135] Vereinbart werden kann eine absolute Friedenspflicht – damit ist auf jegliche[136] Kampfmaßnahmen zu verzichten – oder eine relative, die einen Arbeitskampf verbietet, der sich gegen den Tarifvertrag oder einzelne seiner Bestimmungen richtet.

Eine vereinbarte absolute Friedenspflicht ist die Ausnahme. Verstößt ein Arbeitskampf gegen die Friedenspflicht, so ist er insgesamt rechtswidrig, auch wenn gleichzeitig Forderungen durchgesetzt werden sollen, für die keine Friedenspflicht besteht.[137]

---

130 *Hromadka/Maschmann*, Arbeitsrecht Bd. 2, § 14 RN 43; *Otto*, Arbeitsrecht, § 11 RN 758; *Michalski*, Arbeitsrecht, RN 951; *Brox/Rüthers/Henssler*, Arbeitsrecht, RN 756; *Dütz/Thüsing*, Arbeitskampf, § 13 RN 702.

131 *L/C/K*, Arbeitsrecht, RN 1093.

132 *L/C/K*, Arbeitsrecht, RN 1093.

133 vertiefend zur Friedenspflicht: *Bartz*, ZTR 2004, 122 u. 170.

134 *Hromadka/Maschmann*, Arbeitsrecht Bd. 2, § 14 RN 46.

135 BAG v. 27.06.1989 – 1 AZR 404/88 – AP Nr. 113 zu Art. 9 GG Arbeitskampf = DB 89, 2228; BAG v. 19.06.2007 – 1 AZR 396/06 – AP Nr. 173 zu Art. 9 GG Arbeitskampf = DB 07, 2038.

136 Eingeschlossen sind solche Maßnahmen, die sich auf Ziele außerhalb des Tarifvertrags richten.

137 *Hromadka/Maschmann*, Arbeitsrecht Bd. 2, § 14 RN 46.

2.5.3.4 *Verhältnismäßigkeit*[138]

Als zentraler Maßstab für die Beurteilung der unterschiedlichen Erscheinungsformen des Arbeitskampfes hat sich heute nach der Rechtsprechung des BAG der Grundsatz der Verhältnismäßigkeit etabliert.[139] Das BAG versteht darunter einen Sammelbegriff, der die Merkmale der **Geeignetheit**, der **Erforderlichkeit** und der **Proportionalität** zusammenfasst und sich als gleichbedeutend mit dem Übermaßverbot darstellt.[140]

---

138 Umfassend *Kreuz*, Verhältnismäßigkeit im Arbeitskampfrecht; *Fischinger*, RdA 07, 99.

139 *Treber* in: Schaub, Arbeitsrechtshandbuch, § 193 RN 47; *Jacobs*, NZA 08, 325 (331); *Kissel*, Arbeitskampfrecht, § 29 RN 1 f.; Grundlegend BAG GS v. 21.04.1971 - GS 1/68 = NJW 1971, 1668; best. durch BVerfG v. 26.06.1991 - 1 BvR 779/85 - AP Nr. 117 zu Art. 9 GG Arbeitskampf = BVerfGE 84, 212 = NZA 91, 809; BAG v. 24.04.2007 - 1 AZR 252/06 - AP Nr. 2 zu § 1 TVG Sozialplan = NZA 07, 987; zu Unterstützungsstreiks vgl. BAG v. 19.06.2007 - 1 AZR 396/06 - AP Nr. 173 zu Art. 9 GG Arbeitskampf = DB 07, 2038. Zum Bezugspunkt der Verhältnismäßigkeitsprüfung *Fischinger*, RdA 07, 99 (100). Krit. zum Grundsatz der Verhältnismäßigkeit wegen der mangelnden inhaltlichen Schärfe des Prinzips: *Otto* in: MüKo-ArbR, § 278 RN 121; ganz abl. *Gamillscheg*, Kollektives Arbeitsrecht I, S. 1132. Auch *Däubler* hält dieses Prinzip im Grunde für entbehrlich ist, da es nichts anderes bedeute, als dass „*Kollisionen mit Grundrechten des Arbeitgebers und Dritter im Wege der praktischen Konkordanz auszugleichen sind*", Arbeitskampfrecht, § 14 RN 20. Das Prinzip ließe sich demnach gut durch das „*Verbot des Rechtsmissbrauchs*" ersetzen, a.a.O.

140 *Kreuz*, Verhältnismäßigkeit im Arbeitskampfrecht, S. 18 unter Bezug auf BAG v. 10.06.1980 - 1 AZR 822/79 - AP Nr. 64 zu Art. 9 GG Arbeitskampf = NJW 80, 1642. „*Maßnahmen, die zur Erreichung eines rechtmäßigen Kampfzieles nicht* ***geeignet*** *oder* ***erforderlich*** *sind oder deren Wirkungen außer Verhältnis zum erstrebten Kampfziel stehen (****Angemessenheit*** *oder Verhältnismäßigkeit im engeren Sinn =* ***Proportionalität****), sind jedenfalls verboten, weil sie Vertragspflichten verletzen und darüber hinaus Dritte und die Allgemeinheit beeinträchtigen können*", so *Hromadka/Maschmann*, Arbeitsrecht Bd. 2, § 14 RN 59; ähnl. *Dieterich* in: ErfK, Art. 9 GG RN 127; *Brox/Rüthers/Henssler*, Arbeitsrecht, RN 772; *Junker*, GK Arbeitsrecht, RN 612. Übersicht über das Prüfprogramm bei *Treber* in: Schaub, Arbeitsrechtshandbuch, § 193 RN 47; siehe auch *Dieterich* in: ErfK, Art. 9 GG RN 130 a. Aus der Rspr bes. BAG v. 22.09.2009 - 1 AZR 972/08 - AP Nr. 174 zu Art. 9 GG Arbeitskampf = NJW 2010, 631 und BAG v. 19.06.2007 - 1 AZR 396/06 - AP Nr. 173 zu Art. 9 GG Arbeitskampf = DB 07, 2038; auch BAG v. 11.05.1993 - 1 AZR 649/92 - AP Nr. 63 zu § 1 FeiertagslohnzahlungsG = NJW 93, 2829; BAG v. 12.03.1985 - 1 AZR 636/82 - AP Nr. 84 zu Art 9 GG Arbeitskampf = NJW 85, 2548.

Jeder Arbeitskampf steht mit dem Gebot der Verhältnismäßigkeit unter dem verfassungsrechtlichen Übermaßverbot.[141] Im Ergebnis hat eine Abwägung zu erfolgen, um im Einzelfall die Reichweite zweier oder mehrerer kollidierender Grundrechte zu bestimmen.[142]

2.5.3.4.1 Geeignetheit

Geeignet ist ein Kampfmittel dann, wenn durch seinen Einsatz die Durchsetzung des Kampfziels gefördert werden kann,[143] d.h. der gewünschte Erfolg greifbarer wird. Ungeeignet ist ein Mittel nur dann, wenn es im Hinblick auf den angestrebten Zweck überhaupt keine Wirkung entfaltet oder die Erreichung dieses Zwecks sogar erschwert.[144] Bei der Bewertung der Geeignetheit kommt den Koalitionen ein Beurteilungsspielraum zu, sog. „*Einschätzungsprärogative*". Die Koalition entscheidet danach selbst, ob es sich um ein taugliches Mittel handelt.[145] Die Eignung eines Kampfmittels dürfte in der Praxis allerdings kaum jemals fraglich werden.

2.5.3.4.2 Erforderlichkeit

Steht die Eignung eines Mittels zur Zweckverfolgung fest, so muss es anschließend auch dem Grundsatz der Erforderlichkeit genügen. Erforderlich ist ein Kampfmittel, wenn mildere Mittel zur Erreichung des angestrebten Ziels nach der Beurteilung der den Arbeitskampf führenden Koalition nicht zur Verfügung stehen.[146]

---

141 *Brox/Rüthers/Henssler*, Arbeitsrecht, RN 772.

142 *Rudkowski*, Streik in der Daseinsvorsorge, S. 19; *Klimpe-Auerbach*, Personalrat 08, 51 (52); *Dieterich* in: ErfK, Art. 9 GG RN 130 a.

143 BAG v. 19.06.2007 – 1 AZR 396/06 – AP Nr. 173 zu Art. 9 GG Arbeitskampf = DB 07, 2038; nochmals in BAG v. 22.09.2009 – 1 AZR 972/08 – AP Nr. 174 zu Art. 9 GG Arbeitskampf = NJW 2010, 631.

144 *Kreuz*, Verhältnismäßigkeit im Arbeitskampfrecht, S. 37.

145 *Däubler* in: Däubler, Arbeitskampfrecht, § 14 RN 5. Erweist sich die Einschätzung als falsch, so ist dies rechtlich bedeutungslos, es sei denn, das Kampfmittel ist ganz „*offensichtlich ungeeignet*", a.a.O. unter Verweis auf BAG v. 19.06.2007 – 1 AZR 396/06 – AP Nr. 173 zu Art. 9 GG Arbeitskampf = DB 07, 2038. Es handelt sich dann um „*Rechtsmissbrauch*", BAG, a.a.O.

146 BAG v. 19.06.2007 – 1 AZR 396/06 – AP Nr. 173 zu Art. 9 GG Arbeitskampf = DB 07, 2038. Der Grundsatz gebietet, unter mehreren *gleich* geeigneten Mitteln dasjenige auszuwählen, das am wenigsten belastend ist und nicht wie irrtümlich vielfach angenommen, unter *sämtlichen* geeigneten Mitteln das mildeste zum Einsatz zu bringen, so *Kreuz*, Verhältnismäßigkeit im Arbeitskampfrecht, S. 38.

Auch insoweit umfasst die Betätigungsfreiheit die Einschätzungsprärogative.[147] Die Grenze bildet auch hier der Rechtsmissbrauch.[148] Diese wird überschritten, wenn es des Kampfmittels *offensichtlich* nicht bedarf.[149]

2.5.3.4.2.1 „Ultima-Ratio"

Die „Erforderlichkeit" betrifft aber nicht nur die „Stärke" der Kampfmaßnahme, sondern hat auch eine zeitliche Dimension.[150] Der Große Senat des BAG hatte ursprünglich aus dem Verhältnismäßigkeitsgrundsatz hergeleitet, dass Arbeitskampfmaßnahmen nach dem „***Ultima-Ratio-Prinzip***" nur als letztes Mittel eingesetzt werden dürfen. Daher kam ein Arbeitskampf erst in Betracht, wenn ***alle*** anderen Verständigungsmöglichkeiten zwischen den Tarifvertragsparteien ausgeschöpft sind.[151] Zwischenzeitlich hat der 1. Senat des BAG[152] das Schlichtungserfordernis aufgegeben, was zu einer Aufweichung des Ultima-Ratio-Grundsatzes geführt hat.

Ist die Anrufung einer Schlichtungsstelle eigentlich das wohl mildeste Mittel, dürfen dennoch Warnstreiks eingesetzt werden, um den Tarifabschluss zu

---

147 *Treber* in: Schaub, Arbeitsrechtshandbuch, § 193 RN 47.

148 *Treber* in: Schaub, Arbeitsrechtshandbuch, § 193 RN 47; *Däubler* in: Däubler, Arbeitskampfrecht, § 14 RN 7.

149 Etwa weil der Gegenspieler ohnehin zur Bewilligung der Forderungen bereit ist, so das BAG v. 19.06.2007 – 1 AZR 396/06 – AP Nr. 173 zu Art. 9 GG Arbeitskampf = DB 07, 2038. Auch insoweit würde es sich um einen Fall des Rechtsmissbrauchs handeln, vgl. FN 145 sowie *Klimpe-Auerbach,* Personalrat 08, 51 (54).

150 *Däubler* in: Däubler, Arbeitskampfrecht, § 14 RN 8.

151 St. Rspr. seit BAG v. 28.01.1955 – 1 AZR 1/54 – AP Nr. 1 zu Art. 9 GG Arbeitskampf = BAGE 1, 291 = DB 1955, 605; BAG v. 21.04.1971 – GS 1/68 – AP Nr. 43 zu Art. 9 GG Arbeitskampf = NJW 71, 1668; BAG v. 12.09.1984 – 1 AZR 342/83 – AP Nr. 81 zu Art. 9 GG Arbeitskampf = NJW 85, 85. *Hromadka/Maschmann*, Arbeitsrecht Bd. 2, § 14 RN 62; *Michalski*, Arbeitsrecht, RN 956; *Fischinger*, RdA 07, 99 (103) m.w.N; *Dütz/Thüsing*, Arbeitsrecht, § 13 RN 736; *Brox/Rüthers/Henssler*, Arbeitsrecht, RN 774. Einschränkend z.B. *Söllner/Waltermann*, Arbeitsrecht, § 30 RN 695. Ausreichen soll der Versuch einer gütlichen Einigung. Die Ausschöpfung aller Möglichkeiten sei zu weitgehend.

152 Urt. v. 12.09.1984 – 1 AZR 342/83 – AP Nr. 81 zu Art. 9 GG Arbeitskampf = NJW 85, 85. Entgegen BAG v. 21.04.1971 – GS 1/68 – AP Nr. 43 zu Art. 9 GG Arbeitskampf = NJW 71, 1668. Dort hatte der Große Senat noch eine Anrufungspflicht bestimmt. Im Rahmen der „*Neuen Beweglichkeit*" sei es aber zulässig, zu kurzen zeitlich befristeten Arbeitsniederlegungen aufzurufen, selbst wenn sie während laufender Tarifverhandlungen durchgeführt würden. Krit. *Brox/Rüthers/Henssler*, Arbeitsrecht, RN 775 ff.

beschleunigen.[153] Auch die früher verlangte ausdrückliche Erklärung des Scheiterns der Verhandlungen soll nicht mehr nötig sein; sie liege konkludent in der Eröffnung des Streiks.[154] Der Ultima-Ratio-Grundsatz ist daher nur verletzt, wenn kein einziger Einigungsversuch unternommen wurde.[155]

2.5.3.4.3 Angemessenheit (Proportionalität)[156]

Auf der dritten und letzten Ebene einer Verhältnismäßigkeitsschau ist der Grundsatz der Proportionalität zu prüfen. Ist ein Mittel sowohl geeignet als auch erforderlich, so kann es dennoch unzulässig sein, wenn es zur Erreichung des verfolgten Zwecks ein zu hohes Opfer verlangt.[157] *„Verhältnismäßig im engeren Sinn (proportional) ist ein Arbeitskampfmittel, das sich unter hinreichender Würdigung der grundrechtlich gewährleisteten Betätigungsfreiheit zur Erreichung des angestrebten Kampfziels unter Berücksichtigung der Rechtspositionen der von der Kampfmaßnahme unmittelbar oder mittelbar Betroffenen als angemessen darstellt.“*[158]

Insoweit steht den Koalitionen keine Einschätzungsprärogative zu. Es geht um eine rein rechtliche Abwägung zweier rechtlich geschützter Sphären,[159] bei der die kollidierenden Grundrechtspositionen und der Grad ihrer Beeinträchtigung

---

153 vgl. *Brox/Rüthers/Henssler*, Arbeitsrecht, RN 775 u. 776.

154 *„In der Einleitung von Arbeitskampfmaßnahmen liegt die freie und nicht nachprüfbare Entscheidung der Tarifvertragspartei, dass sie die Verhandlungsmöglichkeiten ohne begleitende Arbeitskampfmaßnahmen als ausgeschöpft ansieht“*, so wörtlich das BAG in seiner „dritten Warnstreikentscheidung“ v. 21.06.1988 – 1 AZR 651/86 – AP Nr. 108 zu Art. 9 GG Arbeitskampf = NJW 89, 57. Krit. *Dütz/Thüsing*, Arbeitsrecht, § 13 RN 736, danach laufe das Ultima-Ratio-Prinzip auf eine reine Missbrauchskontrolle hinaus, die den Kampf eröffnende Partei brauche nur noch nachzuweisen, dass sie eine Forderung erhoben habe, über die keine Einigung erzielt wurde, a.a.O; ebenso *Dieterich* in: Art. 9 GG RN 133; *Kissel*, Arbeitskampfrecht, § 30 RN 46 ff.; *Otto*, Arbeitskampf- u. Schlichtungsrecht, § 7 RN 25 ff.

155 Forderungen müssen zumindest formuliert und zurückgewiesen worden sein, BAG v. 21.06.1988 – 1 AZR 651/86 – AP Nr. 108 zu Art. 9 GG Arbeitskampf = NJW 89, 57.

156 Auch als *„**Verhältnismäßigkeit im engeren Sinne**“* zu bezeichnen.

157 *Kreuz*, Verhältnismäßigkeit im Arbeitskampfrecht, S. 39.

158 BAG v. 19.06.2007 – 1 AZR 396/06 – AP Nr. 173 zu Art. 9 GG Arbeitskampf = DB 07, 2038; nochmals in BAG v. 22.09.2009 – 1 AZR 972/08 – AP Nr. 174 zu Art. 9 GG Arbeitskampf = NJW 2010, 631. Dabei ist zu beachten, dass es *„Wesen einer Arbeitskampfmaßnahme ist, durch Zufügung wirtschaftlicher Nachteile Druck zur Erreichung eines legitimen Ziels auszuüben.“*

159 *Däubler* in: Däubler, Arbeitskampfrecht, § 14 RN 10 unter Verweis auf BAG v. 22.09.2009 – 1 AZR 972/08 – AP Nr. 174 zu Art. 9 GG Arbeitskampf = NJW 2010, 631; *Treber* in: Schaub, Arbeitsrechtshandbuch, § 193 RN 47.

gewichtet und gegen die Bedürfnisse kollektiver Koalitionsbetätigung abgewogen werden sollen.[160] Im Rahmen der an dieser Stelle vorzunehmenden Güter- und Interessenabwägung werden in praxi die Rechtsgüter und Interessen, zu deren Wahrung das Mittel eingesetzt wurde, den von dem Mittel betroffenen Rechtsgütern gegenübergestellt und gegeneinander ausgewogen.[161] Auf dieser dritten Prüfungsstufe stellen sich die größten Probleme. Die abwägende Bewertung der widerstreitenden Interessen ist häufig äußerst schwierig. Eine praktikable Faustformel, die alle denkbaren Fallgestaltungen zu erfassen vermag, ist nicht vorstellbar, so dass die Rechtsprechung sich darauf beschränken muss, typische Fallgestaltungen herauszuarbeiten.[162]

2.5.3.4.3.1 Gebot fairer Kampfführung

Die Angemessenheit schließt das Gebot der ***fairen Kampfführung*** ein.[163] Auch während des Arbeitskampfes muss Rücksicht auf die berechtigten Interessen des Gegners genommen werden. Die Einwirkung darf nur so weit gehen, wie es zur Durchsetzung der Forderungen erforderlich ist.[164] Kampfmaßnahmen stehen danach unter dem Gebot „fairen Verhaltens", sie dürfen nicht außer Verhältnis zum erstrebten Ziel stehen.[165]

Stets unverhältnismäßig wäre die Existenzvernichtung des Gegners.[166] Ein Arbeitskampf darf nicht auf die Vernichtung des Gegners abstellen, sondern er hat den gestörten Rechtsfrieden wieder herzustellen.[167]

---

160 *Dieterich* in: ErfK, Art. 9 GG RN 130 a.

161 *Kreuz*, Verhältnismäßigkeit im Arbeitskampfrecht, S. 40. „*Ergibt sich, dass die von dem Mittel betroffenen Rechtsgüter und Interessen im Verhältnis zu denjenigen, zu deren Wahrung und Förderung das Mittel eingesetzt wird, schwerer wiegen, so ist das Mittel disproportional*", also unangemessen, a.a.O.

162 *Dieterich* in: ErfK, Art. 9 GG RN 130 a.

163 *Dütz/Thüsing*, Arbeitsrecht, § 13 RN 742, nach *Otto* handelt es sich hierbei um das Verbot des Rechtsmissbrauchs, Arbeitskampf- u. SchlichtungsR, § 8 RN 8.

164 *Lieb/Jacobs*, Arbeitsrecht, RN 607; *Otto* in: MüKo-ArbR, § 282 RN 95; *Brox/Rüthers*, Arbeitskampfrecht, RN 165.

165 *Brox/Rüthers/Henssler*, Arbeitsrecht, RN 779.

166 BAG v. 24.04.2007 - 1 AZR 252/06 - AP Nr. 2 zu § 1 TVG Sozialplan = NZA 07, 987; BAG v. 30.03.1982 - 1 AZR 265/80 - AP Nr. 74 zu Art. 9 GG Arbeitskampf = NJW 82, 2835; dazu *Kissel*, Arbeitskampfrecht, § 29 RN 22 m.w.N; *Dieterich* in: ErfK, Art. 9 GG RN 131.

167 *Rolfs*, Studienkommentar Arbeitsrecht, Art. 9 GG RN 54; ggf. müssen die Kampfparteien aktiv durch *Erhaltungsarbeiten* einer Vernichtung entgegenwirken, *Dütz/Thüsing*, Arbeitsrecht, § 13 RN 742; *Dieterich* in: ErfK, Art. 9 GG RN 131. Erhaltungsarbeiten

2.5.3.4.3.2 Sonderfall Daseinsvorsorge

Die problematische Unschärfe des Verhältnismäßigkeitsgrundsatzes zeigt sich besonders im Bereich der Daseinsvorsorge.[168]

Es handelt sich dabei um die Leistungen und Güter, die für ein menschliches Dasein als notwendig erachtetet werden, sog. Grundversorgung.[169]

Relevant wird in diesem Zusammenhang der ungeschriebene Grundsatz der „**Wahrung des Gemeinwohls**". Das „Gemeinwohl" darf nicht „*offensichtlich*" verletzt werden".[170]

In jüngster Vergangenheit haben diesbezüglich die Arbeitskampfe der GDL 2007 und 2014/2015, der Fluglotsenstreik 2011 sowie die Vorfeldstreiks 2012 für Aufsehen gesorgt.[171]

Deren Streikaktivitäten haben dazu geführt, dass die Akzeptanz für Arbeitskämpfe von kleinen Gruppen, die Sondervorteile für sich erstreiten wollen, stark gesunken ist.[172] Da Notstandsarbeiten[173] immer schwieriger zu vereinbaren sind,

---

zielen darauf ab, die Betriebssubstanz hinsichtlich der Fortführung des Betriebs und der Arbeit nach Streikende zu sichern, Übersicht bei *Otto*, Arbeitskampf- u. SchlichtungsR, § 8 RN 22 ff.

168 *Dieterich* in: ErfK, Art. 9 GG RN 131.

169 z.B. die ärztliche Versorgung, Gas/Wasser und Elektrizität, Müllabfuhr oder Infrastruktur, insbesondere das Verkehrswesen.

170 BAG v. 21.04.1971 - GS 1/68 - AP Nr. 43 zu Art. 9 GG Arbeitskampf = NJW 71, 1668. „*In unserer verflochtenen und wechselseitig abhängigen Gesellschaft berühren Streik und Aussperrung nicht nur die am Arbeitskampf unmittelbar beteiligten, sondern auch Nichtstreikende und sonstige Dritte vielfach nachhaltig*", vgl. auch *Luckscheiter*, eR gegen Streiks, S. 28.

171 Sinnvolle Notdienstregelungen wurden bei den Lokführerstreiks 2007 – trotz des Angebots durch die GDL – nicht getroffen. Stattdessen versuchte die Deutsche Bahn AG die Arbeitskämpfe mit einstweiligen Verfügungen abzuwehren, siehe die Nachweise in FN 6. Hier wurde oftmals der Grundsatz der Verhältnismäßigkeit zum Dreh- und Angelpunkt der Entscheidungen, vgl. *Dieterich* in: ErfK, Art. 9 GG RN 134.

172 vgl. die Studie des Instituts für Demoskopie Allensbach (IfD) zu Streikrecht und Spartengewerkschaften im Auftrag der „Carl Friedrich von Weizsäcker-Stiftung", vorgestellt am 26.05.2011 in Berlin, abzurufen unter: http://www.zukunftderarbeit.eu/professoren-initiative-arbeitskampf/studien/index.html. Danach sollen sich rund **2/3** der Bevölkerung für ein Verbot von Streiks bzw. für ein eingeschränktes Streikrecht aussprechen.

173 Die Erforderlichkeit von Notstandsarbeiten ist anerkannt und leitet sich aus eben dieser Gemeinwohlbindung der Arbeitskämpfe ab, BAG v. 31.01.1995 - 1 AZR 142/94 - AP Nr. 135 zu Art. 9 GG Arbeitskampf = NJW 1995, 2869.

ist teilweise die Forderung erhoben worden, im Bereich der Daseinsvorsorge Arbeitskämpfe generell nicht zuzulassen.[174] Zumindest aber scheint eine gesetzliche Regelung notwendig.[175]

2.5.4 Staatliche Neutralität

Auch das Gebot staatlicher Neutralität zählt zu den allgemeinen arbeitskampfrechtlichen Grundsätzen. Der Staat darf danach nicht handelnd in Arbeitskämpfe eingreifen, diese verbieten oder die Arbeiten ersatzweise durchführen lassen, keine Kampfpartei begünstigen und keine Zwangsschlichtung durchsetzen.[176] Die Beteiligten sollen selbständig eine passende tarifvertragliche Regelung *„im freien Spiel der Kräfte"* finden, staatliche Hilfe ginge zu Lasten der Kampfparität und ist nicht vorgesehen.[177] Die Verletzung des Gebotes führt jedoch nicht zur Rechtswidrigkeit der Arbeitskämpfe.[178]

2.5.5 Rechtsfolgen

2.5.5.1 Rechtsfolgen zulässiger Arbeitskämpfe

Der zulässige Streik und die zulässige Aussperrung suspendieren für ihre Dauer die arbeitsvertraglichen Pflichten: Der Arbeitnehmer ist nicht zur Arbeitsleistung, der Arbeitgeber nicht zur Beschäftigung und Entgeltzahlung verpflichtet.[179] Dies gilt auch bei kurzen Warnstreiks, so dass es auf die Dauer der Arbeitskampfmaßnahme

---

174 *Scholz* in: Handbuch des Staatsrechts, § 151 RN 111. Ein solch weitgehendes Verbot lasse sich jedoch nicht begründen, so *Dieterich* in: ErfK, Art. 9 GG RN 128 m.w.N.

175 vgl. den Entwurf der Professoreninitiative v. *Franzen/Thüsing/Waldhoff*: *„Arbeitskampf in der Daseinsvorsorge"*, abzurufen unter: http://www.cfvw.org/stiftung/projektbereich-zukunft-der-arbeit/arbeitskampf/gesetzentwurf. (Der Gesetzesentwurf soll indes bereits an der rechtssicheren u. trennscharfen Abgrenzung des Bereichs der Daseinsvorsorge scheitern, Begründung des Gesetzesentwurfs der BReg zur Tarifeinheit, dort S. 9); vgl. auch *Fischer*, jurisPR-ArbR 4/2015 Anm. 1 unter A.

176 *Dieterich* in: ErfK, Art. 9 GG RN 148.

177 vgl. *Rudkowski*, Der Streik in der Daseinsvorsorge, S. 14.

178 *Dütz/Thüsing*, Arbeitsrecht, § 13 RN 748, sondern es betrifft unter Umständen das Verhältnis der Kampfparteien und ihrer Mitglieder zum Staat, a.a.O. Vereinzelte Stimmen in der Literatur sehen die „Kampfverfügung" als unstatthaft an, da sie den Charakter einer „Polizeiverfügung" aufweise und gegen den Grundsatz der staatlichen Neutralität verstoße, so *Hoffmann*, AuR 68, 33 (48 f.). Vgl. dazu auch 5.1.1.

179 BAG v. 22.03.1994 – 1 AZR 622/93 – AP Nr. 130 zu Art. 9 GG Arbeitskampf = NJW 95, 477; *L/C/K*, Arbeitsrecht, RN 1126; *Michalski*, Arbeitsrecht, RN 958; *Dütz/Thüsing*, Arbeitsrecht, § 13 RN 757.

nicht ankommt.[180] Mit dem Ende des Arbeitskampfes leben die ruhenden vertraglichen Hauptpflichten wieder auf.[181] Die Suspendierungswirkung erklärt sich aus dem Willen der Kampfparteien, die Arbeitsverhältnisse nicht beenden, sondern nach Kampfende zu veränderten Bedingungen fortführen zu wollen.[182]

2.5.5.2 Rechtsfolgen unzulässiger Arbeitskämpfe

2.5.5.2.1 Im Verhältnis Arbeitgeber zum Arbeitnehmer

Als Verletzung des Arbeitsvertrags kann die Teilnahme am unzulässigen Streik dem Arbeitgeber sowohl ein Recht zur Kündigung des Arbeitsverhältnisses aus wichtigem Grund nach § 626 BGB als auch zu einer verhaltensbedingten ordentlichen Kündigung nach § 1 KSchG geben.[183] Denn der rechtswidrige Streik suspendiert die Pflichten aus dem Arbeitsvertrag nicht.[184] Den ihm zustehenden allgemeinen Erfüllungsanspruch durchzusetzen, wäre allerdings wegen § 888 Abs. 3 ZPO für den Arbeitgeber nutzlos.

Praktisch bedeutsamer ist die Verpflichtung zum Schadensersatz[185], die sich vornehmlich aus § 280 Abs. 1 BGB und § 823 Abs. 1 BGB ableiten lässt.[186] Denn die Teilnahme an einem unzulässigen Streik bedeutet eine Vertragsverletzung, die den Arbeitnehmer gem. § 280 Abs. 1 BGB zum Schadensersatz verpflichtet, sofern ihm ein Verschulden zur Last fällt.[187] Mehrere Arbeitnehmer haften als

---

180 BAG v. 21.03.1984 – 4 AZR 375/83 – AP Nr. 22 zu § 611 BGB = NJW 85, 2156.

181 *Brox/Rüthers/Henssler*, Arbeitsrecht, RN 797.

182 *Dütz/Thüsing*, Arbeitsrecht, § 13 RN 757.

183 *L/C/K*, Arbeitsrecht, § 9 RN 1132; *Michalski*, Arbeitsrecht, RN 970.

184 *Brox/Rüthers/Henssler*, Arbeitsrecht, RN 800.

185 Umfassend *Zielke*, BB 05, 1274.

186 Als weitere Anspruchsgrundlage kommen § 823 Abs. 2 BGB i.V.m. Schutzgesetz (z.B. § 74 Abs. 2 S. 1 BetrVG) und ggf. § 826 BGB in Betracht.

187 Ein solches Verschulden liegt vor, wenn für den Arbeitnehmer ohne weiteres erkennbar war, dass er sich an einem unzulässigen Streik beteiligt, z.B. *L/C/K*, Arbeitsrecht, RN 1133. Dies dürfte anzunehmen sein, wenn es sich um einen „wilden Streik" handelt. In der Regel wird ein solches Verschulden aber nicht feststellbar sein. Der Arbeitnehmer darf bei einem Streikaufruf der Gewerkschaft i.d.R. davon ausgehen, dass der Streik rechtmäßig ist, BAG v. 29.11.1983 – 1 AZR 469/82 – AP Nr. 78 zu § 626 BGB = NJW 84, 1371. Er unterliegt dann einem Verbots- oder Tatbestandsirrtum, *Michalski*, Arbeitsrecht, RN 965; *Dütz/Thüsing*, Arbeitsrecht, § 13 RN 791; *Söllner/Waltermann*, Arbeitsrecht, RN 965. Die Haftung wird davon abgesehen ohnehin sehr restriktiv gehandhabt, so lehnte das BAG trotz eines vermeidbaren Verbotsirrtums die Haftung ab, BAG v. 21.03.1978 – 1 AZR 11/76 – AP Nr. 62 zu Art. 9 GG Arbeitskampf = NJW 78, 2114.

Gesamtschuldner. Tatsächlich gehen Ansprüche aber häufig ins Leere, weil die Arbeitnehmer Streikschäden, die große Summen ausmachen, kaum jemals werden ersetzen können.[188]

Die Beteiligung stellt zudem einen Eingriff in das Recht des Arbeitgebers an seinem eingerichteten und ausgeübten Gewerbebetrieb dar, das dem Schutzbereich des § 823 BGB unterfällt.[189]

Auch besteht gem. § 1004 BGB ein Anspruch auf Unterlassung. Das Recht des Arbeitgebers am eingerichteten und ausgeübten Gewerbebetrieb ist gemäß §§ 1004 Abs. 1, 823 Abs. 1 BGB deliktisch geschützt, wenn durch rechtsrechtswidrige Arbeitskampfmaßnahmen unmittelbar in den Gewerbebetrieb eingegriffen wird.[190]

Schließlich steht dem Arbeitgeber u.U. der besitzrechtliche Beseitigungs- und Unterlassungsanspruch aus § 862 Abs. 1 BGB zu.[191]

2.5.5.2.2 Im Verhältnis Arbeitgeberverband zur Gewerkschaft

Ist der Arbeitskampf rechtswidrig, kann die eine Tarifpartei die jeweils andere und deren Mitglieder auf Unterlassung in Anspruch nehmen. Ein Arbeitgeberverband hat neben der tariflichen Friedenspflicht gegen die Gewerkschaft einen Anspruch auf Unterlassung rechtswidriger Kampfmaßnahmen aus eigenem Recht gem. §§ 1004 Abs. 1 i.V.m. 823 Abs. 1 BGB, Art. 9 Abs. 3 GG.[192]

2.5.5.2.3 Im Verhältnis Arbeitgeber zur Gewerkschaft

Der von einem rechtswidrigen Arbeitskampf betroffene Arbeitgeber kann die Unterlassung von Arbeitskampfmaßnahmen verlangen.[193] Dies kann sich aus der drittbegünstigenden Wirkung der tarifvertraglichen Friedenspflicht ergeben,[194] ergibt sich aber zumindest aus §§ 1004 Abs. 1, 823 Abs. 1 BGB.

---

188 *Hromadka/Maschmann*, Arbeitsrecht Bd. 2, § 14 RN 145.

189 Dazu unter 6.2.2.

190 LAG Berlin-Brandenburg v. 16.02.2010 – 9 SaGa 2480/09- juris-online.

191 *L/C/K*, Arbeitsrecht, RN 1138. Dazu unten unter 6.2.4.

192 *Treber* in: Schaub, Arbeitsrechtshandbuch, § 195 RN 66; *Dieterich* in: ErfK, Art. 9 GG RN 231.

193 St. Rspr, BAG v. 27.06.1989 – 1 AZR 404/88 – AP Nr. 113 zu Art. 9 GG Arbeitskampf unter II. 1 = DB 89, 2228.

194 *Söllner/Waltermann*, Arbeitsrecht, RN 963; *Dieterich* in: ErfK, Art. 9 GG RN 225 m.w.N; a.A. *Otto*, Arbeitskampf- u. SchlichtungsR, § 15 RN 4.

Geschütztes Rechtsgut ist der eingerichtete und ausgeübte Gewerbebetrieb.[195] Daneben besteht ein Schadensersatzanspruch nach dem Recht der unerlaubten Handlungen.[196]

2.6 Zwischenergebnis

1. Das deutsche Streikrecht zeichnet sich durch besondere Zurückhaltung des Gesetzgebers aus. Eine umfassende Regelung des Arbeitskampfes fehlt. Der Streik stellt die wichtigste Form des aktiv ausgetragenen Gegensatzes von Gewerkschaften und Arbeitgebern dar und ist verfassungsrechtlich geschützt, soweit er für den Bestand und das Funktionieren der Tarifautonomie erforderlich ist.
2. Das Streikrecht besteht aber keineswegs uneingeschränkt. Als wichtigste Schranke sind der Grundsatz der Verhältnismäßigkeit und die Rechte Dritter zu nennen.
3. Die Teilnahme an einem rechtmäßigen Streik bedeutet keine Arbeitsvertragsverletzung. Auf der Rechtsfolgenseite eines rechtswidrigen Arbeitskampfes bestehen für die jeweilige Tarifpartei Schadensersatz- und Unterlassungsansprüche.
4. Die Beseitigungs- oder Unterlassungsansprüche gegen rechtswidrige Arbeitskämpfe aus § 823 BGB i.V.m. 1004 BGB oder ggf. § 862 BGB können grundsätzlich in der Praxis mit der einstweiligen Verfügung durchgesetzt werden.

195 BAG v. 12.09.1984 – 1 AZR 342/83 – AP Nr. 81 zu Art. 9 GG Arbeitskampf = NJW 85, 85; v. 09.04.1991 – AP Nr. 116 zu Art. 9 GG Arbeitskampf = DB 1991, 2295.

196 Die Gewerkschaften haben das schädigende Verhalten ihrer Organe (Streikleiter) unmittelbar zu vertreten, § 31 BGB. Für Personen, die bestimmte Funktionen ausüben, haftet die Gewerkschaft gem. § 831 BGB (z.B. Streikposten), BAG v. 21.06.1988 – 1 AZR 651/86 – AP Nr. 108 zu Art. 9 GG Arbeitskampf = NJW 89, 57; *Michalski*, Arbeitsrecht, RN 964; *L/C/K*, Arbeitsrecht, RN 1136; *Brox/Rüthers/Henssler*, Arbeitsrecht, RN 819; *Treber* in: Schaub, Arbeitsrechtshandbuch, § 195 RN 68.

3 Eilverfügungsrecht - Grundlagen

Eine Anspruchsdurchsetzung im gerichtlichen Klageverfahren gelingt grundsätzlich - gleich welchen Inhalts - notwendigerweise nicht von jetzt auf gleich; das Verfahren nimmt Zeit in Anspruch. Während der Prozessdauer kann sich die Sachlage aber derart weiterentwickeln, dass dem Kläger ein Obsiegen keinen Nutzen mehr bringt.[197] Um dieser Gefahr vorzubeugen, ist es erforderlich, ein System vorzuhalten, das sicherstellt, dass das klägerische Recht nach Abschluss des Prozesses noch realisiert werden kann.[198] Diese Aufgaben erfüllen das Arrestverfahren[199] und das Verfügungsverfahren. Der einstweilige Rechtsschutz im Arbeitsrecht wird durch die Arbeitsgerichte gewährleistet. Während das Hauptsacheverfahren im ArbGG zahlreichen von der ZPO abweichenden Sonderregelungen unterworfen ist, ordnet § 62 Abs. 2 ArbGG für Arrest und einstweilige Verfügung uneingeschränkt die Anwendung der Vorschriften des Achten Buches der Zivilprozessordnung an.[200] Aufgrund dieser gesetzestechnischen Vorgehensweise[201], mittels eines Verweises den einstweiligen Rechtsschutz im Arbeitsrecht den Vorschriften der ZPO zu unterwerfen, empfiehlt es sich, zunächst die grundlegenden Prinzipien darzustellen, um darauf aufbauend die arbeits- und arbeitskampfrechtlichen Verfügungen zu untersuchen.

---

197 *Grunsky* in: Stein/Jonas, ZPO, vor § 916 RN 1; *Walker* in: Schuschke/Walker, Vollstreckung und vorläufiger Rechtsschutz, vor § 916 - 945 RN 2; *Schreiber*, Jura 2000, 492; *Heinze*, RdA 86, 273: *„Denn die - auch im arbeitsgerichtlichen Verfahren - nach wie vor lange Dauer von Prozessen schafft einschließlich des dadurch immer weiter hinausgeschobenen Zeitpunktes der Rechtsdurchsetzung stets von neuem die Gefahr, dass zwischenzeitlich vollendete Tatsachen im Ergebnis stärker wirken können als das im Urteil zu spät zuteil gewordene Recht"*.

198 *Grunsky* in: Stein/Jonas, ZPO, vor § 916 RN 1; *Heinze*, RdA 86, 273 (274); *Schreiber*, Jura 2000, 492; *Jauernig/Berger*, ZV- u. Insolvenz, § 37 RN 2; *Saenger*, eR und materiellrechtliche Selbsterfüllung, S. 31.

199 Der Arrest soll eine zukünftige Zwangsvollstreckung in das bewegliche und unbewegliche Vermögen wegen einer im ordentlichen Rechtsweg durchsetzbaren Geldforderung sichern. Da es bei Arbeitskämpfen darum nicht geht, spielt der Arrest hier keine Rolle, vgl. *Luckscheiter*, eR gegen Streiks, S. 33; *Dütz*, BB 80, 533 (537).

200 *Schäfer*, eR im Arbeitsrecht, S. 17 RN 1. Die Verweisung führt damit zu einer direkten, nicht nur entsprechenden Anwendung der §§ 916 ff. ZPO.

201 *Heinze*, RdA 86, 273, hält dies für *„zweifellos missglückt"* und verweist auf den *„wesentlich adäquateren Lösungsvorschlag"* im Gesetzesentwurf eines 2. Arbeitsrechtsbereinigungsgesetzes, abgedr. in RdA 71, 357.

3.1 Einstweiliger Rechtsschutzes im Zivilprozess

Maßgebend für den einstweiligen Rechtsschutz sind die §§ 916 bis 945 ZPO. Das Gesetz unterscheidet zwischen dem Arrest[202] (§§ 916–934 ZPO) und den einstweiligen Verfügungen (§§ 935–945). Es handelt sich gleichsam nicht um Verfahren der Zwangsvollstreckung, wie die Einordnung ins achte Buch eigentlich vermuten ließe, sondern um besonders ausgestaltete Erkenntnisverfahren, die auf ein dringliches Regelungsbedürfnis ausgerichtet sind.[203] Sie stehen selbständig neben dem Hauptprozess, schaffen aber anders als dieser grundsätzlich nur eine vorläufige Regelung.[204] Das Gesetz hält ausweislich der §§ 935 und 940 ZPO zwei verschiedene Typen von einstweiligen Verfügungen vor: Die in § 935 ZPO geregelte **Sicherungsverfügung** dient der Sicherung eines nicht auf Geld gerichteten Individualanspruchs, etwa von Ansprüchen auf Herausgabe.[205] Demgegenüber lässt § 940 ZPO die einstweilige Regelung einer streitigen Rechtsbeziehung zu, weshalb sich der Ausdruck „**Regelungsverfügung**" durchgesetzt hat.[206] In der Praxis wird zwischen der Sicherungs- und der Regelungsverfügung nicht scharf unterschieden; in aller Regel werden die §§ 935, 940 ZPO nebeneinander genannt.[207]

---

202 Dieser bleibt aus den Gründen in FN 199 im Folgenden unberücksichtigt.

203 *Schäfer*, eR im Arbeitsrecht, S. 19 RN 2; *Walker*, eR im Zivilprozess, RN 74. So besteht Einigkeit darüber, dass die Verortung ins 8. Buch systemwidrig ist, z.B. *Teplitzky*, JuS 80, 882 (883); *Leipold*, ZZP 90, 258 (261); *Mayer* in: BeckOK-ZPO, § 916 RN 4; ausdrücklich auch BVerfG v. 19.10.77 – 2 BvR 42/76 – BVerfGE 46, 166 (182 Ziff. 40).

204 *Schäfer*, eR im Arbeitsrecht, S. 19 RN 2.

205 *Enders* in: Enders/Börstinghaus, Einstweiliger Rechtsschutz, § 2 RN 14; *Dunkl* in: Dunkl/Moeller/Baur/Feldmeier, Handbuch vorläufiger Rechtsschutz, A RN 465.

206 *Grunsky* in: Stein/Jonas, ZPO, vor § 935 RN 29; *Schlosser*, Jura 84, 360 (364).

207 Da die Rechtsfolgen bei beiden die gleichen sind, ist es i.E. allein ein dogmatisches Bestreben zu wissen, worauf die Verfügung gestützt wird, eine exakte Abgrenzung ist in der Praxis unnötig, vgl. *Grunsky* in: Stein/Jonas, ZPO, vor § 935 RN 30; *Schreiber*, Jura 2000, 492 (495); *Dunkl* in: Dunkl/Moeller/Baur/Feldmeier, Handbuch einstweiliger Rechtsschutz, A RN 465 m.w.N u. 465 b; *Seiler* in: Thomas/Putzo, ZPO, § 935 RN 3; *Hartmann* in: B/L/A/H, ZPO, § 935 RN 2 u. 3; *Vollkommer* in: Zöller, ZPO, § 935 RN 2; *Minnerop*, Materielles Recht u. Einstweiliger RS, S. 57 ff.; *Teplitzky*, JuS 80, 882 (884). Oft liegen auch beider Normen Voraussetzungen vor, so dass die Grenzläufe verschmelzen und die Übergänge fließend sind, vgl. *Schlosser*, Jura 84, 360 (364); *Germelmann* in: G/M/P/M-G, ArbGG, § 62 RN 92; *Saenger*, eR und materiellrechtliche Selbsterfüllung, S. 32 f.; a.A. für eine Differenzierung: *Jauernig*, ZZP, 79, 321 ff., *Huber* in: Musielak, ZPO, § 935 RN 2; *Schilken*, Befriedigungsverfügung, S. 115 ff.; vgl. auch *Hobbeling*, Rechtstypen der zivilprozessualen einstweiligen Verfügung, passim.

Die Gerichte betrachten beide Regelungen als eine einheitliche Rechtsgrundlage. Dies habe auch der Gesetzgeber so vorgesehen, da er nach der amtlichen Begründung § 940 ZPO lediglich als Ergänzungsnorm des § 935 ZPO aufgefasst habe, meint *Heinze*.[208]

Im Prinzip dienen Maßnahmen des einstweiligen Rechtsschutzes nur der Sicherung künftiger Zwangsvollstreckung, die endgültige Entscheidung soll dem normalen Erkenntnisverfahren vorbehalten bleiben.[209] Zielrichtung der einstweiligen Verfügung ist also nicht schon die Klärung von Rechtsfragen oder rechtlichen Beziehungen; sie soll vielmehr eine sorgfältige, unter keinem Zeitdruck stehende Prüfung dieser Fragen im Erkenntnisverfahren erleichtern und verhindern, dass im Laufe des Verfahrens bereits Fakten geschaffen werden, die den Wert der Hauptsacheentscheidung mindern oder gar ausschließen.[210] Sie dürfen im Regelfall dem Antragsteller also nicht schon das zuerkennen, was er im Hauptsacheprozess begehrt, auch nicht vorläufig.[211]

Entgegen der eigentlichen Intention des Eilrechtsschutzes ist dennoch als dritte Form einer einstweiligen Verfügung, die im Gesetz nicht ausdrücklich geregelt ist, die sog. **Leistungs- oder Befriedigungsverfügung** anerkannt, deren Besonderheit darin liegt, dass sie gerade nicht nur auf eine Sicherung der Rechtsstellung des Antragstellers abzielt, sondern den Schuldner zur sofortigen Erfüllung verurteilt.[212] Sie führt damit zu einer in der Regel einstweiligen – mitunter aber auch endgültigen – Befriedigung eines streitigen Anspruchs. Sie unterscheidet sich in der Sache nicht mehr von einem zusprechenden Urteil, denn die anzuordnende Maßnahme ist mit der Hauptsacheentscheidung identisch.[213]

Die einstweilige Verfügung setzt einen Verfügungsanspruch (der dem Antrag zugrundeliegende materiell-rechtliche Anspruch) und einen Verfügungsgrund (die besondere Eilbedürftigkeit) voraus, beide sind nebeneinander glaubhaft zu machen. Darüber wird in einem beschleunigten Verfahren entschieden, dessen

---

208 in: RdA 86, 274 (275); dazu eingehend auch *Walker*, eR im Zivilprozess, RN 120 ff.

209 vgl. *Kessel/Koch*, BB 09, 1032 (1033); *Drescher* in: MüKo-ZPO, § 935 RN 2; *Mossler*, Beschleunigter Rechtsschutz, S. 14; *Saenger*, eR und materiellrechtliche Selbsterfüllung, S. 30 f.

210 *Schäfer*, eR im Arbeitsrecht, S. 19 RN 3; *Heinze*, RdA 86, 273 f.

211 *Schlosser*, Jura 84, 360 (361); *Hartmann* in: B/L/A/H, ZPO, Grundz § 916 RN 5 m.w.N.

212 *Grunsky* in: Stein/Jonas, ZPO, vor § 935 RN 29; *Faecks*, NZA 85, Beil., 6 (15); *Schreiber*, Jura 2000, 492 (495); *Iliakopoulos*, Grenzen der Befriedigungsverfügung, S. 9; *Dunkl* in: Dunkl/Moeller/Baur/Feldmeier, Handbuch einstweiliger Rechtsschutz, A RN 465 u. 469; Umfassend *Jauernig*, ZZP 79, 321 ff.

213 *Saenger*, eR und materiellrechtliche Selbsterfüllung, S. 31.

Streitgegenstand nicht der Anspruch selbst, sondern vielmehr die Zulässigkeit seiner zwangsweisen Sicherung ist.[214] Da die einstweilige Verfügung oft allein aufgrund der glaubhaft gemachten Angaben der Antragsteller ergehen und das summarische Verfahren nur eine sehr eingeschränkt Richtigkeitsgewähr bieten kann, ordnet § 945 ZPO die Schadensersatzpflicht für die Partei an, die die einstweilige Verfügung beantragt hat, obwohl für diese Maßnahmen von Anfang an keine Rechtfertigung vorhanden war.[215] Der Gläubiger haftet dem Schuldner, für den aus dem Vollzug der einstweiligen Verfügung entstandenen Schaden, ohne dass es dabei auf ein Verschulden des Gläubigers ankäme.[216]

3.1.1 Die Verfügungsarten

Einstweilige Verfügungen zur vorläufigen Sicherung oder Regelung eines besonders eilbedürftigen Sachverhalts sind nach der genannten Klassifizierung zunächst in *Sicherungs-* und *Regelungsverfügungen* zu unterscheiden.[217] Die Regelungsverfügung nach § 940 ZPO ist dabei die in der Rechtswirklichkeit mit Abstand bedeutsamste Art der Verfügung. Daneben tritt die dritte bekannte Art der einstweiligen Verfügung, die sog. *Leistungs- oder Befriedigungsverfügung.*

3.1.1.1 Die Sicherungsverfügung, § 935 ZPO

Die Sicherungsverfügung ist statthaft zur Sicherung eines Individualanspruchs, der nicht auf eine Geldleistung gerichtet ist. Die Sicherungsverfügung gem. § 935 ZPO soll durch Aufrechterhaltung eines durch Änderung bedrohten Ist-Zustands die Durchsetzbarkeit von Rechten des Gläubigers vor Vereitelung oder wesentlicher Erschwerung bewahren. Notwendig ist die objektiv begründete Gefahr, dass

---

214 *Schäfer*, eR im Arbeitsrecht, S. 20 RN 4; *Drescher* in: MüKo-ZPO, vor §§ 916 ff. RN 13; *Hartmann* in: B/L/A/H, ZPO, Grundz § 916 RN 11 m.w.N; *Huber* in: Musielak, ZPO, § 916 RN 3.

215 *Schäfer*, eR im Arbeitsrecht, S. 21 RN 7.

216 *Grunsky*, ZPO, RN 291; *Schreiber*, Jura 2000, 492 (496); *Schlosser*, Jura 84, 360 (366). Da einstweilige Verfügungen anders als beim Arrest über die Zustellung hinausgehender Vollzugsakte nicht bedarf, reicht als Grundlage eines Schadensersatzanspruches aus, wenn sich der Antragsgegner verfügungskonform verhalten hat, a.a.O.

217 *Leipold* verzichtet auf diese Begriffe und gruppiert nach Sicherungs-, Abwehr- und Angriffsverfügungen, in: Grundlagen, S. 105 ff. *Walker* will aufgrund der tatsächlichen Wirkung nur zwischen Sicherungs- und Befriedigungsverfügungen unterscheiden, ZfA 05, 45 (46). Eine Regelungsverfügung als dritte Art erkennt er nicht an, eR im Zivilprozess, RN 100 ff., 119, 664; abl. *auch Minnerop*, Materielles Recht und einstweiliger RS, S. 77 ff.

durch Änderung des bestehenden Zustands die Rechte der antragstellenden Partei gefährdet sind.[218] Die Sicherungsverfügung darf aber nicht über die Sicherung des Gläubigers hinausgehen.[219]

3.1.1.2 Die Regelungsverfügung, § 940 ZPO

Aufgabe der Regelungsverfügung gem. § 940 ZPO ist es hingegen, durch vorläufige Regelung den in Bezug auf ein streitiges Rechtsverhältnis bedrohten Rechtsfrieden zu sichern.[220] Sie wird erlassen, wenn der einstweilige Rechtsschutz „*zur Abwendung wesentlicher Nachteile oder zur Verhinderung drohender Gewalt oder aus anderen Gründen nötig*" erscheint. Trotz des abweichenden Wortlauts ist hier ein Verfügungsgrund wie in § 935 ZPO zur Voraussetzung erhoben.[221]

3.1.1.3 Die Leistungs- bzw. Befriedigungsverfügung[222]

Mit einer Leistungs-/Befriedigungsverfügung wird der Antragsgegner zur Erfüllung eines behaupteten Anspruchs verpflichtet. Der Anspruch des Antragstellers wird befriedigt.

Einstweilige Verfügungen mit Befriedigungswirkung verfügen vorab also die Rechtsfolge, die dem Antragsteller bei erfolgreichem Ausgang in der Hauptsache zuerkannt würde.

Die grundsätzliche Zulässigkeit einer Befriedigungsverfügung wird heute in der Praxis nicht mehr bezweifelt,[223] allein die Herleitung bietet Anlass zur Kontroverse.[224]

An die Darlegung des Verfügungsanspruches und des Verfügungsgrundes sowie an die Glaubhaftmachung sind bei einem Antrag auf Erlass einer Leistungs-/

---

218 *Schreiber*, Jura 2000, 492 (495).

219 *Dunkl* in: Dunkl/Moeller/Baur/Feldmeier, Handbuch einstweiliger Rechtsschutz, A RN 467.

220 *Dunkl* in: Dunkl/Moeller/Baur/Feldmeier, Handbuch einstweiliger Rechtsschutz, A RN 468.

221 *Schreiber*, Jura 2000, 492 (495); *Drescher* in: MüKo-ZPO, § 935 RN 17 u. § 940 RN 9.

222 Umfassend *Schilken*, Befriedigungsverfügung, passim; *Hobbeling*, Rechtstypen der zivilprozessualen einstweiligen Verfügung, passim.

223 z.B. *Vollkommer* in: Zöller, ZPO, § 916 RN 1 m.w.N; *Drescher* in: MüKo-ZPO, § 938 RN 14 ff.; *Bertzbach* in: Däubler, Arbeitskampfrecht, § 24 RN 8 m.w.N; *Isenhardt* in: FS Stahlhacke, Arbeitsgesetzgebung und Arbeitsrechtsprechung, S. 195 (202); *Vogg*, NJW 93, 1357 (1364); *Kessel/Koch*, BB 09, 1032 (1033); vgl. auch *Walker*, eR im Zivilprozess, RN 85 ff., der die Zulässigkeit aus den historischen Materialien herleitet.

224 Dazu ausführlich unter 4.2.

Befriedigungsverfügung auch wegen der Gefahr der endgültigen Schädigung des Antragsgegners strenge Anforderungen zu stellen.[225] Der Ausnahmecharakter der Leistungs-/Befriedigungsverfügung bedingt eine Verschärfung der Anforderungen gegenüber den ansonsten gültigen Regeln.[226] Das Obsiegen des Antragstellers muss in höchstem Maße oder mit an Sicherheit grenzend wahrscheinlich sein.[227] Liegt diese Voraussetzung nicht vor, kann selbst bei offenkundiger Notlage des Antragstellers die beantragte Verfügung nicht ergehen.[228]

Verfügungsanspruch kann jeder materiell-rechtliche Anspruch sein, also neben Unterlassung auch Vornahme einer Handlung oder ein Anspruch auf Geldzahlung.[229] Trotz (Teil-)Befriedigung ersetzt die Leistungs-/Befriedigungsverfügung nicht das Hauptsacheverfahren.[230]

Zur genauen Abgrenzung einer Leistungs- oder Befriedigungsverfügung von den anderen Verfügungsarten werden verschiedene Ansätze vertreten:

---

225 *Dunkl* in: Dunkl/Moeller/Baur/Feldmeier, Handbuch einstweiliger Rechtsschutz, A RN 470 m.w.N. u. 507; *Keller*, Jura 07, 327 (329); *Brox*, JA 82, 221 (226); *Baur*, BB 64, 607 (609); *Walker*, eR im Zivilprozess, RN 98; *Dütz*, BB 80, 533 (537 f.); *Drescher* in: MüKo-ZPO, § 938 RN 19; *Hartmann* in: B/L/A/H, ZPO, Grundz § 916 RN 9; *Saenger*, eR und materiellrechtliche Selbsterfüllung, S. 39 m.w.N; *Jauernig/Berger*, ZV- u. Insolvenz, § 37 RN 22; *Grunsky*, Jura 70, 724 (729 ff.); *Thümmel* in: Wieczorek/Schütze, ZPO, § 940 RN 10; *Schäfer*, eR im Arbeitsrecht, S. 21 RN 26; aus der Rspr.: OLG Düsseldorf, Beschl. v. 26.02.09 – I-10 W 14/09, 10 W 14/09 – NJW-RR 2009, 1461; OLG Karlsruhe v. 07.05.80 – 6 U 230/79 Kart – GRUR 80, 811; Brandenburgisches OLG v. 24.09.02 – Kart U 3/02 – GRUR-RR 02, 399; a.A. *Hobbeling*, Rechtstypen der zivilprozessualen einstweiligen Verfügung, S. 366, danach sollen für Befriedigungsverfügungen keine besonderen Verfahrensprinzipien gelten u. *Finken*, Vermögensverschiebung aufgrund einstweiliger Verfügung, S. 126 u. 184.

226 *Mossler*, Beschleunigter Rechtsschutz, S. 16.

227 *Drescher* in: MüKo-ZPO, § 938 RN 19; *Mossler*, Beschleunigter Rechtsschutz, S. 19; *Saenger*, eR und materiellrechtliche Selbsterfüllung, S. 56.

228 *Drescher* in: MüKo-ZPO, § 938 RN 19. *„Es handelt sich bei der Befriedigungsverfügung nicht um Ansätze zu einer besonderen Prozessart, erst recht nicht um ein kleines, summarisches Erkenntnisverfahren mit einer Verdrängungswirkung bezüglich des Hauptsacheverfahrens“*, so aber *Bruns/Peters*, ZVR, § 50 II 3; *Gaul/Schilken/Becker-Eberhard*, ZVR, § 76 II 2.

229 *Keller*, Jura 07, 327 (329); *Dunkl* in: Dunkl/Moeller/Baur/Feldmeier, Handbuch einstweiliger Rechtsschutz, A RN 470 u. 499; *Brox/Walker*, ZVR, RN 1615.

230 vgl. *Grunsky* in: Stein/Jonas, ZPO, vor § 935 RN 33, 35; *Vollkommer* in: Zöller, ZPO, § 940 RN 7; *Dunkl* in: Dunkl/Moeller/Baur/Feldmeier, Handbuch einstweiliger Rechtsschutz, A RN 471.

Nach einer Ansicht soll das Hauptkriterium in der inhaltlichen Übereinstimmung des Verfügungsanspruchs mit dem materiellen Anspruchsziel in der Hauptsache liegen.[231]

Nach *Jauernig*[232] sei vielmehr darauf zu achten, ob bei Wegfall der einstweiligen Verfügung automatisch der frühere Zustand wieder eintrete. Sei dies der Fall, so handele es sich um eine Regelungsverfügung. Sofern dies nicht der Fall sei und der frühere Zustand nur über einen „actus contrarius" (z.B. Rückzahlung) herbeigeführt werden könne, liege eine Leistungsverfügung vor.

Leipold[233] wendet ein, dass im Falle der Befolgung der einstweiligen Verfügung und späterer Aufhebung der frühere Zustand keineswegs wieder eintrete. Eine Änderung des tatsächlichen Geschehens sei unmöglich, weil Tatsachen nicht mehr rückwirkend änderbar seien. So könne eine unterlassene Wettbewerbshandlung nicht mehr für die Vergangenheit nachgeholt werden. Auch dann liege eine irreparable Wirkung vor, nämlich für den Zeitraum der unterlassenen Handlung. Das Kriterium des automatischen Wiedereintritts ist deshalb eher untauglich.[234]

Einstweilige Verfügungen sollten daher – so wie heute allgemein üblich – dann als Befriedigungsverfügungen erkannt werden, wenn sie (teilweise) irreparable Wirkungen haben und die Hauptsache vorweg nehmen.[235]

3.1.1.4 Die sog. „Feststellungsverfügung"[236]

Bei einer sog. Feststellungsverfügung handelt es sich nicht um eine eigenständige Kategorie der einstweiligen Verfügung, sondern um eine Unterart entweder der Sicherungs- oder der Regelungsverfügung.[237] Im Mittelpunkt steht die Frage, ob abweichend von der Prämisse, dass einstweilige Verfügungen einen vollstreckungsfähigen oder zumindest rechtsgestalterischen Inhalt aufweisen müssen, auch ein

---

231 *Grunsky*, Jura 70, 724 (726); *Baur*, Studien zum einstweiligen Rechtsschutz, S. 48 ff. (60), dazu auch *Leipold*, Grundlagen des einstweiligen Rechtsschutzes, S. 108; krit. auf S. 109, a.a.O.

232 in: ZZP 79, 321 (332 f.).

233 Grundlagen des einstweiligen Rechtsschutzes, S. 112, vgl. auch *Iliakopoulos*, Grenzen der Befriedigungsverfügung, S. 11; *Saenger*, eR und materiellrechtliche Selbsterfüllung, S. 36.

234 So auch *Iliakopoulos*, Grenzen der Befriedigungsverfügung, S. 11.

235 *Iliakopoulos*, Grenzen der Befriedigungsverfügung, S. 11.

236 Umfassend *Vogg*, NJW 93, 1357 ff. m.w.N; *Starek*, Die Zulässigkeit der einstweiligen Verfügung auf Feststellung, passim; *Kohler*, ZZP 103, 184; *Jacobs*, Gegenstand des Feststellungsverfahrens, S. 94 ff.

237 *Keller*, Jura 07, 327.

nur feststellender Tenor ausgeworfen werden kann, also eine lediglich vorläufige Feststellung über ein streitiges Rechtsverhältnis getroffen werden kann.[238]

Die Existenzberechtigung der Rechtsfigur ist stark umstritten.[239] In der Regel sind Feststellungsverfügungen unzulässig.[240] Zur Begründung wird angeführt, dass eine bloße Feststellung mit nur vorläufiger Wirkung ungeeignet sei, materielle Rechte vor echten Gefahren bis zum Hauptsacherechtsschutz zu bewahren bzw. sie nehme entgegen dem Zweck der §§ 916 ff. ZPO die Entscheidung in der Hauptsache vorweg.[241] Die Feststellungsverfügung sei weder vollstreckbar noch geeignet, ein Rechtsverhältnis verbindlich zu regeln und es stehe im Belieben des Antragsgegners, den gerichtlichen Ausspruch zu beachten.[242]

Dies gilt aber nicht uneingeschränkt.[243] In Ausnahmefällen hat sich auch die Rechtsprechung bisweilen auf ein solches Modell eingelassen.[244] „Feststellende“

---

238 vgl. *Schäfer*, eR im Arbeitsrecht, S. 32 RN 27.

239 Übersicht über den Meinungsstand bei *Vogg*, NJW 93, 1357 (1358 f.).

240 *Germelmann* in: G/M/P/M-G, ArbGG, § 62 RN 94. Denn Feststellungsurteile können nicht mit der Zwangsvollstreckung durchgesetzt werden, sie bilden nur die Grundlage für andere, der Zwangsvollstreckung zugängliche Rechtsansprüche, a.a.O. Auch *Keller* leuchtet nicht ein, welchen Platz eine Feststellungsverfügung überhaupt einnehmen soll, Jura 07, 327. Abl. auch: *Dütz*, BB 80, 533 (534); *Schäfer*, eR im Arbeitsrecht, S. 32 RN 27; *Luckscheiter*, eR gegen Streiks, S. 59; *Starek*, Die Zulässigkeit der einstweiligen Verfügung auf Feststellung, S. 43 ff.; *Brox/Walker*, ZVR, RN 1595; *Berger*, ZZP 110, 287 (290 ff.); *Leipold*, Grundlagen, S. 150; vgl. auch die weiteren Nachweise bei *Jacobs*, Gegenstand des Feststellungsverfahrens, S. 94 FN 7; aus d. Rspr.: LAG Düsseldorf v. 06.09.95 – 12 TaBV 69/95 = LAGE § 37 BetrVG 1972 Nr. 44; LAG Rheinland-Pfalz v. 18.11.96 – 9 Sa 725/96 = LAGE § 935 ZPO Nr. 10; LAG München v. 01.12.2004 – 5 Sa 913/04 = NZA-RR 2005, 354.

241 *Dunkl* in: Dunkl/Moeller/Baur/Feldmeier, Handbuch einstweiliger Rechtsschutz, A RN 465 a; *Dütz*, BB 80, 533 (534); BayVGH v. 19.10.83 – 18 CE 83 A.2278 = PersV 85, 335.

242 *Dunkl* in: Dunkl/Moeller/Baur/Feldmeier, Handbuch einstweiliger Rechtsschutz, A RN 465 a; *Brox/Walker*, ZVR, RN 1595; *Dütz*, BB 80, 533 (534).

243 Dafür in engen Grenzen: *Grunsky*, JuS 76, 277 (284 f.); *ders.* in: Stein/Jonas, ZPO, vor § 935 RN 60; *Schuschke* in: Schuschke/Walker, Vollstreckung und vorläufiger Rechtsschutz, vor § 935 RN 65; *Semler*, BB 79, 1533 (1535); *Kohler*, ZZP 103, 184 (208); *Dunkl* in: Dunkl/Moeller/Baur/Feldmeier, Handbuch einstweiliger Rechtsschutz, A RN 465a; *Jauernig*, ZZP 79, 321 (325); *Dannhäuser*, PersV 91, 193 (202 ff.); *Morbach*, eR in Zivilsachen, S. 107; Möglichkeit grds. in engen Grenzen ebenfalls anerkannt vom OLG Celle, Urt. v. 09.10.89 – 9 U 186/89 = NJW 90, 582. Ein Bedürfnis bestehe aber nicht, wenn Rechtsschutz über eine der etablierten Varianten gegeben sei.

244 In diesen Einzelfällen geht es z.B. um die Freistellung eines Betriebsratsmitglieds zur Teilnahme an Schulungsveranstaltungen. Der Antrag ist dann auf die gerichtliche

Verfügungen sollen nach LAG Nürnberg[245] dann nicht von vornherein ausgeschlossen sein, soweit ein rechtlicher Bedarf besteht und effektiver Rechtsschutz nicht auf andere Weise erreicht werden kann. Zu beachten ist im Falle der Anerkennung einer feststellenden Verfügung mit *Dunkl*[246] zumindest, dass eine einstweilige Feststellungsverfügung nur in Betracht kommen kann, wenn der Antragsgegner die Bereitschaft zur Beachtung der gerichtlichen Entscheidung vorab angezeigt hat, da eine Bindungswirkung für ein etwaiges Hauptverfahren nicht besteht und der Antragsgegner mangels Vollstreckbarkeit auch nicht zur Beachtung gezwungen werden kann.

3.1.2 Das Verfahren der einstweiligen Verfügung

3.1.2.1 Zuständiges Gericht

Eine einstweilige Verfügung kann bei zwei Gerichten beantragt werden, dem Gericht der Hauptsache (§ 943 ZPO) und dem Amtsgericht der belegenen Sache (§ 942 ZPO). Ist grundsätzlich das Gericht der Hauptsache zuständig, weist der Weg zum Amtsgericht lediglich in zwei Fällen: Entweder in dringenden Fällen (§ 942 Abs. 1 ZPO) oder wenn im Wege der einstweiligen Verfügung eine Vormerkung oder ein Widerspruch ins Grundbuch eingetragen werden muss, § 942

Feststellung gerichtet, dass ein Teilnahmerecht besteht, z.B. LAG Hamm, Beschl. v. 23.11.1972 - 8 BVTa 37/72 = BB 72, 1560 (vgl. aber abw. LAG Hamm, Beschl. v. 10.05.2004 - 10 TaBV 41/04 u. Beschl. v. 21.05.2008 - 10 TaBVGa 7/08. Diese Anträge waren zwar unbegründet, scheiterten aber nicht! an der Zulässigkeit). In anderen Fällen war Streitgegenstand der Beschluss des Betriebsrats über die Einsetzung des Wahlvorstands. Der Arbeitgeber kann dann die gerichtliche Feststellung beantragen, dass der Beschluss unwirksam ist, so ausdrücklich LAG Nürnberg, Beschl. v. 30.03.2006 - 6 TaBV 19/06 m.w.N. Daneben kommen Anträge auf Urlaubsgewährung in Betracht, *Corts*, NZA 98, 357 ff. Nach LAG Berlin kann auch die Feststellung, dass ein Arbeitsverhältnis zu einem Verein nicht besteht, Gegenstand einer eV sein, Urt. v. 31.08.2000 - 10 Sa 1728/00 = AP Nr. 22 zu § 611 BGB Berufssport.

245 LAG Nürnberg, Beschl. v. 30.03.2006 - 6 TaBV 19/06. *„Solche Feststellungsverfügungen, gewähren einerseits effektiven Rechtsschutz, um andererseits eine „Übersicherung" des Antragstellers, die einer Vorwegnahme der Hauptsache gleichkäme, zu vermeiden"*, a.a.O, Ziff. 31. So auch *Vollkommer* in: Zöller, ZPO, § 935 RN 2; *Germelmann* in: G/M/P/M-G, ArbGG, § 62 RN 94, *„Im Ausnahmefall zur Sicherung eines effektiven Rechtsschutzes gem. Art. 19 Abs. 4 GG"*; a.A. wohl *Rieble/Triskatis*, NZA 06, 233 (236).

246 in: Dunkl/Moeller/Baur/Feldmeier, Handbuch einstweiliger Rechtsschutz, A RN 465 a; ähnl. *Semler*, BB 79, 1533 (1535); *Vogg*, NJW 93, 1357 (1365); *Jauernig*, ZZP 79, 321 (325).

Abs. 2 ZPO.[247] Liegen die Voraussetzungen des § 942 Abs. 2 ZPO vor, so hat der Kläger die Wahl zwischen dem Amtsgericht der belegenen Sache und dem Gericht der Hauptsache, § 35 ZPO.[248]

3.1.2.2 Verfügungsgesuch

Das Verfahren ist gem. § 920 ZPO durch einen Antrag einzuleiten. Wesentlich ist dabei die Nennung des Rechtsschutzziels. Ein bestimmter Antrag muss nicht gestellt werden, da dem Gericht gem. § 938 Abs. 1 ZPO ein Auswahlermessen hinsichtlich der Maßnahmen zusteht und es auch abweichend vom gestellten Antrag verfügen kann.[249] Anders bei der Leistungs-/Befriedigungsverfügung:

Hier ist ein bestimmter Antrag zu stellen, weil die begehrte Maßnahme mit der in dem Hauptsacheverfahren angestrebten Rechtsfolge identisch ist bzw. die Erfüllung des Anspruchs begehrt wird und der Antragsgegner zur Leistung verurteilt wird.[250]

3.1.2.3 Glaubhaftmachung von Verfügungsanspruch/-grund

Voraussetzung für den Erlass der Verfügung ist neben der Glaubhaftmachung eines Verfügungsgrundes die Plausibilität eines Verfügungsanspruches.[251]

---

247 *Keller*, Jura 07, 327; *Jauernig/Berger*, ZV- u. Insolvenz, § 37 RN 27.

248 Ist die Hauptsache bereits anhängig, so ist das dortige Gericht zuständig. Unerheblich ist, ob dieses Gericht auch tatsächlich zuständig ist, *Teplitzky*, JuS 81, 122; LG Frankfurt v. 12.04.1989 – 3/14 O 26/88 = NJW 90, 652; OLG Hamburg v. 06.11.80 - 3 U 151/79 = MDR 81, 1027. Ist keine Hauptsache anhängig, richtet sich die Zuständigkeit nach den allgemeinen Regeln der §§ 12 ff. ZPO, *Keller*, Jura 07, 327. Eingehend auch *Dunkl* in: Dunkl/Moeller/Baur/Feldmeier, Handbuch einstweiliger Rechtsschutz, A RN 481 ff.

249 *Keller*, Jura 07, 327 (328); *Dunkl* in: Dunkl/Moeller/Baur/Feldmeier, Handbuch einstweiliger Rechtsschutz, A RN 489.

250 *Keller*, Jura 07, 327 (328); *Saenger*, eR und materiellrechtliche Selbsterfüllung, S. 53; *Mossler*, Beschleunigter Rechtsschutz, S. 23; *Dunkl* in: Dunkl/Moeller/Baur/Feldmeier, Handbuch einstweiliger Rechtsschutz, A RN 489; *Brox/Walker*, ZVR, RN 1629.

251 *Schlosser*, Jura 84, 360 (365); *Saenger*, eR und materiellrechtliche Selbsterfüllung, S. 54. Dabei handelt es sich um diejenige materiell-rechtliche Position bzw. Anspruch, auf den der Verfügungskläger seine Rechtsposition gegenüber dem Verfügungsbeklagten stützt, *Enders* in: Enders/Börstinghaus, Einstweiliger Rechtsschutz, § 2 RN 49.

3.1.2.3.1 Verfügungsanspruch

3.1.2.3.1.1 Prüfung der materiellen Rechtslage?[252]

Der Antragsteller muss in seinem Gesuch zunächst den zu sichernden Anspruch schlüssig darlegen. Teilweise wird in der Literatur zum einstweiligen Verfügungsverfahren bezüglich der Schlüssigkeitsprüfung zwischen Verfügungen gemäß § 935 ZPO und solchen nach § 940 ZPO differenziert.[253] Danach sollen anders als bei § 935 ZPO im Rahmen einer eV gem. § 940 ZPO die schutzwürdigen Interessen beider Seiten gegeneinander abzuwägen sein.[254] Das Erfordernis der Vorausprüfung sei unter Berücksichtigung möglicherweise auftretender schwieriger Rechtsfragen mit Zweifeln behaftet.[255]

Leipold[256] schlägt deshalb vor, an Stelle der Schlüssigkeitsprüfung eine Interessenabwägung vorzunehmen, wenn die Eilbedürftigkeit dies erfordere. Diese erfolge nicht im Hinblick auf die materielle Rechtslage, sondern habe speziell auf die Situation der rechtlichen Ungewissheit abzuheben, in der über die Eilmaßnahme zu entscheiden sei.[257]

Die ganz h.M.[258] lehnt dies ab, es habe stets eine umfassende rechtliche Prüfung des Vorbringens des Antragstellers zu erfolgen.

---

252 vgl. dazu auch 6.1.

253 vgl. dazu *Enders* in: Enders/Börstinghaus, Einstweiliger Rechtsschutz, § 2 RN 81.

254 vgl. *Vollkommer* in: Zöller, ZPO, § 940 RN 4; OLG Hamm v. 14.03.2000 - 27 U 102/99 = NJW-RR 01, 105 (107).

255 *Grunsky*, Jura 70, 724 (726); vgl. dazu *Schilken*, Befriedigungsverfügung, S. 118 u. die dort in FN 13 aufgeführten zahlreichen Nachweise.

256 *Leipold*, Grundlagen, S. 53 u. 94 ff. In Fällen schwieriger Rechtsfragen sei eine „*offene Eilentscheidung*" vorzuziehen, bei der es nicht auf die Erfolgsaussichten ankomme, sondern im Mittelpunkt eine Interessenabwägung auf Grundlage der „Doppelhypothese" des BVerfG zu stehen habe. Dabei seien gegeneinander abzuwägen, welche Nachteile einerseits der Antragsteller bei Nichterlass zu erleiden habe - sollte sich hinterher seine Rechtsposition als zutreffend herausstellen - und andererseits, welche Nachteile der Erlass dem Antragsgegner zugefügt haben würde, sofern er in der Hauptsache obsiege, a.a.O., S. 54; vgl. auch *Mossler*, Beschleunigter Rechtsschutz, S. 18 u. *Iliakopoulos*, Grenzen der Befriedigungsverfügung, S. 11 ff.; *Saenger*, eR und materiellrechtliche Selbsterfüllung, S. 54.

257 *Leipold*, Grundlagen, S. 53 f.

258 vgl. die Nachweise bei *Walker*, eR im Zivilprozess, RN 309; *Heinze*, RdA 86, 273 (276); *Iliakopoulos*, Grenzen der Befriedigungsverfügung, S. 13; *Wolfer*, AiB 86, 81 (83); *Drescher* in: MüKo-ZPO, § 935 RN 13; *Mossler*, Beschleunigter Rechtsschutz, S. 18; *Arens* in: FS v. Caemmerer, S. 75; *Germelmann* in: G/M/P/M-G, ArbGG, § 62 RN 70; *Schilken* plakativ: „[...] *dass es dem Richter erlaubt, von einer Entscheidung*

Es handele sich um eine rein rechtliche Frage, ob die dargelegten Tatsachen den geltend gemachten Anspruch oder die geltend gemachte Rechtsposition tragen.[259] Die e.V. soll das materielle Recht schützen; dieser materielle Anspruch werde „geregelt" oder „gesichert". Prüfe man den materiellen Anspruch nicht, so würde in vielen Fällen das materielle Recht nicht gesichert, sondern im Gegenteil gar vereitelt.[260] *Leipold* lässt ausser Acht, dass auch eine Entscheidung, die aufgrund bloßer Interessenabwägung ergeht, vollstreckbar ist und den Antragsgegner irreparabel schädigen kann.[261] Angesichts dieses Umstands kann auf die Prüfung der materiellen Rechtslage, die ein zusätzliches Element der Sicherheit bietet, nicht verzichtet werden.[262]

Das Ziel *Leipolds*, die Interessen des Antragsgegners stärker zu berücksichtigen, lasse sich auf dem von ihm befürworteten Weg nur sehr eingeschränkt erreichen: Wer von der Prüfung des Hauptsachebegehrens absehe, erleichtere im Gegenteil damit die Möglichkeit, eine einstweilige Verfügung zu erhalten.[263]

Die Gefahr, komplizierte Rechtsfragen nicht in dem gesteckten Zeitfenster aufarbeiten zu können, geht zu Lasten desjenigen, der ein Recht beanspruche, also des Antragstellers.[264]

Drescher[265] wendet zudem ein, dass die Glaubhaftmachung der den Anspruch stützenden Tatsachen erst nach Feststellung der Schlüssigkeit des Anspruchs erfolgen könne. Erst aus der Schlüssigkeit des Anspruchs ergebe sich, welche Tatsachen überhaupt glaubhaft zu machen seien. Wenn der Anspruch noch nicht einmal schlüssig vorgetragen sei, könne auch keine prozessuale Rechtsstellung bejaht werden, die einer Sicherung bedürfe.[266]

Die Beschränkung alleine auf eine Interessenabwägung und der Verzicht auf die Schlüssigkeitsprüfung würden eine Loslösung vom materiellen Recht darstellen,

---

dieses Rechtsfindungsprozesses überhaupt abzusehen und nur ***über den Daumen zu peilen***", Befriedigungsverfügung, S. 119.

259 *Enders* in: Enders/Börstinghaus, Einstweiliger Rechtsschutz, § 2 RN 52. Neben dieser Schlüssigkeitsprüfung ist kein Raum für eine Interessenabwägung, a.a.O.

260 *Grunsky*, JuS 76, 277 (282); *Iliakopoulos*, Grenzen der Befriedigungsverfügung, S. 13.

261 *Arens in:* FS v. Caemmerer, S. 86.

262 *Arens in:* FS v. Caemmerer, S. 86.

263 *Grunsky*, JuS 76, 277 (282).

264 *Mossler*, Beschleunigter Rechtsschutz, S. 18; *Walker*, eR im Zivilprozess, RN 313 ff.; *Drescher* in: MüKo-ZPO, § 935 RN 13.

265 *Drescher* in: MüKo-ZPO, § 935 RN 13 sowie *Heinze*, RdA 86, 273 (276) m.w.N; *Arens in:* FS v. Caemmerer, S. 75; *Wenzel*, NZA 84, 112 (114); *Schilken*, Befriedigungsverfügung, S. 118; *Baumgärtel*, AcP 168, 401, (402 f.);

266 *Heinze*, RdA 86, 273 (276).

welche den mit der einstweiligen Verfügung vorgezeichneten gesetzlichen Rahmen überschreite, sieht *Saenger*[267]. Außerdem unterbleibt der Hauptprozess in aller Regel, weil das Urteil in jedem Fall zu spät käme, daran würde auch der Verzicht auf eine Prüfung der materiellen Rechtslage nichts ändern.[268] Vielmehr führte ein solcher Verzicht dazu, dass die Entscheidungen im Verfahren des einstweiligen Rechtsschutzes ein sehr wichtiges Moment für die Richtigkeitsgarantie verlören, nämlich die Ausrichtung am materiellen Recht.[269]

Schließlich erscheint es auch nicht wünschenswert, dass die Parteien die Rechtsauffassung des Gerichts überhaupt nicht mehr kennenlernen, sondern allein die aufgrund einer bloßen Interessenabwägung getroffene Entscheidung hinnehmen.[270]

3.1.2.3.1.2 Regelungsbedürftiges Rechtsverhältnis ausreichend?

Parallel zu der Frage, ob die Prüfung des Verfügungsanspruches nicht unterbleiben kann, stellt sich die Frage, ob auch im Fall der Regelungsverfügung ein Verfügungsanspruch im Wortsinn überhaupt erforderlich ist, da § 940 ZPO für den Verfügungserlass auch ein „*streitiges Rechtsverhältnis*" genügen lässt.

Nach einer vereinzelt vorgetragenen Ansicht soll dies nicht der Fall sein; ein regelungsbedürftiges Rechtsverhältnis reiche aus.[271]

Diesem wird von der deutlich überwiegenden Meinung dahingehend widersprochen, dass ein Rechtsverhältnis vorliegen müsse, aus dem letztendlich Ansprüche für den Antragsteller erwachsen könnten.[272] Nur sofern es ausgeschlossen erscheine, dass überhaupt ein Anspruch entstehe und dass der Gläubiger im Hauptsacheprozess gewinne, fehle der Verfügungsanspruch.[273] Diesem ist

267 in: eR und materiellrechtliche Selbsterfüllung, S. 55. Zudem sehe § 920 Abs. 2 ZPO ausdrücklich die Glaubhaftmachung des Verfügungsanspruches vor, so *Saenger* a.a.O, S. 54.

268 *Arens in:* FS v. Caemmerer, S. 84.

269 *Arens in:* FS v. Caemmerer, S. 84.

270 *Arens in:* FS v. Caemmerer, S. 84.

271 *Richardi*, JZ 78, 485 (492 f.); vgl. auch *Reuter*, Anm. zu BAG v. 26.5.1977 – 2 AZR632/76 = SAE 78, 242 (249).

272 *Drescher* in: MüKo-ZPO, § 940 RN 5; *Heinze*, RdA 86, 273 (276); *Keller*, Jura 07, 327 (329) m.w.N; *Walker*, eR im Zivilprozess, RN 115; *Vollkommer* in: Zöller, ZPO, § 940 RN 2; *Seiler* in: Thomas/Putzo, ZPO, § 940 RN 2; *Olderog*, NZA 85, 753 (759).

273 *Keller*, Jura 07, 327 (329) m.w.N; *Grunsky*, JuS 76, 277 (279); OLG Koblenz v. 24.04.86 - 6 U 87/86 = NJW-RR 86, 1039. Eine dritte Strömung will anstelle des Verfügungsanspruches das Vorliegen eines Rechtsverhältnisses und einen Anspruch im weitesten Sinne, ein sog. „*besseres Recht*" des Antragstellers etablieren und im

zuzustimmen. *Walker*[274] weist überzeugend nach, dass wenn es bei der Verfügung nach § 940 ZPO nicht um den Schutz subjektiver Rechte ginge, es zugleich auch kein Hauptsachebegehren geben könne, demgegenüber die Regelungsverfügung ein Minus sein müsse.

Auch sei nicht nachvollziehbar, wie der Antragsteller nach gerichtlicher Fristsetzung das Hauptsacheverfahren durchführen sollte, wenn er gar keinen Anspruch geltend mache.

3.1.2.3.1.3 Vollbeweis nötig?

Für das Bestehen des Verfügungsanspruches bedarf es schließlich keines die volle Überzeugung des Gerichts begründenden Beweises, Glaubhaftmachung genügt, § 920 Abs. 2 ZPO.[275] Dafür ist erforderlich aber auch ausreichend, dass eine überwiegende Wahrscheinlichkeit für die Richtigkeit der behaupteten Tatsache spricht.[276] Das am häufigsten eingesetzte Mittel der Glaubhaftmachung ist in der Praxis die eidesstattliche Versicherung.[277] Zulässig ist aber auch jede andere Form präsenter Beweismittel, § 294 ZPO, z.B. die Vorlage von Urkunden.[278]

3.1.2.3.2 Verfügungsgrund

Neben dem Verfügungsanspruch muss das Gesuch auch den Verfügungsgrund, die unmittelbar für die Rechtsverwirklichung und Rechtsdurchsetzung im Hauptverfahren drohende Gefahr, bezeichnen.[279] Umstritten ist, ob es sich bei dem (Arrest-/)Verfügungsgrund um eine Zulässigkeitsvoraussetzung handelt,

---

Vergleich zu einem „Anspruch" im Sinne des Gesetzes damit die Voraussetzungen heruntersetzen, *Keller*, Jura 07, 327 (329). Vgl. auch *Vogg*, NJW 93, 1357 (1361) mit guten Argumenten u. die dortigen weiteren Nachweise in FN 76.

274 *Walker*, eR im Zivilprozess, RN 115.

275 *Schlosser*, Jura 84, 360 (361).

276 *Schäfer*, eR im Arbeitsrecht, S. 20 RN 4, während für die Beweisführung eine an Sicherheit grenzende Wahrscheinlichkeit gefordert wird, a.a.O; *Drescher* in: MüKo-ZPO, § 935 RN 15: „*In der Regel muss die Glaubhaftmachung des Verfügungsanspruchs das Obsiegen des Antragstellers im Hauptprozess wahrscheinlich machen, weil andernfalls die einschneidenden Maßnahmen nicht zu rechtfertigen wären*".

277 *Schlosser*, Jura 84, 360 (361).

278 Dazu *Dunkl* in: Dunkl/Moeller/Baur/Feldmeier, Handbuch einstweiliger Rechtsschutz, A RN 15 ff.

279 *Drescher* in: MüKo-ZPO, § 935 RN 16.

oder ob, wenn er fehlt, der Antrag auf Erlass einer einstweiligen Verfügung (Arrestes) als unbegründet zurückgewiesen werden muss.[280]

Zugrunde liegt dieser Kontroverse der Fall, dass der Arrest/Verfügungsanspruch fehlt, die Prüfung des Arrest/Verfügungsgrundes aber Schwierigkeiten bereitet.[281]

Es stellt sich die Frage, ob das Gericht dann den Arrest-/Verfügungsgrund dahinstehen lassen und in der abweisenden Entscheidung allein auf den fehlenden Anspruch stützen kann.[282]

Eine Auffassung[283] sieht den Arrest- bzw. Verfügungsgrund als Zulässigkeitsvoraussetzung an. Bei einem Fehlen sei daher der Antrag als unzulässig – nicht als unbegründet – abzuweisen. Der Arrest- bzw. Verfügungsgrund sei nach Wesen und Funktion als eine besondere Art des Rechtsschutzbedürfnisses zu verstehen.[284] Da der Zivilprozess keine a-limine-Abweisung kennt,[285] wäre danach der Verfügungsgrund neben dem fehlenden Anspruch in der abweisenden Entscheidung abzuhandeln; die Entscheidung könne sich nicht auf das Fehlen des Anspruchs beschränken. Die wohl überwiegende Ansicht[286] will den Arrest- bzw. Verfügungsgrund hingegen in die Begründetheit verorten. Es sei nicht sinnvoll, dass sich das

280 *Teplitzky*, JuS 81, 122 (123); *Walker* in: Schuschke/Walker, Vollstreckung und vorläufiger Rechtsschutz, vor § 916 – 945 RN 29.

281 *Keller*, Jura 07, 241 (242); auch *Mathäser*, JuS 95, 442.

282 *Keller*, Jura 07, 241 (242).

283 eingehend *Teplitzky*, JuS 81, 122 (123 f.); *ders.*; DRiZ 82, 41 (43); *Thümmel* in: Wieczorek/Schütze, ZPO, § 917 RN 2; *Damm* in: AK-ZPO, § 917 RN 4; *Piehler*, eR und materielles Recht, S. 28 ff.; *Wenzel*, MDR 67, 889 (892); *Bruns/Peters*, ZVR, § 49 II 2; aus der Rspr: LAG Hamm v. 19.04.1984 – 8 Sa 702/84 = NZA 84, 130; LAG Köln v. 09.02.1991 – 8 Sa 94/91 = NZA 91, 396; LAG München v. 19.12.1979 – 9 Sa 1015/79 = EzA Nr. 35 zu Art. 9 GG Arbeitskampf = NJW 80, 957; OLG Frankfurt v. 14.07.2005 – 16 U 23/05 = NJW 05, 3222.

284 *v. Gamm*, WRP 68, 312; *Teplitzky*, JuS 81, 122 (123).

285 *Keller*, Jura 07, 241 (243).

286 *Vollkommer* in: Zöller, ZPO, § 917 Rdnr. 3; *Drescher* in: MüKo-ZPO, § 917 Rdnr. 1 u. 2 m.w.N; *Huber* in: Musielak, ZPO, § 917 RN 1 u. § 922 RN 2; *Mathäser*, JuS 95, 442 (443); *Blomeyer*, ZZP 65, 52 (61 ff.); *Dunkl* in: Dunkl/Moeller/Baur/Feldmeier, Handbuch vorläufiger Rechtsschutz, A RN 153, 495 u. 504; *Walker*, ZfA 05, 45 (49); aus der Rspr: OLG Köln, v. 08.10.2004 – 6 U 113/04 = GRUR-RR 2005, 228; OLG Frankfurt v. 29.01.2002 – 5 U 189/01 = NJW 02, 903; genau anders herum aber OLG Frankfurt v. 14.07.2005 – 16 U 23/05 = NJW 05, 3222. Nach einer vermittelnden Ansicht ist die Behauptung des Verfügungsgrundes Zulässigkeitsvoraussetzung, die Glaubhaftmachung dagegen eine Frage der Begründetheit, *Keller*, Jura 07, 241 (243); *Grunsky* in: Stein/Jonas, ZPO, § 917 RN 2; *Seiler* in: Thomas/Putzo, ZPO, § 916 RN 2 u. 3; *Schreiber*, Jura 2000, 241 (243).

Gericht mit dem Arrest-/Verfügungsgrund befassen müsse, obwohl es schon nicht gelungen sei, den Arrest-/Verfügungsanspruch glaubhaft zu machen.[287]

Der Arrest- bzw. Verfügungsgrund sei keine Sachurteilsvoraussetzung und keine Voraussetzung für die Zulässigkeit des Gesuchs.[288] Die in § 917 Abs. 1 ZPO angesprochene Gefahr beziehe sich auf den Sicherungsanspruch, der dem Arrestverfahren zugrunde liege. Darin liege doch ein Unterschied zum Klageverfahren, dem der materiell-rechtliche Anspruch zugrunde liege.[289]

Trotz der Praxisnähe der zweitgenannten Meinung ist der Gegenansicht zuzugestehen, dass es dogmatisch näher liegt, Arrest- oder Verfügungsgrund als Frage des Rechtsschutzbedürfnisses – und damit als Voraussetzung der Zulässigkeit – zu verstehen.[290] Letztendlich kann die dogmatische Einordnung bei den Zulässigkeits- oder Begründetheitsvoraussetzungen aber dahinstehen.[291] Auch nach der ersten Ansicht braucht der schwierig festzustellende Verfügungsgrund nicht geprüft zu werden; es erfolgt eine schnelle Sachabweisung.[292]

Der Verfügungsgrund selbst ist, je nachdem, ob es sich um Sicherung eines Individualanspruchs, einstweilige Regelung eines Rechtsverhältnisses oder Befriedigung des Antragstellers handelt, verschieden:

Bei der *Sicherungsverfügung* muss objektiv zu besorgen sein, dass durch eine Veränderung des bestehenden Zustands die Verwirklichung des Rechtes einer Partei vereitelt oder wesentlich erschwert werden könnte.[293]

---

287 *Teplitzky*, JuS 81, 122 (124); *Grunsky* in: Stein/Jonas, ZPO, § 917 RN 2.

288 *Drescher* in: MüKo-ZPO, § 917 RN 2 m.w.N; das Gericht dürfe daher den Arrestgrund offen lassen, wenn es einen Arrestanspruch verneine, und umgekehrt, a.a.O; OLG Frankfurt v. 29.01.2002 – 5 U 189/01 = NJW 02, 903; 5 U 189/01; *Vollkommer* in: Zöller, ZPO, § 917 RN 3; *Hartmann* in: B/L/A/H, ZPO, § 917 RN 5 u. Grundz § 916 RN 12; *Grunsky* in: Stein/Jonas, ZPO, § 917 RN 2; *Huber* in: Musielak, ZPO, § 922 RN 2.

289 *Drescher* in: MüKo-ZPO, § 917 RN 2.

290 *Teplitzky*, JuS 81, 122 (124).

291 OLG Karlsruhe v. 25.08.1977 – 6 U 115/77 = GRUR 78, 116.

292 *Walker* in: Schuschke/Walker, Vollstreckung und vorläufiger Rechtsschutz, vor § 916 - 945 RN 29 m.w.N; *Teplitzky*, JuS 81, 122 (124); „*Auf den Verfügungsgrund passen die Gründe, aus denen die Rspr. und Lehre beim Rechtsschutzbedürfnis das Prinzip des absoluten logischen Vorrangs der Zulässigkeitsprüfung durchbricht, so dass die Frage der Dringlichkeit offengelassen werden und der Antrag ausnahmsweise als materiell unbegründet zurückgewiesen werden kann*“, a.a.O.

293 *Huber* in: Musielak, ZPO, § 935 RN 13; *Jauernig/Berger*, ZV- u. Insolvenz, § 37 RN 4; *Drescher* in: MüKo-ZPO, § 935 RN 16; *Dunkl* in: Dunkl/Moeller/Baur/Feldmeier, Handbuch einstweiliger Rechtsschutz, A RN 505.

In bestimmten Fällen nimmt das Gesetz eine Gefährdung ohne weiteres an, weshalb es keiner Glaubhaftmachung des Verfügungsgrundes bedarf.[294]

Die Regelung des einstweiligen Zustands muss bei der *Regelungsverfügung* „zur Abwendung wesentlicher Nachteile oder zur Verhinderung drohender Gewalt oder aus anderen Gründen nötig erscheinen. Hierzu hat eine Interessenabwägung unter Berücksichtigung des Verhältnismäßigkeitsgrundsatzes zu erfolgen.

Der Verfügungsgrund einer *Leistungs-/Befriedigungsverfügung* wird von der Rechtsprechung und Lehre in Fallgruppen eingeteilt, die höhere Anforderungen für den Antragsteller stellen, als die §§ 935, 940 ZPO vorsehen.[295]

Danach soll zum einen der Erlass in Betracht kommen, wenn sie zur Abwendung einer *Existenzgefährdung* oder *Notlage* des Antragstellers unerlässlich ist.[296] Der Antragsteller bedarf dringend der sofortigen Erfüllung seines Anspruchs; zum anderen muss die geschuldete Handlung, soll sie nicht ihren Sinn verlieren, so kurzfristig zu erbringen sein, dass die Verwirklichung eines Titels im ordentlichen Verfahren nicht mehr möglich erscheint.[297] Ein Verfügungsgrund liegt daneben vor, wenn die Anordnung zur Abwehr eines unverhältnismäßig großen Vermögensschadens erforderlich ist.[298] Schließlich liegt ein Verfügungsgrund dann vor, wenn der Erlass der Verfügung dazu dient, einen endgültigen Rechtsverlust auf Seiten des Antragstellers zu verhindern.[299]

Bei befriedigenden einstweiligen Verfügungen ist, obwohl der Wortlaut der §§ 935, 940 ZPO dies nicht vorsieht, zusätzlich eine Interessenabwägung zwischen

---

294 *Fischer* in: Prütting/Gehrlein, ZPO, § 935 RN 5; etwa nach § 885 Abs. 1, 899 Abs. 2, 1615 o Abs. 3 BGB.

295 *Vogg*, NJW 93, 1357 (1362) m.w.N.

296 *Teplitzky*, JuS 80, 882 (885); *Fischer* in: Prütting/Gehrlein, ZPO, § 940 RN 5; *Jauernig/Berger*, ZVR, § 37 RN 23; *Walker*, eR im Zivilprozess, RN 248; *Mossler*, Beschleunigter Rechtsschutz, S. 20; *Keller*, Jura 07, 327 (329); OLG Düsseldorf v. 13.06.95 – U (Kart) 15/95 = NJW-RR 96, 124; Hauptanwendungsfall sind existenzsichernde Verfügungsgründe in Unterhaltssachen.

297 *Huber* in: Musielak, ZPO, § 940 RN 14; OLG Köln, Beschl. v. 11.01.1995 – 16 W 73/94 = NJW-RR 95, 1088; OLG Frankfurt v. 07.06.1974 – 14 U 111/74 = NJW 75, 392; LG München 11.06.1986 – 9 O 10807/86 = NJW-RR 87, 985.

298 *Dunkl* in: Dunkl/Moeller/Baur/Feldmeier, Handbuch vorläufiger Rechtsschutz, A RN 507; *Schreiber*, Jura 2000, 492 (495); *Brox/Walker*, ZVR, RN 1617; *Saenger*, eR und materiellrechtliche Selbsterfüllung, S. 41 m.w.N.

299 *Walker*, eR im Zivilprozess, RN 247; *Dunkl* in: Dunkl/Moeller/Baur/Feldmeier, Handbuch vorläufiger Rechtsschutz, A RN 507; *Saenger*, eR und materiellrechtliche Selbsterfüllung, S. 38 m.w.N; *Schreiber*, Jura 2000, 492 (495); LAG München v. 19.12.1979 – 9 Sa 1015/79 = EzA Nr. 35 zu Art. 9 GG Arbeitskampf = NJW 80, 957.

Antragsteller und Antragsgegner vorzunehmen. Das Tatbestandsmerkmal „wesentlich" ist in der Weise zu verstehen, dass eine Güter- und Nachteilsabwägung zwischen den Parteien zugunsten des Antragstellers ausfallen muss.[300] Die Auslegung des Tatbestandsmerkmals „wesentlich" ist – wie noch zu zeigen ist – „Knackpunkt" der Arbeitskampfverfügung. An dieser Stelle entbrennen die Probleme um die Zulässigkeit der einstweiligen Verfügung im Arbeitskampf.[301] Für alle Arten gilt gleichermaßen: Die Notwendigkeit (Dringlichkeit) der Verfügung entfällt durch Selbstwiderlegung, d.h. durch längeres Zuwarten in Kenntnis der sie rechtfertigenden Umstände.[302]

3.1.2.4 Entscheidung über den Antrag

Das Gericht entscheidet grundsätzlich nach mündlicher Verhandlung, § 937 Abs. 2 ZPO.[303] Ohne mündliche Verhandlung wird ausnahmsweise in dringenden Fällen entschieden.[304]

---

300 *Vogg*, NJW 93, 1357 (1362) m.w.N. erklärt: *„Zwar hat der Gesetzgeber der RCPO auf der Ebene des Verfügungsgrundes keine Güter- und Nachteilsabwägung zwischen Antragsteller und Antragsgegner vorgesehen, jedoch hat er auch die befriedigende Wirkung von bestimmten einstweiligen Verfügungen nicht gekannt. Daher ist es objektiv-teleologisch angebracht, bei befriedigenden Verfügungen eine Abwägung vorzunehmen*, a.a.O.

301 vgl. *Isenhardt* in: FS Stahlhacke, S. 195 (202).

302 *Fischer* in: Prütting/Gehrlein, ZPO, § 935 RN 10 m.w.N. u. § 940 RN 3, 5; *Huber* in: Musielak, ZPO, § 935 RN 13 u. § 940 RN 4, 15; *Drescher* in: MüKo-ZPO, § 935 RN 19. Dies gilt für alle Verfügungsarten, der Ausschlussgedanke ist verallgemeinerungsfähig, KG Berlin, Urt. v. 09.02.2001 – 5 U 9667/00 = NJW-RR 2001, 1201.

303 *Jauernig/Berger*, ZV- u. Insolvenz, § 37 RN 28; *Saenger*, eR und materiellrechtliche Selbsterfüllung, S. 56; *Wolfer*, AiB 86, 81 (85). Wird der Antrag beim Gericht der Hauptsache angebracht und findet eine mündliche Verhandlung statt, so wird durch Endurteil entschieden. Findet keine mündliche Verhandlung statt, durch Beschluss. Wird der Antrag beim Amtsgericht der belegenen Sache gestellt, so ist stets durch Beschluss zu entscheiden, § 942 Abs. 4 ZPO (§ 922 Abs. 1 gilt hier nicht). Anders als dem Gericht der Hauptsache kommt dem Amtsgericht der belegenen Sache Ermessen zu, ob es nach mündlicher Verhandlung entscheiden will, oder nicht, *Keller*, Jura 07, 327 (330).

304 Der Begriff darf nicht mit der generellen „Dringlichkeit" des Verfügungsgrundes verwechselt werden. Die für die Annahme eines Verfügungsgrundes ohnehin erforderliche Dringlichkeit muss nochmals erheblich überschritten werden, *Germelmann* in: G/M/P/M-G, ArbGG, § 62 RN 70; *Hartmann* in: B/L/A/H, ZPO, § 937 RN 5 m.w.N; *Teplitzky*, DRiZ 82, 41 (44); *Walker*, eR im Zivilprozess, RN 284; *Steinbrück*, AuR 87, 161 (165).

Nur in dringenden Fällen kann der Vorsitzende allein entscheiden, § 944 ZPO. Ein solcher Fall liegt vor, wenn durch die Anordnung der mündlichen Verhandlung der Zweck der einstweiligen Verfügung gefährdet oder vereitelt werden würde, sei es im Hinblick auf den Zeitverlust oder deswegen, weil der Überraschungseffekt verloren ginge.[305]

3.1.2.5 Maßnahmen der eV

Der Richter entscheidet gem. § 938 Abs. 1 ZPO nach „freiem Ermessen" über die von ihm anzuordnende Maßnahme. Diese flexible Regelung ermöglicht es dem Gericht, die dem Einzelfall angemessene Anordnung zu treffen.[306] Wird die eV in Beschlussform erlassen, so bedarf sie keiner Begründung.[307] Die angeordneten Maßnahmen dürfen aber nicht über die inhaltlichen Grenzen des gestellten Antrags hinausgehen und müssen sich grundsätzlich auf eine sichernde Funktion beschränken.[308] Ist der Antrag unzulässig oder unbegründet, wird er im Beschlussverfahren zurück-, im Urteilsverfahren abgewiesen.

3.1.2.6 Rechtsbehelfe

Wird der Antrag in einem Verfahren ohne mündliche Verhandlung durch Beschluss zurückgewiesen, so ist dieser mit der einfachen Beschwerde nach § 567 ZPO angreifbar, wird die Verfügung erlassen, so ist dagegen der Widerspruch statthaft.[309] Entscheidet das Gericht nach mündlicher Verhandlung durch Urteil, so ist das Rechtsmittel gegeben, das für ein in der Hauptsache erlassenes Urteil statthaft wäre.[310] Im Falle eines Versäumnisurteils der Einspruch und im Falle eines kontradiktorischen Urteils die Berufung. Urteile der Berufungsinstanz werden – solange es sich nicht um Versäumnisurteile handelt, die noch dem

---

305 *Keller*, Jura 07, 327 (329); *Teplitzky*, JuS 81, 352 (353); *Klaka*, GRUR 79, 593 (598 f.); *Walker*, eR im Zivilprozess, RN 284; *Vollkommer* in: Zöller, ZPO, § 937 RN 2; *Saenger*, eR und materiellrechtliche Selbsterfüllung, S. 57.

306 *Wenzel*, NZA 84, 112 (114).

307 *Teplitzky*, JuS 81, 352 (353).

308 *Heinze*, RdA 86, 273 (275 FN 11), wohl aber unterschreiten; *Hartmann* in: B/L/A/H, ZPO, § 938 RN 4 m.w.N; *Keller*, Jura 2007, 327 (330). Die Maßnahme muss selbstverständlich zugleich im Rahmen des Hauptanspruchs bleiben, *Hartmann* in: B/L/A/H, ZPO, Grundz § 916 RN 5; *Enders* in: Enders/Börstinghaus, Einstweiliger Rechtsschutz, § 2 RN 97.

309 *Schäfer*, eR im Arbeitsrecht, S. 35 RN 38.

310 *Schäfer*, eR im Arbeitsrecht, S. 29 RN 22 u. S. 36 RN 41.

Einspruch unterliegen – mit Verkündung rechtskräftig.[311] Die Revision ist ausgeschlossen, § 545 Abs. 2 Satz 1 ZPO. Gegen die Fortdauer einer rechtskräftigen einstweiligen Verfügung kann sich der Schuldner mit dem Aufhebungsverfahren wehren, z.B. wegen veränderter Umstände nach §§ 936, 927 ZPO. Er kann auch jederzeit beantragen, dem Gläubiger eine Frist zur Klageerhebung zu setzen und im Falle der Nichtbefolgung die Aufhebung beantragen.

3.2 Eilrechtsschutz im arbeitsgerichtlichen (Urteils-)Verfahren

Der vorläufige Rechtsschutz im arbeitsgerichtlichen Urteilserfahren[312] folgt im Wesentlichen den soeben aufgezeigten Regelungen für den allgemeinen Eilrechtsschutz der Zivilprozessordnung. Einzelne von der ZPO abweichende verfahrensrechtliche Eigenarten des ArbGG haben aber auch Folgen für das arbeitsgerichtliche Eilverfahren.[313]

3.2.1 Verfügungsarten im arbeitsgerichtlichen Urteilsverfahren

Wie im Zivilprozess ist auch im arbeitsgerichtlichen Verfahren zwischen Sicherungs-, Regelungs- und Befriedigungsverfügungen zu unterscheiden, insoweit gelten keine Besonderheiten.[314]

3.2.2 Zuständigkeit[315]

Arbeitsgerichte sind sowohl für die Beurteilung von Arbeitskämpfen schlechthin als auch für die Überprüfung von einzelnen Arbeitskampfhandlungen zuständig; darauf, ob diese rechtmäßig oder rechtswidrig sind, kommt es im Rahmen

311 *Teplitzky*, JuS 81, 435 (431).

312 Derjenige des Beschlussverfahrens nach § 85 Abs. 2 ArbGG soll unbeachtet bleiben, da es sich dabei um Streitigkeiten aus dem Betriebsverfassungsgesetz handelt.

313 *Walker*, eR im Zivilprozess, RN 727. Die Besonderheiten des einstweiligen Rechtsschutzes im arbeitsgerichtlichen Verfahren erschöpfen sich nicht allein in der von § 937 Abs. 2 ZPO abweichenden Regelung des § 62 Abs. 2 Satz 2 ArbGG über die Zurückweisung ohne mündliche Verhandlung, a.a.O.

314 vgl. aber nochmals *Walker*, der nur zwischen Sicherungs- und Befriedigungsverfügungen unterscheidet und eine dritte Art nicht kennt, eR im Zivilprozess, RN 664.

315 Zur besonderen (örtlichen) Gerichtsstandproblematik bei Arbeitskämpfen siehe Ziff. 8.2.

der Zuständigkeitsprüfung nicht an.[316] Im Verfahren der einstweiligen Verfügung richtet sich die Zuständigkeit nach § 937 ZPO. Zuständig ist damit das Arbeitsgericht, bei dem entweder die Hauptsache bereits anhängig ist, oder bei dem der mit der einstweiligen Verfügung verfolgte Anspruch anhängig zu machen wäre.[317] Dies kann gem. § 943 Abs. 1 ZPO auch das Landesarbeitsgericht sein.[318] Diese Zuständigkeitsregelung hat zur Folge, dass im Verfahren auf Erlass einer einstweiligen Verfügung das Rechtsmittelgericht über einen Anspruch nur entscheiden kann, wenn dieser bereits in der ersten Instanz geltend gemacht worden ist.[319] Neue Ansprüche können in der Rechtsmittelinstanz nicht erstmalig anhängig gemacht werden.[320]

Ob auch eine Ersatzzuständigkeit des Amtsgerichts gem. §§ 919, 942 Abs. 1 ZPO in Betracht kommt, ist umstritten.[321]

Gegen eine befürwortende Auffassung spricht, dass – soweit vorgetragen wird, dass durch die Verweisung in § 62 Abs. 2 ArbGG auch die Bestimmung des § 942 ZPO anwendbar sei – diese Bestimmung keine Rechtswegzuständigkeit, sondern

---

316 *Baur* in: Dunkl/Moeller/Baur/Feldmeier, Handbuch einstweiliger Rechtsschutz, B RN 221, vgl. zum Arbeitskampfbegriff Ziff. 2.2. Nach BGH v. 29.09.1954 – VI ZR 232/53 = NJW 54, 1804 sollen Arbeitskampfhandlungen, die nicht auf den Abschluss einer tarifvertraglichen Regelung gerichtet sind, nicht unter § 2 Abs. 1 fallen, so dass die Zuständigkeit der ordentlichen Gerichte gegeben ist, vgl. *Baur* in: Dunkl/Moeller/Baur/Feldmeier, Handbuch einstweiliger Rechtsschutz, B RN 222 m.w.N.

317 *Germelmann* in: G/M/P/M-G, ArbGG, § 62 RN 80; *Hamacher* in: BeckOK-ArbGG, § 62 RN 61. An der Sachgerechtheit der Zuständigkeit des Hauptsachegerichts wird generell nicht gezweifelt. Im Zusammenhang mit Arbeitskämpfen wird u.a. hingegen gefordert, die Zuständigkeit dem BAG zu überantworten, vgl. *Seiter*, Streikrecht, S. 387. Dazu mehr unter 8.3.

318 *Hamacher* in: BeckOK-ArbGG, § 62 RN 61. Wenn die Hauptsache bereits beim LAG anhängig ist.

319 *Germelmann* in: G/M/P/M-G, ArbGG, § 62 RN 80.

320 *Germelmann* in: G/M/P/M-G, ArbGG, § 62 RN 80.

321 Abl. *Germelmann* in: G/M/P/M-G, ArbGG, § 62 RN 81; *Koch* in: ErfK, ArbGG, § 62 RN 17; *Walker* in: Schwab/Weth, ArbGG, § 62 RN 100; *ders.*, eR im Zivilprozess, RN 734 f. m.w.N; *ders.*, ZfA 95, 185 (210 ff.); *Koch*, NJW 91, 1856 (1858). Dafür: *Vollkommer* in: Zöller, ZPO, § 919 RN 10 u. § 942 RN 1 m.w.N; *Seiler* in: Thomas/Putzo, ZPO, § 919 RN 8; *Schäfer*, eR im Arbeitsrecht, S. 42 RN 53; *Grunsky* in: Stein/Jonas, ZPO, vor § 935 RN 73; *Steinbrück*, AuR 87, 161 (165).

lediglich eine örtliche Notzuständigkeit regelt.[322] Die Rechtswegzuständigkeit folgt ausschließlich aus § 2 in Verbindung mit den §§ 17 ff. GVG sowie § 48 ArbGG.[323]

3.2.3 Verfahren

Streitigkeiten i.S.v. § 2 Abs. 1 Nr. 2 ArbGG sind im Urteilsverfahren zu entscheiden, Angelegenheiten aus dem Betriebsverfassungsgesetz hingegen im Beschlussverfahren, § 85 Abs. 2 ArbGG. Auf die mündliche Verhandlung kann nur in dringenden Fällen verzichtet werden. Dies gilt gem. § 62 Abs. 2 Satz 2 ArbGG auch dann, wenn der Antrag zurückzuweisen ist.[324] Damit ist die vormals lange Zeit streitige Frage, ob in den Fällen des unzulässigen oder unbegründeten und deshalb abweisungsreifen Anträgen überhaupt ein die mündliche Verhandlung entbehrlich machender dringender Fall angenommen werden kann, für den Bereich des arbeitsgerichtlichen Verfahrens beantwortet.[325]

---

322 So meint *Schäfer*, die Tatsache, dass es sich nach der Neufassung der 17 ff. GVG, 48 ArbGG nunmehr im Verhältnis der Arbeitsgerichtsbarkeit zur ordentlichen Zivilgerichtsbarkeit nicht mehr um eine Frage der sachlichen Zuständigkeit, sondern um eine solche des Rechtsweges handele, zwinge nicht dazu und rechtfertige auch nicht, in Arbeitssachen entgegen der klaren Vorschrift des § 62 Abs. 2 S. 1 ArbGG von einer nur eingeschränkten Verweisung des Achten Buches der ZPO auszugehen, eR im Arbeitsrecht, S. 42 RN 53.

323 *Germelmann* in: G/M/P/M-G, ArbGG, § 62 RN 81. Das Argument, bei den Arbeitsgerichten sei regelmäßig kein Eildienst eingerichtet, verfängt ebenfalls nicht wirklich, vgl. *Germelmann*, a.a.O. Zudem spricht nach wie vor der Gesichtspunkt der Sachnähe dafür, die Zuständigkeit der Arbeitsgerichte auch im Eilverfahren beizubehalten. Gerade die schwierigen Fragen bei Arbeitskampfverfügungen - die schon die Spezialkenntnisse der Arbeitsrichter regelmäßig herausfordern - dürften die Amtsrichter nicht selten überfordern.

324 *Koch* in: ErfK, ArbGG, § 62 RN 15; LAG Hamburg, Beschl. v. 18.07.2002 – 3 Ta 18/02 = DB 02, 2003; *Schäfer*, eR im Arbeitsrecht, S. 44 RN 56.

325 *Schäfer*, eR im Arbeitsrecht, S. 44 RN 56. Die Regelung in § 62 Abs. 2 Satz 2 ArbGG unterscheidet sich im Wortlaut etwas von der Regelung in § 937 Abs. 2 ZPO, wonach die Entscheidung in dringenden Fällen ***sowie*** dann, wenn der Antrag auf Erlass einer einstweiligen Verfügung zurückzuweisen ist, ohne mündliche Verhandlung ergehen kann. Gem. § 62 Abs. 2 Satz 2 ArbGG kann der Antrag auf Erlass einer einstweiligen Verfügung in dringenden Fällen, *auch dann, wenn der Antrag zurückzuweisen ist*, ohne mündliche Verhandlung ergehen, *Zimmerling*, ZTR 06, 365 (366).

Auch die abschlägige Entscheidung kann durchaus dringlich sein und deshalb ohne mündliche Verhandlung ergehen.[326] Im Regelfall wird aber bei Zurückweisung des Antrags keine besondere Dringlichkeit festzustellen sein.[327]

3.2.4 Entscheidung über den Antrag

Urteile nach mündlicher Verhandlung ergehen durch die Kammer.[328] Beschlüsse (Entscheidungen ohne mündliche Verhandlung) werden gem. § 53 Abs. 1 ArbGG vom Vorsitzenden allein erlassen, § 944 ZPO kommt nicht zur Anwendung.[329]

3.2.5 Rechtsbehelfe

Gegen die Anordnung der einstweiligen Verfügung ist der Widerspruch zulässig, § 924 ZPO. Ergeht die Entscheidung nach mündlicher Verhandlung durch Urteil, ist nur die Berufung möglich. Wird der Antrag durch Beschluss zurückgewiesen, ist sofortige Beschwerde gem. § 567 ZPO einzulegen.[330]

Für Rechtsmittel gegen Entscheidungen der Arbeitsgerichte sind die Landesarbeitsgerichte zuständig. Im Eilverfahren ist der Weg vor das BAG als Revisionsinstanz ausgeschlossen, § 72 Abs. 4 ArbGG. Urteile der Landesarbeitsgerichte sind demnach unanfechtbar.

3.3 Zwischenergebnis

1. Das Gesetz hält nach den Gesetzesmaterialien zwei verschiedene Typen von einstweiligen Verfügungen vor: Die Sicherungsverfügung und die Regelungsverfügung. In der Praxis wird zwischen der Sicherungs- und der Regelungsverfügung nicht scharf unterschieden; in aller Regel werden die §§ 935, 940 ZPO nebeneinander genannt. Als dritte Form einer einstweiligen Verfügung ist die

---

326 *Schäfer*, eR im Arbeitsrecht, S. 44 RN 56.

327 *Germelmann* in: G/M/P/M-G, ArbGG, § 62 RN 85.

328 *Hamacher* in: BeckOK-ArbGG, § 62 RN 61.

329 *Hamacher* in: BeckOK-ArbGG, § 62 RN 61; *Schuschke* in: Schuschke/Walker, Vollstreckung und vorläufiger Rechtsschutz, § 944 RN 5; *Vossen* in: GK-ArbGG, § 62 RN 93; *Walker* in: Schwab/Weth, ArbGG, § 62 RN 103. Auch bei einer Entscheidung durch den Vorsitzenden ist der Antragsgegner dennoch anzuhören, es sei denn die Dringlichkeit macht eine Entscheidung ohne Anhörung notwendig, *Germelmann* in: G/M/P/M-G, ArbGG, § 62 RN 86.

330 *Germelmann* in: G/M/P/M-G, ArbGG, § 62 RN 87; *Walker* in: GS Heinze, S. 1009 (1013).

sog. Leistungs- oder Befriedigungsverfügung anerkannt, die den Schuldner zur Erfüllung verurteilt und damit zu einer in der Regel einstweiligen – mitunter aber auch endgültigen – Befriedigung eines streitigen Anspruchs.

2. Feststellende Verfügungen werden von der Rechtsprechung nur in wenigen Ausnahmefällen ausgegeben. „Feststellende" Verfügungen sollen dann nicht von vornherein ausgeschlossen sein, soweit rechtlicher Bedarf besteht und effektiver Rechtsschutz nicht auf andere Weise erreicht werden kann. Eine einstweilige Feststellungsverfügung kann aber nur in Betracht kommen, wenn der Antragsgegner die Bereitschaft zur Beachtung der gerichtlichen Entscheidung vorab angezeigt hat, da eine Bindungswirkung für ein etwaiges Hauptverfahren nicht besteht.
3. Die einstweilige Verfügung setzt einen Verfügungsanspruch und einen Verfügungsgrund voraus, beide sind nebeneinander glaubhaft zu machen. Es hat stets eine umfassende rechtliche Prüfung des Vorbringens des Antragstellers zu erfolgen. Der Verfügungsgrund einer *Leistungs-/Befriedigungsverfügung* wird von der Rechtsprechung und Lehre in Fallgruppen eingeteilt, die höhere Anforderungen für den Antragsteller stellen, als die §§ 935, 940 ZPO vorsehen. Bei befriedigenden einstweiligen Verfügungen ist, obwohl der Wortlaut der §§ 935, 940 ZPO dies nicht vorsieht, zusätzlich eine Interessenabwägung zwischen Antragsteller und Antragsgegner vorzunehmen.
4. Der vorläufige Rechtsschutz im arbeitsgerichtlichen Urteilserfahren folgt im Wesentlichen den Regelungen für den allgemeinen Eilrechtsschutz der ZPO.
5. Auch im arbeitsgerichtlichen Verfahren ist zwischen Sicherungs-, Regelungs- und Leistungs- /Befriedigungsverfügungen zu unterscheiden.

4 Die Verfügungsart der „Arbeitskampfverfügung"

4.1 Befriedigungsverfügung

Eine „Arbeitskampfverfügung" zielt auf die Verurteilung des Antragsgegners auf Unterlassung der Durchführung des Arbeitskampfes.

Unterlassungsgebote sind nicht nur im Arbeitskampf zu einem außerordentlich wichtigen Anwendungsgebiet der einstweiligen Verfügung geworden. Sie führen, soweit sich ihr Inhalt mit dem zu sichernden Unterlassungsanspruch deckt, zu dessen zeitweiliger Erfüllung, gehören also zu den Verfügungen mit Befriedigungscharakter.[331] Einstweilige Verfügungen mit Befriedigungswirkung verfügen vorab die Rechtsfolge, die dem Antragsteller bei erfolgreichem Ausgang in der Hauptsache zuerkannt würde. So auch im Arbeitskampf:

Der Anspruch auf Unterlassung ist derart eng mit dem Zeitfaktor verknüpft, dass sowohl im Falle des Erlasses als auch der Ablehnung endgültige Verhältnisse geschaffen werden. Wird die Verfügung nicht erlassen, so ist der Unterlassungsanspruch des Arbeitgebers endgültig nicht mehr durchsetzbar. Wird der Streik untersagt, so kann er häufig später nicht einfach an der Stelle aufgenommen werden, an der er zwangsweise abgebrochen wurde.[332] Für die Zeit der Beachtung des Verbots tritt eine Erfüllungswirkung ein.[333]

Demnach stellt auch die eV auf Unterlassung rechtswidriger Kampfmaßnahmen eine solche Leistungs- oder Befriedigungsverfügung dar.[334]

Dabei ist m.E. hier der Begriff der Befriedigungsverfügung[335] demjenigen der Leistungsverfügung vorzuziehen, denn abzustellen ist auf dem Gebiet des

331 *Teplitzky*, JuS 80, 882 (885).

332 *Grunsky* in: Stein/Jonas, ZPO, vor § 935 RN 71; *Iliakopoulos*, Grenzen der Befriedigungsverfügung, S. 103. Vgl auch 5.1.2.1.

333 *Otto*, Arbeitskampf- u. SchlichtungsR, § 19 RN 29.

334 LAG München v. 19.12.1979 – 9 Sa 1015/79 – EzA Nr. 35 zu Art. 9 GG Arbeitskampf = NJW 80, 957; *Hergenröder* in: H/W/K, Art. 9 GG RN 351; *Otto*, Arbeitskampf- u. SchlichtungsR, § 19 RN 29.

335 Auch *Germelmann* benutzt diesen, G/M/P/M-G, ArbGG, § 62 RN 98 ff.; ebenso *Drescher* in: MüKo-ZPO, § 938 RN 12 ff.; *Iliakopoulos*, Grenzen der Befriedigungsverfügung, passim; *Luckscheiter*, eR gegen Streiks, S. 37; zur Begriffswahl auch *Walker*, eR im Zivilprozess, RN 84.

Arbeitskampfes auf die *Befriedigungs- und Vorwegnahmetendenzen*[336] der Verfügung – nicht so sehr darauf, dass eine Leistung des Antragsgegners zur Befriedigung führt.

Es ist zwar semantisch gesehen *Jauernig*[337] zuzustimmen, wenn er entgegen seiner grundsätzlichen Begriffszuordnung hinsichtlich der Verfügungsart mit befriedigender Gläubigerwirkung – der „Leistungsverfügung" – die Anordnung einer *Unterlassung* – und darum geht es hier – aus diesem Begriffsbereich ausscheidet.

Die zuvor angestellte Überlegung, die entscheidende Funktion sei wesensmäßig nicht die vorläufige Befriedigung des Antragstellers, sondern vielmehr die Tatsache, dass eine Leistung des Antragsgegners zu einer solchen Befriedigung führe und daher der Begriff Leistungsverfügung angemessen sei,[338] verfängt hier aber nicht:

Es geht in der Regel bei Arbeitskämpfen nicht um die Leistung einer Sache, sondern vielmehr um die endgültige Befriedigung des Antragstellers, – genauer um die (zeitweise) Vorwegnahme der Hauptsache – die durch eine Unterlassung, also „Nicht-Leistung" eintritt.[339]

Aufgrund der Sonderstellung der einstweiligen Verfügung im Arbeitskampf wird im Verlauf der Arbeit, auch der Begriff der „**(Arbeits-)Kampfverfügung**" benutzt.

4.2 Rechtsgrundlage

Der Wortlaut von § 935 und § 940 ZPO zeigt, dass die Verfügungen nicht darauf abzielen, die Befriedigung des Hauptanspruchs im einstweiligen Verfahren zu besorgen.[340]

Zwar kann das Gericht gem. § 938 ZPO nach freiem Ermessen bestimmen, welche Maßnahmen für die Erreichung des Verfügungszweckes erforderlich sind; diese Bestimmung bezieht sich aber auf die Art und Weise der Maßnahmen, die

---

336 Begrifflichkeit entnommen bei *Schilken*, Befriedigungsverfügung, S. 21.

337 in: ZZP 79, 321 (323, 328, 337).

338 *Schilken*, Befriedigungsverfügung, S. 22.

339 Ähnlich *Luckscheiter*, eR gegen Streiks, S. 37. Dies kommt aber, wenn man es ganz genau nimmt, auf den Inhalt der beantragten Verfügung an: Soll der Arbeitskampf unterlassen werden, so kann man darin keine Leistung im Wortsinn erblicken. Soll die Gewerkschaft angewiesen werden, die Arbeitnehmer zur Rückkehr an den Arbeitsplatz anzuhalten, schon eher.

340 *Iliakopoulos*, Grenzen der Befriedigungsverfügung, S. 28.

zur Erreichung des Zwecks erforderlich sind, sie reicht nicht so weit, Maßnahmen zu legitimieren, die den Hauptanspruch endgültig befriedigen.[341]

Eine gesetzliche Regelung als unmittelbare Grundlage existiert demnach nicht.

Die Frage nach der Rechtsgrundlage wird in der Folge auch nicht einheitlich beantwortet:[342]

Nach einer Ansicht soll die Leistungs- oder Befriedigungsverfügung einen *Sonderfall der Regelungsverfügung* darstellen.[343] Sie wird systematisch also dem § 940 ZPO zugeordnet.[344] Demnach erfahre § 940 ZPO eine direkte Anwendung.[345]

Nach anderer Ansicht entspringe diese Art der Verfügung einer *Rechtsfortbildung*[346], was zu einer analogen Anwendung des § 940 ZPO führe.

Eine dritte Meinung leitet sie aus einer *Analogie zu spezialgesetzlichen Ausgestaltungen* von Befriedigungsverfügungen wie §§ 19 Abs. 3 MarkenG, 1615o a.F. oder 12 UWG her.[347]

---

341 *Iliakopoulos*, Grenzen der Befriedigungsverfügung, S. 29.

342 Dazu *Vollkommer* in: Zöller, ZPO, § 940 RN 1 m.w.N; vgl. auch *Saenger*, eR und materiellrechtliche Selbsterfüllung, S. 38 m.w.N. sowie *Luckscheiter*, eR gegen Streiks, S. 42.

343 KG Berlin v. 20.06.1969 - 12 U 793/69 = OLGZ 1970, 53 (55); *Schilken*, Befriedigungsverfügung, S. 63 ff.; *Gaul/Schilken/Becker-Eberhard*, ZVR, § 76 RN 10; *Schuler*, NJW 59, 1801 (1802); *Leipold*, Grundlagen, S. 119 ff.; *L/C/K*, Arbeitsrecht, RN 1139 m.w.N; *Walker*, eR im Zivilprozess, RN 96 m.w.N. u. 125 ff.; *Kessel/Koch*, BB 09, 1032 (1033); *Blomeyer*, ZZP 65, 52 (65); *Baur*, BB 64, 607 (608), auf S. 609 spricht er im selben Zusammenhang allerdings von „Rechtsschöpfung" analog zu § 940; wohl auch *Teplitzky*, JuS 80, 882 (883).

344 *Enders* in: Enders/Börstinghaus, Einstweiliger Rechtsschutz, § 2 RN 17; umfassende Auseinandersetzung mit § 940 ZPO als Rechtsgrundlage bei *Walker*, eR im Zivilprozess, RN 125 ff.

345 Dagegen spricht, dass der § 940 ZPO nur ein Rechtsverhältnis lebendig erhalten will, der Wortsinn erschöpft sich in der Regelung eines Rechtsverhältnisses und kann nicht generell auf alle Befriedigungsverfügungen erstreckt werden, *Iliakopoulos*, Grenzen der Befriedigungsverfügung, S. 32.

346 *Grunsky* in: Stein/Jonas, ZPO, vor § 935 RN 31; *Baur/Stürner/Bruns*, ZVR, RN 53.23; *Drescher* in: MüKo-ZPO, § 938 RN 14 m.w.N; *Dütz*, BB 80, 533 (537); *Compensis*, Die Einstweilige Verfügung auf Unterhaltsleistung, S. 63; *Iliakopoulos*, Grenzen der Befriedigungsverfügung, S. 31 f. *Jauernig* sieht in Befriedigungsverfügungen Ausformungen der Regelungen in § 940 ZPO, nur die „Leistungsverfügung" entspringe einer über das Gesetz hinausreichenden Rechtsfortbildung. Unter den Begriff der „Leistungsverfügung" subsumiert er nur die „Erfüllungsverfügung", bei deren Wegfall nicht automatisch der frühere Zustand wiederhergestellt wird, ZZP 79, 321 (331 ff.).

347 vgl. *Drescher* in: MüKo-ZPO, § 938 RN 14; *Vollkommer* in: Zöller, ZPO, § 935 RN 2; *Mossler*, Beschleunigter Rechtsschutz, S. 16. Zuletzt wird von einer Einzelmeinung

Da das Gesetz keinerlei Hinweis auf die Befriedigungsverfügung enthält, diese aber zumindest vom Gesetzgeber gesehen wurde, ist man geneigt, sich der Auffassung der richterlichen Rechtsfortbildung anzuschließen.[348]

Als Begründung kann angeführt werden, dass die Befriedigungsverfügung als Ausfluss des allgemeinen Grundsatzes der Gewährung einstweiligen Rechtsschutzes gesehen werden kann, welcher einer Konkretisierung durchaus zugänglich ist.[349]

Die Rechtsgrundlage kann letztlich aber dahinstehen, da die Zulässigkeit der Leistungsverfügung jedenfalls gewohnheitsrechtlich anerkannt ist.[350]

Die Voraussetzungen und ihr möglicher Inhalt hängen nicht von der Rechtsgrundlage ab.[351] Allein aus der Festlegung auf eine bestimmte Rechtsgrundlage dürfen keine Konsequenzen für die Voraussetzungen gezogen werden, unter denen Befriedigungsverfügungen ergehen können.[352] Dies ist allg. Ansicht.

Es kommt damit nicht darauf an, ob der Prüfungsmaßstab direkt oder nur aus entsprechender Anwendung des § 940 ZPO folgt.[353]

---

in der Befriedigungsverfügung eine besondere summarische Verfahrensart entdeckt, *Bruns/Peters*, ZVR, § 49 II 3.

348 *Saenger*, eR und materiellrechtliche Selbsterfüllung, S. 38; so auch *Iliakopoulos*, Grenzen der Befriedigungsverfügung, S. 31 u. S. 32 ff.; *Luckscheiter*, eR gegen Streiks, S. 52. Dieser meint, die Befriedigungsverfügung sei eine besondere Form des einstweiligen Verfügung, die entweder nach § 935 ZPO oder nach § 940 ZPO erlassen werde, je nachdem, ob der Eilentscheidung ein feststehender Anspruch oder nur ein Rechtsverhältnis zugrunde liege, a.a.O.

349 *Saenger*, eR und materiellrechtliche Selbsterfüllung, S. 38 f.; *Grunsky*, Jura 70, 724, (725).

350 *Walker*, eR im Zivilprozess, RN 95 m.w.N; *Isenhardt* in: FS Stahlhacke, S. 195 (202); *Schlosser*, Jura 84, 360 (365); *Reichold* in: FS Buchner, S. 722; dagegen *Schilken*, Befriedigungsverfügung, S. 28.

351 *Kessel/Koch*, BB 09, 1032 (1033 FN 5); *Brox/Walker*, ZVR, 1614; *Grunsky* in: Stein/Jonas, ZPO, vor § 935 RN 31 u. § 940 RN 7; *Saenger*, eR und materiellrechtliche Selbsterfüllung, S. 39 m.w.N; *Isenhardt* in: FS Stahlhacke, S. 195 (202); *Vollkommer* in: Zöller, ZPO, § 916 RN 1; *Drescher* in: MüKo-ZPO, § 938 RN 14 ff.; *Otto* in: MüKo-ArbR, § 293 RN 29; *ders.*, Arbeitskampf- u. SchlichtungsR, § 19 RN 29; *Dunkl* in: Dunkl/Moeller/Baur/Feldmeier, Handbuch einstweiliger Rechtsschutz, A RN 469 m.w.N; aus der Rspr.: LAG Baden-Württemberg v. 13.04.2006 – 7 Sa 29/06; LAG München v. 19.08.1992 – 5 Ta 185/92 = NZA 93, 1130.

352 *Walker*, eR im Zivilprozess, RN 98 m.w.N.

353 *Isenhardt* in: FS Stahlhacke, S. 195 (202) m.w.N.

4.2.1 Exkurs: „Kampfrechtliche Feststellungsverfügung"?

Bezogen auf den Arbeitskampf könnte die Frage lauten: Kann es eine Verfügung geben, die ausnahmsweise lediglich vorab feststellt, dass der Streik rechtswidrig ist?

Diese Frage ist negativ zu beantworten.

Eine solche Feststellungsverfügung hätte nur Sinn, wenn die getroffene Feststellung auch für das Hauptverfahren verbindlich wäre.[354] Dies ist nicht der Fall, so dass in der Tat einer solchen Entscheidung hier der Charakter eines bloßen Rechtsgutachtens zukäme.[355]

Sie schafft keine Vorteile, die es rechtfertigen könnten, dem Verfahren in der Hauptsache vorzugreifen.[356]

Luckscheiter[357] weist zudem überzeugend nach, dass die Feststellungsverfügung gerade der Notwendigkeit einer Regelung widerspricht.

Auch *Dütz*[358] lehnt eine Feststellungsverfügung ab. Vorläufiger Rechtsschutz solle stets vor echten Gefahren bewahren, die bis zur Hauptsacheentscheidung eintreten können. Für dieses Ziel sei eine bloße Feststellung mit nur vorläufiger Wirkung ungeeignet.[359]

Auf der anderen Seite ist zuzugeben, dass eines der Hauptargumente gegen den Erlass einer Zwischenverfügung hier im Arbeitskampf nicht verfängt. Vorgetragen wird, dass eine einstweilige Feststellungsverfügung gegen die gesetzlich vorgesehene Risikoverteilung zwischen den Parteien verstoße, da es das Problem jeder Rechtsausübung sei, dass sie auf eigene Gefahr erfolge und diese Gefahr

---

354 *Schäfer*, eR im Arbeitsrecht, S. 32 RN 27.

355 *Starek*, Die Zulässigkeit der einstweiligen Verfügung auf Feststellung.

356 *Schäfer*, eR im Arbeitsrecht, S. 32 RN 27. Auch wenn eine solche Feststellungsverfügung zu einer Abschreckung des Gegners führen und zugleich als Entscheidungshilfe dem eigenen rechtserheblichen Verhalten zugrunde gelegt werden kann, so *Dütz*, BB 80, 533.

357 *Luckscheiter*, eR gegen Streiks, S. 59. *„Entweder ist eine solche Regelung im Sinne des § 940 ZPO erforderlich, dann reicht es aber nicht aus, dass die Möglichkeit eines Anspruchs gerichtlich festgestellt wird, oder der Streit lässt sich ohne eine Regelung beilegen, dann würde aber das Rechtsschutzbedürfnis fehlen, weil eben gerade keine Regelung zur Abwendung von Nachteilen notwendig ist"*, a.a.O; ähnl. *Schäfer*: *„Eine solche Verfügung sichert keinen Individualanspruch (§ 935 ZPO) und kann in Bezug auf ein streitiges Rechtsverhältnis nicht vor wesentlichen Nachteilen bewahren (§ 940 ZPO)"*, a.a.O.

358 in: BB 80, 533 (534).

359 in: BB 80, 533 (534) und die dortigen weiteren Nachweise in FN 17.

einer Partei nicht durch einen nur vorläufig feststellend wirkenden einstweiligen Rechtsschutz abgenommen werden könne.[360]

Die Problematik besteht darin, dass die Argumentation offenbar überwiegend auf den bislang ergangenen Entscheidungen aus dem Personal- und Betriebsverfassungsrecht fusst. Dort geht es dem Antragsteller oftmals um die Feststellung der Rechtmäßigkeit eines Urlaubsanspruchs, die Feststellung der Arbeitspflicht oder einer Teilnahme an einer Fortbildungsveranstaltung[361]. Der Antragsteller will über die Feststellungsverfügung eine Rechtsposition abgesichert wissen. Diese Argumentation passt aber nicht auf den Arbeitskampf. Denn hier geht es darum, dass der Arbeitgeber der Antragsteller ist und einen Unterlassungsanspruch geltend macht. Es geht ihm dabei nicht um die Feststellung der Rechtmäßigkeit des Arbeitskampfes, sondern im Gegenteil um die Rechtswidrigkeit.

Diese Argumentation könnte also lediglich dann herangezogen werden, wenn umgekehrt die Arbeitnehmergewerkschaft vorab festgestellt haben wollte, dass der beabsichtigte Arbeitskampf rechtmäßig wäre, um so ihre Rechtsposition zu legitimieren und den Arbeitskampf aufzunehmen. Nur dann wäre der Hinweis, die Rechtsausübung müsse auf eigene Gefahr erfolgen, die nicht durch eine feststellend wirkende einstweilige Verfügung genommen werden könne, richtig. Wendet *Dunkl*[362] weiter ein, dass beim Verfügungsanspruch ein Recht bzw. eine bessere Berechtigung des Antragstellers erforderlich sein müsse, und beim Verfügungsgrund die Gefährdung dieser Rechtsposition allein durch Zeitablauf bis zur Hauptsacheentscheidung bestehe, so liegt der Fall beim Arbeitskampf so.

Die Gefährdung entfällt aber hier nicht deshalb, weil der Antragsteller einfach selbst das tun kann, was er durch die einstweilige Verfügung für rechtmäßig erklärt haben will.[363] Denn das kann er nicht. Der Arbeitgeber befindet sich nicht in der Angreiferrolle, er steht gar nicht vor der Entscheidung etwas zu tun oder etwas zu lassen.

---

360 *Dunkl* in: Dunkl/Moeller/Baur/Feldmeier, Handbuch einstweiliger Rechtsschutz, A RN 465 a; *Dütz*, BB 80, 533 (534).

361 vgl. dazu die Nachweise bei *Vogg*, NJW 93, 1357 (1359 FN 31).

362 in: Dunkl/Moeller/Baur/Feldmeier, Handbuch einstweiliger Rechtsschutz, A RN 465 a.

363 vgl. LAG München v. 01.12.2004 – 5 Sa 913/04 = NZA-RR 2005, 354 zur negativen Feststellung der Arbeitspflicht: „*Selbst wenn eine – verbindliche oder unverbindliche - Feststellungsverfügung an sich zulässig wäre, käme sie – wie eine Befriedigungsverfügung - nur dann in Betracht, wenn sie im Einzelfall mit Rücksicht auf das Gebot effektiven Rechtsschutzes wirklich erforderlich wäre. Davon kann aber bei einem Antrag des Arbeitnehmers auf negative Feststellung seiner Arbeitspflicht generell keine Rede sein, weil der Arbeitnehmer eine nicht geschuldete Arbeit einfach verweigern kann.*“

Andere Stimmen in der Rechtsprechung und der Literatur wollen einstweilige Feststellungsverfügungen wenigstens dann zulassen, wenn es schlechterdings unzumutbar wäre, den Antragsteller auf Durchsetzung seines Rechts im Hauptsacheverfahren zu verweisen.[364] Ist ein solcher Fall bei Arbeitskämpfen aufgrund der Befriedigung durch bloßen Zeitablauf anzunehmen, spricht gegen die Feststellungsverfügung aber letzten Endes, dass der Antragsteller gar kein Interesse an einer unverbindlichen Feststellung der Rechtswidrigkeit des Arbeitskampfes hat.

Er will vielmehr die sofortige und verbindliche Unterlassung der angedrohten Kampfmaßnahmen. Allenfalls dann, wenn die Feststellungsverfügung über die Rechtswidrigkeit für die Gewerkschaft verbindlich wäre, wäre diese für den Arbeitgeber interessant. Nur dann – aus der Verbindlichkeit folgend – wäre auch die Ur-Aufgabe des einstweiligen Rechtsschutzes gewahrt: die Sicherung des materiellen Rechts bis zur Hauptsacheentscheidung.

Eine solche Verbindlichkeit ist aber generell weder nach § 940 ZPO noch durch das rechtsstaatliche Gebot effektiven Rechtsschutzes des Antragstellers gerechtfertigt, sondern durch das Gebot effektiven Rechtsschutzes des Antragsgegners in einem Hauptsacheverfahren i.S.v. § 926 ZPO ausgeschlossen.[365]

Eingewendet werden könnte zwar, dass die Wahrung der Sicherung des materiellen Rechts dann gegeben wäre, wenn der Antragsgegner signalisiere, er werde sich der Rechtseinschätzung des Gerichts beugen und sein weiteres Handeln danach ausrichten.[366]

Es erschließt sich dann jedoch nicht, welchen Vorteil der antragstellende Arbeitgeber aus einer solchen Feststellungsverfügung hier ziehen könnte.

Ein Bedürfnis nach einer feststellenden Verfügung kann nämlich nicht bestehen, wenn Rechtsschutz bereits über eine der etablierten Varianten gegeben ist.[367]

Zu diesen etablierten Varianten zählt auch die Befriedigungsverfügung, die das eigentliche Ansinnen des Arbeitgebers – Abbruch der Kampfmaßnahmen – idealer verwirklichen kann. Ein Rückgriff auf eine feststellende Verfügung, welche lediglich die Rechtswidrigkeit des Arbeitskampfes feststellt, ist nicht nötig.

---

364 vgl. *Vogg*, NJW 93, 1357 (1358); *Grunsky*, JuS 76, 277 (284 f.); *Dannhäuser*, PersV 91, 193 (203); *Morbach*, eR in Zivilsachen, S. 107. Begründet wird dies mit dem Vorwegnahmeverbot des einstweiligen Rechtsschutzes, wonach grundsätzlich keine endgültigen, sondern nur vorläufige Maßnahmen getroffen werden können. Dieser Grundsatz sei nur im Falle einer außerordentlichen Unzumutbarkeit zu durchbrechen.

365 LAG München v. 01.12.2004 – 5 Sa 913/04 = NZA-RR 2005, 354; LAG Rheinland-Pfalz v. 18.11.96 – 9 Sa 725/96 = LAGE § 935 ZPO Nr. 10.

366 *Vogg*, NJW 93, 1357 (1365); *Semler*, BB 79, 1533 (1535).

367 OLG Celle v. 09.10.89 – 9 U 186/89 = NJW 90, 582.

Einen Vorteil in prüfungstechnischer Hinsicht böte eine Feststellungsverfügung auch nicht: Auch hier wäre wie bei der Kampfverfügung die schwierige Prüfung der Rechtswidrigkeit/Rechtmäßigkeit die Kernfrage.

4.2.2 Exkurs: Notwendigkeit einer Zwischenverfügung

Auch eine sog. „Zwischenverfügung" ist nicht notwendig. Eine solche Zwischenverfügung könnte so aussehen, dass der Gewerkschaft aufgegeben wird, nicht den Arbeitskampf zu unterlassen, sondern die Arbeitsaufnahme – zumindest eines Teils der Belegschaft zu dulden – so dass grundlegende Arbeiten z.B. im Rahmen eines Notdienstes verrichtet werden können. Der Erlass einer aus Art. 19 Abs. 4 GG abgeleiteten „Zwischenverfügung" hat sich insbesondere bei der arbeitsrechtlichen Konkurrentenklage durchgesetzt.[368] Immer dann, wenn hochkomplexe Fragen in das summarische Verfahren vorverlagert werden, zugleich aber der Zeitverlust einer sachgemäßen Erörterung zu dauerndem Rechtsverlust führen würde, sei eine „Zwischenverfügung" geboten.[369]

Bei einem Arbeitskampf und dem Antrag auf Erlass einer einstweiligen Verfügung zur Durchführung des Notdienstes geht es aber nicht um die Vermeidung der Schaffung vollendeter Tatsachen. Darum ginge es wiederum nur bei der Untersagung des Kampfes schlechthin. Zur Gewährleistung effektiven Rechtsschutzes bedarf es nicht des Rechtsinstituts der „Zwischenverfügung". Die sachgemäße Anwendung des § 62 Abs. 2 ArbGG bietet einen solchen bereits.[370]

4.3 Glaubhaftmachung bei der Arbeitskampfverfügung

Begehrt der Unterlassungsgläubiger eine Streikuntersagung, so muss er darlegen und glaubhaft machen, dass das beanstandete Vorgehen rechtswidrig ist und Begehungsgefahr besteht.[371]

Braucht weder der Verfügungsanspruch noch der Verfügungsgrund bewiesen zu werden, so müssen doch strenge Anforderungen dahingehend gestellt werden, dass das Bestehen des Anspruchs mit großer Wahrscheinlichkeit glaubhaft dargetan wird.

---

368 *Zimmerling*, ZTR 2006, 365 (366); ArbG Saarbrücken v. 02.05.2006 – 61 Ga 7/06; ArbG Bremen-Bremerhaven v. 21.04.2005 – 1 BVGa 14/05 = AiB 08, 175; ArbG Saarbrücken v. 15.03.2006 – 62 Ga 4/06 sowie v. 03.04.2006 – 62 Ga 5/06.

369 *Zimmerling*, ZTR 2006, 365 (366); ArbG Saarbrücken v. 02.05.2006 – 61 Ga 7/06.

370 *Zimmerling*, ZTR 2006, 365 (368).

371 *Baur* in: Dunkl/Moeller/Baur/Feldmeier, Handbuch einstweiliger Rechtsschutz, B RN 243; *Walker*, ZfA 95, 185 (198).

4.4 Mündliche Verhandlung

Grundsätzlich kann eine einstweilige Verfügung nicht ohne mündliche Verhandlung ergehen,[372] es sei denn, es handelt sich um einen Fall besonderer Dringlichkeit, § 937 Abs. 2 ZPO. Im Fall einer Arbeitskampfverfügung, die häufig besonders dringlich ist, sollte eine Entscheidung nicht ohne eine mündliche Verhandlung ergehen, stellt sie doch die Chance dar, zusätzliche Informationen zu gewinnen und den Überzeugungsgrad für die richterliche Entscheidung zu erhöhen. Gerade weil die schriftliche Vorbereitung des Verfahrens durch die Parteien infolge des Zeitdrucks möglicherweise unvollkommen ausfällt, muss angesichts der Bedeutung der gegeneinander abzuwägenden Rechtsgüter eine mündliche Verhandlung - wann immer möglich - durchgeführt werden.[373]

Ist das Verfügungsverfahren hinsichtlich Unterlassungsverfügungen im Arbeitskampf idealerweise inhaltlich dem Hauptverfahren so weit es geht anzunähern, um dessen Garantien möglichst hinüberzutragen, so sollte diese wichtige Erkenntnisquelle nicht ausgespart werden. Der Grundsatz der Gewährung rechtlichen Gehörs gebietet es ohnehin, Entscheidungen ohne Anhörung des Gegners auf Ausnahmefälle zu beschränken.[374] Dies gilt umso mehr bei Entscheidungen gegen Arbeitskampfmaßnahmen, da insoweit der Schutz des Art. 103 Abs. 1 GG durch Art. 9 Abs. 3 GG eine Aufwertung erfährt.[375]

4.5 Zwischenergebnis

1. Die eV auf Unterlassung rechtswidriger Arbeitskampfmaßnahmen stellt eine Leistungs-/Befriedigungsverfügung dar.
2. Der Begriff der Befriedigungsverfügung ist demjenigen der Leistungsverfügung vorzuziehen, denn abzustellen ist auf dem Gebiet der „Arbeitskampfverfügungen“ auf die Befriedigungs- und Vorwegnahmetendenzen.
3. Die Frage nach der Rechtsgrundlage wird nicht einheitlich beantwortet, es ist nicht fernliegend, sich der Auffassung der richterlichen Rechtsfortbildung

---

372 vgl. *Otto*, Arbeitskampf- und Schlichtungsrecht, § 19 RN 34; *Korinth*, eR im Arbeitsgerichtsverfahren, S. 312 RN 201; *Bertzbach* in: Däubler, Arbeitskampfrecht, § 24 RN 17; *Steinbrück*, AuR 87, 161 (165).

373 *Korinth*, eR im Arbeitsgerichtsverfahren, S. 312 RN 201; Verfahren ohne mündliche Verhandlung müssen die absolute Ausnahme bleiben und nicht die Regel werden, *Walker*, ZfA 95, 185 (213).

374 *Steinbrück*, AuR 87, 161 (165).

375 *Steinbrück*, AuR 87, 161 (165).

anzuschließen. Die Rechtsgrundlage kann aber letztlich dahinstehen, da die Zulässigkeit der Leistungsverfügung anerkannt ist und auch die Voraussetzungen und ihr möglicher Inhalt nicht von der Rechtsgrundlage abhängen.

4. Mag eine Feststellungsverfügung gem. §§ 935, 940 i.V.m. 938 Abs. 1 ZPO grundsätzlich möglich und in Einzelfällen angezeigt sein, im Arbeitskampf ist diese Rechtsfigur nicht erforderlich. Eine Feststellungsverfügung macht keinen Sinn, die getroffene Feststellung hätte bloß den Charakter eines bloßen Rechtsgutachtens. Eine Feststellung mit bloß vorläufiger Wirkung schafft für den antragstellenden Arbeitgeber keine Vorteile. Ein Bedürfnis nach einer feststellenden Verfügung kann nicht bestehen, wenn Rechtsschutz bereits über eine der etablierten Varianten gegeben ist. Zu diesen etablierten Varianten zählt auch die Befriedigungsverfügung, die das eigentliche Ansinnen des Arbeitgebers – Abbruch der Kampfmaßnahmen – idealer verwirklichen kann.
5. Auch das Rechtsinstitut der „Zwischenverfügung" ist im Arbeitskampf nicht erforderlich. Die sachgemäße Anwendung des § 62 Abs. 2 ArbGG bietet effektiven Rechtsschutz.
6. Auf eine mündliche Verhandlung sollte – wann immer möglich – nicht verzichtet werden.

5 Statthaftigkeit von „Arbeitskampfverfügungen“

In praxi erlassen die Gerichte regelmäßig einstweilige Verfügungen gegen rechtswidrige Streikmaßnahmen.[376] Dabei wird offenbar wie selbstverständlich davon ausgegangen, dass einstweilige Verfügungen gegen Arbeitskampfmaßnahmen ohne weiteres zulässig sind.[377] Der Meinungsstreit über die grundsätzliche Statthaftigkeit einstweiliger Verfügungen im Arbeitskampf kommt aus Sicht des Praktikers aus diesem Grund eher als akademisches Problem daher und kann fast schon in den Bereich der Rechtstheorie und/oder Rechtsgeschichte verortet werden. Interessant sind jedoch die einschränkenden Tendenzen, die speziellen Erlassvoraussetzungen, die mal enger, mal weiter gefasst werden. Das Nebeneinander zahlreicher Meinungen, die sich bestenfalls in Gruppen zusammenfassen lassen, zeigt, dass es bislang nicht zu einer allseits überzeugenden und akzeptierten Lösung gekommen ist. Dies wird auch vermutlich nicht möglich sein. Nichtsdestotrotz soll das Argumentationsfeld aufgearbeitet werden und seine Darstellung in möglichst klarer Form anhand geordneter Argumente erfahren.[378] Die Ansichten werden dabei jeweils thesenartig aufgeworfen und vorangestellt, sodann die Konsequenz, die daraus folgt benannt, um anschließend, die Gründe, die für den eingeschränkten Gebrauch der eV sprechen sollen, zu widerlegen.[379]

---

376 z.B. LAG Nürnberg v. 30.09.2010 – 5 Ta 135/10 – LAGE Art. 9 GG Arbeitskampf Nr. 86 = ZTR 2010, 576; ArbG Frankfurt v. 29.02.2012 – 9 Ga 24/12 u. v. 28.02.2012 – 9 Ga 25/12; LAG Hamm v. 07.08.1987 – 8 Sa 1369/86 – NZA 87, 825; ArbG Nürnberg v. 08.08.2007 – 13 Ga 65/07 = AuR 07, 320; ArbG Chemnitz v. 05.10.2007 – 7 Ga 26/07 = AuR 07, 393.

377 z.B. BAG v. 31.03.1978 – 1 AZR 11/76 = BAGE 30, 189 (203) unter III 2; diese Feststellung auch bei *Zeuner*, RdA 71, 1. Das ArbG Kiel lehnte einst ausnahmsweise einmal einen Antrag mit der Begründung ab, es würde kein einstweiliger Zustand geschaffen, sondern endgültige Entscheidungen getroffen, für die das Verfahren nach § 940 ZPO nicht vorgesehen sei, Urt. v. 13.04.1962 – 3 Ga 7/62.

378 Nicht zuletzt deshalb, da es aufgrund der Vielzahl der Meinungen und Nuancen bisweilen zu einem Verlust der Übersicht kommen kann, denn die vorgetragenen Argumente tauchen in der Lit. je nach Verfasser und Argumentationslinie mehrmals und mitunter in anderem Kontext auf.

379 Es wird schon jetzt nicht verhehlt, dass der Verfasser für eine einschränkende Handhabe der eV im Arbeitskampf keine Veranlassung sieht.

5.1 Vielschichtigkeit des Meinungsbildes

Der Meinungsstand ist unverändert äußerst vielschichtig. Die Vielzahl an vorhandenen Beiträgen führt zu einem weiten Meinungsspektrum, ohne am Ende zu einem Konsens zurückzufinden. Dass in aktuellen Praxiskommentaren derart gegensätzliche Positionen, vor allem was den Prüfungsmaßstab der eV im Arbeitskampf im Rahmen des Verfügungsgrundes anbelangt (dazu später mehr), vertreten werden, ist schon außergewöhnlich. Die Palette der Ansichten reicht von der grundsätzlichen Unzulässigkeit des Rechtsinstituts der einstweiligen Verfügung gegen Streiks bis hin zur genau gegenteiligen Ansicht, der generellen Zulässigkeit. Dazwischen werden zahlreiche Abstufungen vertreten, die eine Erlasszulässigkeit der eV gegen Streiks von besonderen Voraussetzungen abhängig machen wollen, die sich letztendlich im Großen und Ganzen auf zwei Kernkriterien reduzieren lassen: Zum einen soll die Statthaftigkeit der einstweiligen Verfügung im Falle der offensichtlichen Rechtswidrigkeit[380] des Streiks gegeben sein, zum anderen bei einer durch die Streikaktion bedingten Existenzgefährdung[381] des Unternehmers. Vereinzelt wird auch die kumulative Erfüllung der beiden Tatbestände gefordert.[382] Schließlich wird noch vertreten, dass weder die Berufung auf eine Existenzgefährdung, noch eine evidente Rechtswidrigkeit jeweils allein ausreichend sind, um dem Unternehmer einen Eilrechtsschutz zu gewähren, solange nicht *„das Verhalten zugleich gegen die guten Sitten verstößt“*.[383]

380 LAG Köln v. 12.12.2005 – 2 Ta 457/05 – AP GG Art. 9 Arbeitskampf Nr. 171; LAG Frankfurt v. 23.05.69, AuR 70, 218; ArbG München v. 16.03.78, DB 78, 1649; *Dorndorf* in: Dorndorf/Weiss, Warnstreiks und vorbeugender Rechtsschutz, S. 56; *Gamillscheg*, Kollektives Arbeitsrecht I, S. 1294; *Hessel*, DB 67; 2071 (2072); *Zeuner*, RdA 71, 1 (7); *Reuß* in: FS 150 Jahre Carl Heymanns-Verlag, S. 253 (268); *Scholz/Konzen*, Die Aussperrung, S. 229 f.; *Blank*, NZA 88, Beil., 9 (16); *Däubler*, Arbeitsrecht 1, S. 329; *Henniges*, Einstweiliger Rechtsschutz gegen gewerkschaftliche Streiks?, S. 85 u. S. 6, dort FNen 27 u. 28.

381 *Dorndorf* in: Dorndorf/Weiss, Warnstreiks und vorbeugender Rechtsschutz, S. 55 f.; *Faupel*, DB 71, 868 (870); *Heckelmann*, AuR 70, 166 (177); *Zeuner*, RdA 71, 1 (7); *Gattung*, Einstweiliger Rechtsschutz gegen Streiks?, S. 127; vgl. auch *Steinbrück*, Streikposten und einstweiliger Rechtsschutz, S. 86.

382 *Däubler*, Arbeitsrecht 1, RN 643 f.

383 *Birk*, AuR 74, 289 (292).

5.1.1 Generelle Unstatthaftigkeit

Die von *Hoffmann*[384] vertretene Ansicht der generellen Unstatthaftigkeit[385] des Verfügungsverfahrens ist eine Einzelmeinung geblieben.

Diese Ansicht beruht zuvorderst auf der Annahme, dass ein Eingriff in den eingerichteten und ausgeübten Gewerbebetrieb (als wehrfähige Rechtsposition im Rahmen von § 823 BGB) nicht anzuerkennen sei, anderenfalls eine Aushöhlung des Streikrechts vorliege. Arbeitsvertragliche Beziehungen könnten nicht in Form des Rechts am Gewerbebetrieb in ein absolutes Recht des Unternehmers umgedeutet werden. Streikende Arbeitnehmer griffen nicht von außen in die Betriebsorganisation ein, sondern aktualisierten vielmehr eine den Organisationsbeziehungen zwischen Arbeitgebern und Arbeitnehmern immanente Störungsquelle.[386] Daneben würden die Grenzen der Arbeitskampffreiheit nicht durch „Gemeinwohl" oder „Sozialadäquanz" bestimmt, sondern aus der Verfassung ableitbar letztlich allein vom eigenen Willen der Tarifparteien; von Arbeitsgerichten erlassene eVen stünden dazu im Widerspruch.[387] Die Unzulässigkeit lasse sich schließlich auch aus der historisch begründeten sozialen Funktion der Koalitionsfreiheit bestätigen. Der Erlass einer eV sei nämlich kein Akt der Rechtsprechung, sondern eher eine „rechtspolizeiliche" Maßnahme, die lediglich in „Verkleidung" eines Gerichtsaktes „daherkomme". Die Koalitionsfreiheit und das Streikrecht als Verfassungspositionen seien aber jedwedem Zugriff der staatlichen Institutionen aufgrund der Neutralitätspflicht entzogen.[388]

384 *Hoffmann*, AuR 68, 33 (39 ff.); krit. auch *Gamillscheg* („Ungeeignet"), Differenzierung nach Gewerkschaftszugehörigkeit, S. 23; *Hessel*, DB 67, 2071; *Hoyer*, AiB 86, 243 ff.; auch abl. schon sehr viel früher *Flatow/Joachim*, ArbGG, Anm. 10 b zu § 62, *„solche Verfügungen können den Rechtsstreit vorzeitig beenden"*; *Kiesel*, ArbR 14, Sp. 716 ff.; *„ohne Beweisaufnahme ist Grundlage für den Richterspruch zu dürftig"*. Ein seinerzeit vom BM vorgelegter Entwurf eines „Zweiten Arbeitsrechtsbereinigungsgesetzes" sah ebenfalls die Unzulässigkeit der eV gegen Arbeitskämpfe vor; vgl. RdA 71, 355 (357).

385 Dies schließt die Unstatthaftigkeit selbst bei gegen § 826 BGB verstoßenden Arbeitskämpfen ein.

386 *Hoffmann*, AuR 68, 33 (45); krit. daneben auch *Wolfer*, AiB 86, 81 (85) u. *Hoyer*, AiB 86, 243 (248).

387 *Hoffmann*, a.a.O., 33 (44 u. 45).

388 *Hoffmann*, a.a.O., 33 (48 ff.).

Hoffmann[389] reißt auch einen Aspekt kurz an, den auch *Birk*[390] und *Henniges*[391] aufgreifen: Es könnte am Rechtsschutzbedürfnis fehlen, wenn in der Rechtsordnung ein anderes, gleichwertiges Mittel zur Verfügung steht. *Dorndorf*[392] sieht die eV ebenso als subsidiär an und meint, eine gerichtliche Kontrolle sei nur dort und erst dann angezeigt, wo die Abwehraussperrung zur Wiederherstellung der Kampfparität nicht ausreiche.

Konsequenz

Eine einstweilige Verfügung des Arbeitsgerichts gegen eine streikende oder streikvorbereitete Gewerkschaft ist unzulässig, um der besonderen Schutzfunktion von Koalitionsfreiheit und Streikrecht zu genügen.

Gegenargumente

Gegen diese Ansicht lässt sich anführen, dass sich aus der Koalitionsfreiheit kein umfassendes Verbot einstweiliger Verfügungen gegen Streiks ableiten lässt. Art. 9 Abs. 3 GG protektiert zwar gewerkschaftliche Streikmaßnahmen zur Wahrung der Tarifautonomie.[393] Die verfassungsrechtliche Garantie erfasst jedoch nach einhelliger Meinung[394] nur den rechtmäßigen Streik, nicht auch den rechtswidrigen. Dann

---

389 a.a.O., 33 (40).

390 *Birk*, AuR 74, 289 (293), stützt sich darauf, dass dem Arbeitgeber selbst Kampfmittel zur Verfügung stehen (z.B. Abwehraussperrung) und gerichtliche Hilfe deshalb ein „*Übermaß*“ gegenüber der Aussperrung darstellt. Daneben könne bei einer besonderen Betonung des arbeitsrechtlichen Beschleunigungsgrundsatzes das Interesse am Erlass einer eV wegfallen (so auch insb. *Faupel*, DB 71, 868). Bei der Überlegung, dass der aus § 9 ArbGG abgeleitete Beschleunigungsgrundsatz bei entsprechender Ausübung „blitzschnelle“ Entscheidungen veranlassen kann, die dem Verfügungsverfahren in Nichts nachstehen, dürfte es sich angesichts der tatsächlichen Verfahrensdauer wohl eher um Wunschdenken handeln, vgl. auch *Luckscheiter*, eR gegen Streiks, S. 131 f.; *Gattung*, Einstweiliger Rechtsschutz gegen Streiks?, S. 23; *Holzinger*, EVen gegen gewerkschaftliche Streiks, S. 129.

391 *Henniges*, Einstweiliger Rechtsschutz gegen gewerkschaftliche Streiks?, S. 82 f. Er betrachtet die Abwehraussperrung als milderes Mittel gegen rechtswidrige Streiks, die daher Vorrang vor der eV genieße. Ebenso lässt er die Kündigung vorgehen, a.a.O., S. 83.

392 *Dorndorf* in: Dorndorf/Weiß, Warnstreiks und vorbeugender Rechtsschutz, S. 53.

393 BVerfG v. 26.06.1991 – 1 BvR 779/85 – AP Nr. 117 zu Art. 9 GG Arbeitskampf = BVerfGE 84, 212 = NZA 91, 809.

394 z.B. *Isenhardt* in: FS Stahlhacke, S. 195 (201); *Grunsky*, RdA 86, 196 (202); *Brox*, JA 81, 74 (79); *ders.*, JA 82, 221 (225); *Kissel*, Arbeitskampfrecht, § 65 RN 9; *v. Hoyningen-Huene*, JuS 90, 298; *Krause*, Jahrbuch des Arbeitsrechts, Bd. 45, 2008, 23 (30 u. 33);

aber muss es möglich sein, einen Arbeitskampf hinsichtlich seiner Rechtmäßigkeit einer gerichtlichen Überprüfung zuführen zu können. Arbeitskämpfe finden nicht im rechtsfreien Raum statt.[395] Es ist mit dem rechtsstaatlichen Gebot effektiven Rechtsschutzes unvereinbar, wenn dem Arbeitgeber die Möglichkeit genommen würde, sich gegen einen rechtswidrigen Arbeitskampf zu erwehren.[396] Ein Ausschluss des vorläufigen Rechtsschutzes liefe auf eine unzulässige Rechtsverweigerung und damit auf einen Verstoß gegen Art. 19 Abs. 4 GG hinaus. Anderenfalls könnten die wichtigen Rechte des Unternehmers z.B. am eingerichteten und ausgeübten Gewerbebetrieb de facto im arbeitsrechtlichen Bereich nicht geschützt werden.[397] Außerdem kann der vorgebrachte Hinweis auf die verfassungsrechtliche Bedeutung ebenso anders herum vorgetragen werden. Insbesondere kann sich bei Arbeitskämpfen der Unternehmer seinerseits auf die von Art. 12 GG (u. Art. 2, 14 GG) geschützten Grundrechtspositionen zurückziehen,[398] so dass dies m.E. zu einem „Argumentations-Patt" führt. Es geht dann nicht um einen Ausgleich zweier grundrechtskonformer Betätigungen, die im Rahmen der praktischen Konkordanz erfolgt, sondern vielmehr um den Schutz des einen Grundrechtsträgers vor rechtswidriger Grundrechtsausübung des anderen.[399] Art. 9 Abs. 3 GG kann jedenfalls nicht dafür in Anspruch genommen werden, um der einen Seite den

---

Faupel, DB 71, 816 (822) m.w.N.; *Heckelmann*, AuR 70, 166 (170); *Walker*, ZfA 95, 185 (195); aus der Rspr. z.B. LAG Rheinland-Pfalz v. 22.06.2004 - 11 Sa 2096/03; LAG München v. 19.12.1979 - 9 Sa 1015/79 - EzA Nr. 35 zu Art. 9 GG Arbeitskampf = NJW 80, 957 (958).

395 *Dütz*, BB 80, 533; *Heckelmann*, AuR 70, 166 (170); *Kissel*, Arbeitskampfrecht, § 65 RN 19 m.w.N; *Krause*, Jahrbuch des Arbeitsrechts, Bd. 45, 2008, 23 (30); *Heinze*, RdA 86, 273 (283); *v. Hoyningen-Huene*, JuS 90, 298; *Walker*, ZfA 95, 185 (195); *Otto*, Arbeitskampf- u. SchlichtungsR, § 19 RN 28.

396 *Walker*, ZfA 95, 185 (195); *ders.* in: Schwab/Weth, ArbGG, § 62 RN 168 m.w.N.; *Hergenröder* in: H/W/K, Art. 9 GG RN 352; *Hromadka/Maschmann*, Arbeitsrecht Bd. 2, § 14 RN 182; *Schuschke* in: Schuschke/Walker, Vollstreckung und vorläufiger Rechtsschutz, Vorb. § 935 RN 131; vgl. auch LAG München v. 07.05.2003 - 5 Sa 344/03 = LAGE, § 611 BGB 2002 Beschäftigungspflicht Nr. 1: „*Infolgedessen ist gemäß § 940 ZPO eine Befriedigungsverfügung [...] zulässig, wenn sie zur Erfüllung des rechtsstaatlichen Justizgewährungsanspruchs auf effektiven Rechtsschutz erforderlich ist*" (dazu BVerfG v. 16.5.1995, BVerfGE 93, 1 = NJW 1995, 2477, zu C I 1 und 2 der Gründe).

397 *Korinth*, eR im Arbeitsgerichtsverfahren, S. 310 RN 195; *Bertzbach* in: Däubler, Arbeitskampfrecht, § 24 RN 5.

398 *Walker*, ZfA 95, 185 (195); *Grunsky*, RdA 86, 196 (202); *Luckscheiter*, eR gegen Streiks, S. 115.

399 *Kissel*, Arbeitskampfrecht, § 65 RN 17.

einstweiligen Rechtsschutz gegen den rechtswidrigen Arbeitskampf des anderen zu verweigern.[400]

Der heraufbeschworene rechtspolizeiliche Charakter der eV rechtfertigt ihren völligen Ausschluss keineswegs. Es entscheidet nicht irgendeine Verwaltungsbehörde, sondern immerhin ein unabhängiges Gericht, wobei im Mittelpunkt des Verfahrens eine Rechtsfrage steht und nicht die Frage einer bloßen Zweckmäßigkeit.[401] Zudem stört ein Arbeitskampf oftmals die öffentliche Ordnung und ist vom öffentlichen Interesse aus betrachtet schädlich;[402] der Erlass einer eV wäre also stets zulässig ohne Rücksicht auf Rechtmäßigkeit oder Rechtswidrigkeit des Arbeitskampfes.[403] Gegen die Qualifikation als rechtspolizeiliche Maßnahme sprechen weiterhin die Antragserfordernisse, die bei bloßer Wahrung des öffentlichen Interesses dem Offizialprinzip zuwiderliefen.[404]

Schließlich wird auch das Neutralitätsgebot des Staates nicht verletzt. Indem der Staat ein prozessuales System zur Abwehr von rechtswidrigen Arbeitskampfmaßnahmen zur Verfügung stellt, mischt er sich ganz im Gegenteil in die Tarifauseinandersetzung ein.[405] Nichteingreifen bedeutet nicht, dass gänzlich jegliche Regelung fehlt; der Staat muss sogar im Gegenteil eingreifen, wenn die Parität der Koalitionspartner gefährdet ist.[406]

Eine völlige Ausschaltung der eV zwischen tariffähigen Parteien führe nach *Seiter*[407] auch dazu, dass die Abwehr rechtswidriger oder rechtlich zweifelhafter Streiks zu einem Machtkampf der sozialen Gegenspieler ausarte.

Die Gefahren bei einem „allzu großzügigen Umgang" mit der eV im Arbeitskampf" erforderten kein Verbot dieses Instruments, sondern dessen Ausstattung mit besseren Garantien gegen Missbrauch.

---

400 *Kissel*, Arbeitskampfrecht, § 65 RN 9 m.w.N; *Seiter*, Streikrecht, S. 375.

401 *Zeuner*, RdA 71, 1 (8).

402 *„Arbeitskämpfe sind im Allgemeinen unerwünscht, da sie volkswirtschaftliche Schäden mit sich bringen und den im Interesse der Gesamtheit liegenden sozialen Frieden beeinträchtigen"*, so BAG v. 28.01.1955 – 1 AZR 1/54 – AP Nr. 1 zu Art. 9 GG Arbeitskampf = BAGE 1, 291 = DB 1955, 605.

403 *Holzinger*, EVen gegen gewerkschaftliche Streiks, S. 34; *Brändel*, Einstweilige Friedensregelungen in kollektiven Arbeitsrechtsstreitigkeiten, S. 36 ff.

404 *Holzinger*, EVen gegen gewerkschaftliche Streiks, S. 34. Dass im Falle der Rechtswidrigkeit der angeblich rechtspolizeilichen Maßnahme nach § 945 ZPO eine Privatperson schadensersatzpflichtig würde, mute ebenfalls befremdlich an, gibt *Holzinger* obendrein zu bedenken, a.a.O.

405 *Luckscheiter*, eR gegen Streiks, S. 41 u. 118.

406 *Luckscheiter*, eR gegen Streiks, S. 26; *Rüfner*, RdA 85, 193 (194).

407 *Seiter*, Streikrecht, S. 386; vgl. auch *Piehler*, eR und materielles Recht, S. 251.

Selbst wenn die Abwehraussperrung der eV vorzuziehen wäre, so hätte sie dennoch nicht das Ergebnis, das der Arbeitgeber will. Der Arbeitgeber will nicht in erster Linie dem Arbeitnehmer Schaden zufügen, sondern dass der Betrieb weiterläuft.[408] Dies kann er aber mit der Aussperrung gar nicht erreichen.

Der Verweis auf eine vorrangige Abwehraussperrung wäre zudem eine Verweigerung des Rechtsschutzes und ein Verweis auf das Selbsthilferecht.[409] Die von der Kampfmaßnahme betroffene Partei kann daher keinesfalls bloß auf eigene Kampfmittel (Abwehraussperrung) verwiesen werden.[410]

5.1.2 Einschränkende Sichtweisen

Die Ansichten, die den Erlass von eVen nur unter einschränkenden Voraussetzungen erlauben wollen, werden von ihren Vertretern teils auf materiell-rechtliche, teils auf verfahrensrechtliche Fundamente gestellt.

5.1.2.1 Endgültige Wirkung der einstweiligen Verfügung

Prozessuale Bedenken sind auf die Endgültigkeit[411] einer den Streik untersagenden eV gerichtet. Denn eine ein Streikverbot verfügende einstweilige Maßnahme beende den Streik praktisch im Voraus, stelle einen irreparablen Zustand her und gewähre dem Antragsteller - entgegen dem vorläufigen Charakter der eV - bereits volle Befriedigung seines Unterlassungsanspruches.[412] Ein Streik könne

---

408 *Luckscheiter*, eR gegen Streiks, S. 134; *Walker*, eR im Zivilprozess, RN 723; siehe hier auch S. 115 f.

409 *Holzinger*, EVen gegen gewerkschaftliche Streiks, S. 48.

410 *Otto*, MüKo-ArbR, § 293 RN 32; *Scholz/Konzen*, Die Aussperrung, S. 229 f., erklären den eR ebenfalls nicht für Nachrangig, auch wenn bei der Gewährung Zurückhaltung geboten sei.

411 Dazu bereits oben FN 47–51; vgl. daneben auch umfassend *Henniges*, Einstweiliger Rechtsschutz gegen gewerkschaftliche Streiks?, S. 22 f.; *Hessel*, DB 67, 2071; *Korinth*, eR im Arbeitsgerichtsverfahren, S. 310 RN 196; *Dorndorf* in: Dorndorf/Weiss, Warnstreiks und vorbeugender Rechtsschutz, S. 28 f.; *Iliakopoulos*, Grenzen der Befriedigungsverfügung, S. 103; *Faupel*, DB 71, 816 (817); *Heckelmann*, AuR 70, 166 (167); *Kissel*, Arbeitskampfrecht, § 65 RN 12; *Isenhardt* in: FS Stahlhacke, S. 195 (200); *Brox/Rüthers*, Arbeitskampfrecht, RN 768 (771 f.); *Walker*, ZfA 95, 185 (191); *Piehler*, eR und materielles Recht, S. 78 f. u. 81; *Luckscheiter*, eR gegen Streiks, S. 7; *Dütz*, BB 80, 533 (537); *Löwisch/Krauß* in: Löwisch, Schlichtungs- u. ArbeitskampfR, RN 1036; *Brox*, JA 82, 221 (225); *Reuß* in: FS 150 Jahre Carl Heymanns-Verlag, S. 253 (268); a.A. *Wank*, RdA 09, 1 (9), der die Ansicht, dass mit dem vorläufigen Kampfverbot in der Realität zumeist ein endgültiges Kampfverbot einhergeht, für zu weitgehend hält.

412 *Hoffmann*, AuR 68, 33 (45); *Heckelmann*, AuR 70, 166 (167); *Faupel*, DB 71, 816 (817).

zwar wiederbegonnen werden, dieser wäre dann jedoch ein wesentlich anderer als der Abgebrochene; ein neues, einmaliges soziales Geschehen.[413] Der „abgeblasene" Arbeitskampf könne später, nachdem seine Rechtmäßigkeit im Hauptverfahren festgestellt worden wäre, nicht mehr nachgeholt werden.[414]

Die Kampfbereitschaft lasse sich nicht jederzeit beliebig neu entfachen, es bedürfe stets eines aufwendigen Mobilisierungsprozesses, der von vielfältigen zeitgebundenen Bedingungen abhänge.[415] Der negative Einfluss auf die Dynamik des Arbeitskampfgeschehens, auch mit den Konsequenzen auf den Inhalt eines am Ende stehenden Tarifvertrags, sei nicht umkehrbar.[416] Nicht zuletzt werde das Überraschungsmoment, ein anerkannt taktisches Mittel und damit der geeignet gewesene erfolgversprechende Zeitpunkt vereitelt.[417] Außerdem scheide für die Gewerkschaft ein Schadensersatzanspruch nach § 945 ZPO mangels Schaden aus.[418] Der Antragsgegner wäre also endgültig gehindert, sein Recht auf Durchführung der Arbeitskampfmaßnahme auszuüben. Die Schaffung endgültiger Fakten wiege deshalb so schwer, da gegen eVen im Arbeitsgerichtsverfahren die Revision an das BAG nach § 72 Abs. 4 ArbGG nicht zulässig sei.[419] Zudem dürfe nach weitaus überwiegender Ansicht zwar nicht die rechtliche Prüfung des Verfügungsanspruches summarisch vorgenommen werden, wohl aber die Prüfung

---

413 Die sozialen, wirtschaftlichen und politischen Bedingungen sind nicht mehr dieselben wie zu der Zeit, zu der er ursprünglich stattfinden sollte, *Grunsky*, RdA 86 196 (202); *Hoffmann*, AuR 68, 33 (45); *Hessel*, DB 67, 2071; *Iliakopoulos*, Grenzen der Befriedigungsverfügung, S. 103; *Henniges*, Einstweiliger Rechtsschutz gegen gewerkschaftliche Streiks?, S. 27; *Faupel*, DB 71, 816 (817); viel früher bereits *Ortmann*, Einstweilige Verfügungen im Arbeitskampfrecht, S. 58.

414 *Grunsky*, RdA 86, 197 (202); *Hessel*, DB 67, 2071; *Walker*, eR im Zivilprozess, RN 722; *Henniges*, Einstweiliger Rechtsschutz gegen gewerkschaftliche Streiks?, S. 22 f.

415 Siehe oben FNen 47–51; umfassend *Henniges*, Einstweiliger Rechtsschutz gegen gewerkschaftliche Streiks?, S. 24 f.

416 *Kissel*, Arbeitskampfrecht, § 65 RN 12; *Zeuner*, RdA 71, 1 (6); *v. Hoyningen-Huene*, JuS 90, 298 (299).

417 *Reuß* in: FS 150 Jahre Carl Heymanns-Verlag, S. 253 (268); *Iliakopoulos*, Grenzen der Befriedigungsverfügung, S. 103; *Hessel*, DB 67, 2071; umfassend *Henniges*, Einstweiliger Rechtsschutz gegen gewerkschaftliche Streiks?, S. 22 f.; a.A. *Ramm*, er ging von einem i.d.R. sowieso fehlendem Überraschungsmoment aus, AuR 64, 129 (130).

418 siehe FN 473. Es fehlt auf Seiten der Gewerkschaft an einem ersatzfähigen Vollziehungsschaden, *Grunsky* in: Stein/Jonas, ZPO, vor § 935 RN 71; *Luckscheiter*, eR gegen Streiks, S. 7 u. 119; vgl. *Otto*, Arbeitskampf- u. SchlichtungsR, § 19 RN 27 u. die dortigen w.N; *ders.* in: MüKo-ArbR, Bd. 3, § 293 RN 27; *Holzinger*, EVen gegen gewerkschaftliche Streiks, S. 67.

419 *Isenhardt* in: FS Stahlhacke, S. 195 (200).

der zugrunde liegenden Tatsachen, da nach §§ 936, 920 Abs. 2 ZPO die Glaubhaftmachung ausreiche.[420]

Konsequenz

In der Folge sind nach dieser Auffassung an den Verfügungsgrund hohe Anforderungen zu stellen. Anknüpfend an das für Geldzahlungsverfügungen entwickelte Erfordernis einer besonderen Notsituation[421] des Antragstellers liege ein Verfügungsgrund nur dann vor, wenn die Existenz des bestreikten Unternehmens gefährdet sei oder zumindest Streikschäden drohten, die über das normale Maß hinausreichten.[422]

Iliakopoulos[423] ergänzt, dass selbst wenn der Antragsteller durch den Streik in Existenzgefahr gerate, dieser dennoch nicht ohne weiteres zu unterbinden sei, es könne nämlich sein, dass der Antragsteller diese bedrohliche Situation selbst verschuldet habe.

Rechtsschutzlehre

Ebenfalls in den Argumentationsbereich der „endgültigen Wirkung" sind die Vertreter der sog. „*Rechtsschutzlehre*" einzuordnen. Diese führen spiegelbildlich an, dass nicht nur der Erlass, sondern auch die Ablehnung des einstweiligen Streikverbots einen endgültigen Zustand – diesmal auf Seiten des Antragstellers - schaffe, der im Ergebnis auf eine endgültige Rechtsschutzverweigerung hinauslaufe.[424] Die gerichtliche Entscheidung, die einstweilige Verfügung nicht zu erlassen, führe dann, wenn sie falsch gewesen sein sollte und der Streik fortgesetzt werde, zu einem endgültigen Rechtsverlust.[425] Eine spätere Entscheidung,

---

420 *Isenhardt* in: FS Stahlhacke, S. 195 (200).

421 *Grunsky* in: Stein/Jonas, ZPO, vor § 935 RN 38 ff.

422 *Henniges*, Einstweiliger Rechtsschutz gegen gewerkschaftliche Streiks?, S. 5; *Steinbrück*, Streikposten und einstweiliger Rechtsschutz, S. 86; *Heckelmann*, AuR 70, 166 (177); *Faupel*, DB 71, 868 f.; *Gattung*, Einstweiliger Rechtsschutz gegen Streiks?, S. 127; *Zeuner*, RdA 71, 1 (7); *Dorndorf* in: Dorndorf/Weiss, Warnstreiks und vorbeugender Rechtsschutz, S. 56; *Löwisch/Krauß* in Löwisch, Schlichtungs- u. ArbeitskampfR, RN 1037, jeweils m.w.N.

423 in: Grenzen der Befriedigungsverfügung, S. 106. Die Frage nach der Rechtswidrigkeit müsse daher ihre zentrale Bedeutung behalten.

424 *Henniges*, Einstweiliger Rechtsschutz gegen gewerkschaftliche Streiks?, S. 5; *Steinbrück*, Streikposten und einstweiliger Rechtsschutz, S. 86; so auch *Iliakopoulos*, Grenzen der Befriedigungsverfügung, S. 103.

425 *Isenhardt* in: FS Stahlhacke, S. 195 (200); *Steinbrück*, Streikposten und einstweiliger Rechtsschutz, S. 86.

die den Streik für unwirksam erkläre, könne die Wirkungen nicht ungeschehen machen.[426] Der Unterlassungsanspruch des Antragstellers sei in diesem Fall endgültig verloren.[427] Darin liege eine Missachtung des verfassungsrechtlichen Gebotes effektiven Rechtsschutzes, denn:

„In einem Rechtsstaat, in dem das Selbsthilferecht grundsätzlich ausgeschlossen ist, gibt es keinen größeren Nachteil im Sinne des § 940 ZPO als den endgültigen Rechtsverlust."[428]

Konsequenz

Hiernach kommt es in der praktischen Handhabe auf die konkrete Abwägung der einander widerstreitenden Belange und gegenüberstehenden Güter an.[429] Dabei erscheine es angemessen, zugunsten derjenigen Seite zu entscheiden, die *„wahrscheinlich"* im Recht sei.[430]

Zur Begründung wird angeführt, dass die auf Vermeidung endgültiger Rechtsschutzverweigerung gerichtete Interessenlage des Antragstellers gleichwertig sei mit dem Gewerkschaftsinteresse, nicht zu Unrecht zu einer – in ihrer Wirkung ebenfalls endgültigen – Unterlassung des Streiks im einstweiligen Rechtsschutz verurteilt zu werden. Aufgrund des daher gleich verteilten Fehlentscheidungsrisikos sei es dann gerechtfertigt, im Rahmen der Interessenabwägung zugunsten

426 *Iliakopoulos*, Grenzen der Befriedigungsverfügung, S. 103.

427 *Dütz*, BB 80, 533 (538); *Henniges*, Einstweiliger Rechtsschutz gegen gewerkschaftliche Streiks?, S. 5.

428 Wörtl. das LAG München v. 19.12.1979 – 9 Sa 1015/79 = EzA Nr. 35 zu Art. 9 GG Arbeitskampf = NJW 80, 957 (958); auch LAG München v. 01.12.2004 – 5 Sa 913/04 = NZA-RR 2005, 354; vgl. auch *Steinbrück*, Streikposten und einstweiliger Rechtsschutz, S. 87. Dass andererseits dem Streikrechtsinhaber ein mindestens ebenso großer Rechtsverlust gedroht hätte, wurde dabei allerdings komplett ausgeblendet.

429 *Dütz*, BB 80, 533 (539), *Henniges*, Einstweiliger Rechtsschutz gegen gewerkschaftliche Streiks?, S. 5; *Brox*, JA 82, 221 (225); siehe auch die w. N. bei *Steinbrück*, Streikposten und einstweiliger Rechtsschutz, S. 87 FN 54; aus der Rspr.: LAG München v. 19.12.1979 – 9 Sa 1015/79 – EzA Nr. 35 zu Art. 9 GG Arbeitskampf = NJW 80, 957; LAG Rheinland-Pfalz, Beschl. v. 05.03.1986 – 1 Ta 50/86 – EzA Nr. 62 zu Art. 9 GG Arbeitskampf = NZA 86, 264 (265).

430 So *Dütz*, BB 80, 533 (539); *Grunsky*, ArbGG, § 62 RN 2; *Schäuble*, Widerrechtlicher Streik und Abwehraussperrung, S. 60 f.; *Henniges*, Einstweiliger Rechtsschutz gegen gewerkschaftliche Streiks?, S. 5 m.w.N; *Steinbrück*, Streikposten und einstweiliger Rechtsschutz, S. 87.

der Seite zu entscheiden, die „wahrscheinlich" im Recht sei.[431] Das Abstellen auf die „überwiegende Wahrscheinlichkeit" als Entscheidungsfindungskriterium sei also angezeigt, weil in die abwägende Gegenüberstellung auf diese Weise die Erfolgsaussicht zugunsten einer Seite mit berücksichtigt werden könne, denn bei der Bewertung der gegenüberstehenden Interessen allein lasse sich kaum ermitteln, welche Position schutzwürdiger sei.[432]

Gegenargumente

Die Schaffung eines endgültigen Zustandes als in der Tat weitreichende Folge spricht entgegen der vorgetragenen Argumente dennoch nicht gegen die Zulässigkeit der eV zur Bekämpfung eines rechtswidrigen Streiks. Die Arbeitskampfparteien können für die Zeit der Durchführung der Arbeitskampfmaßnahmen keinen gerichtsfreien Raum beanspruchen.[433] Auch in den übrigen Rechtsdisziplinen sind schließlich eVen, die auf Unterlassung gerichtet sind, zulässig, obwohl sie – bis zur Aufhebung – endgültige Verhältnisse schaffen.[434] Diese, von der Rechtsprechung anerkannten Leistungsverfügungen, führen nicht bloß zur Sicherung, sondern ebenfalls zur Befriedigung des Gläubigers.

Wank[435] ist der Ansicht, dass – im Falle einer behutsamen Handhabe des Instruments der eV – das zugrunde liegende Prinzip, dass nur ein bestimmter

431 *Henniges*, Einstweiliger Rechtsschutz gegen gewerkschaftliche Streiks?, S. 5; *Schäuble*, Widerrechtlicher Streik und Abwehraussperrung, S. 60 f.; *Dütz*, BB 80, 533 (539); *Grunsky* in: Stein/Jonas, ZPO, vor § 935 RN 71; *ders.*, ArbGG, § 62 RN 25; LAG München v. 19.12.1979 - 9 Sa 1015/79 = EzA Nr. 35 zu Art. 9 GG Arbeitskampf = NJW 80, 957 (958); *Luckscheiter*, eR gegen Streiks, S. 8 m.w.N.

432 *Dütz*, BB 80, 533 (539) meint, es entspreche einem allg. Prinzip des einstweiligen Rechtsschutzes, dass bei ausgewogener Interessenlage die Erfolgsaussicht den Ausschlag gebe. Auf die Erfolgsaussicht komme es aber dann nicht an, wenn Nachteile drohten, die ganz erheblich über die Kampfinteressen hinausgingen; zust. *Grunsky*, ZPO, vor § 935 RN 71 (FN 244).

433 *Isenhardt* in: FS Stahlhacke, S. 195 (201).

434 *Brox*, JA 82, 221 (225); *Walker*, ZfA 95, 185 (191); *Dütz*, BB 80, 533 (538 f.); *Faupel*, DB 71, 816 (823); *Wenzel*, NZA 84, 112; *Otto* sieht die Argumentation um die endgültige Wirkung als Erlasshindernis als mittlerweile überwunden an, Arbeitskampf- und SchlichtungsR, § 19 RN 28; vorher ebenso bereits LAG Hamm, NZA 84, 130 = EzA Art. 9 GG Arbeitskampf Nr. 51.

435 in: RdA 09, 1 (9). Zugleich räumt er ein, dass möglicherweise die Streikenergie tatsächlich verpufft sein könne, wenn nach der mündlichen Verhandlung der Streik bis zur Beendigung des Hauptarbeitskampfes in der ersten Instanz untersagt werde. Diese Situation könne aber die Parteien veranlassen, ein Schiedsverfahren einzuleiten, das die Entscheidung in der Hauptsache überflüssig mache, a.a.O.

Rechtszustand gesichert werden soll, durchaus aufrechterhalten werden könne. Das Verfahren der eV liege zeitlich zwischen Urabstimmung und tatsächlicher Durchführung des Arbeitskampfes. Wenn zu diesem Zeitpunkt ein Streik untersagt werde, habe die Gewerkschaft das Urabstimmungsergebnis in der Hand und könne zu einem späteren Zeitpunkt zum Streik aufrufen, so dass die gesamte Planung nur verschoben werde.

Die Voraussetzung einer „Existenzbedrohung" ist zudem gesetzlich gar nicht vorgesehen.[436] § 940 ZPO verlangt allein, dass die Verfügung „zur Abwehr wesentlicher Nachteile" nötig erscheint. Solche wesentlichen Nachteile liegen aber nicht ausschließlich bei einer Existenzbedrohung vor; ein Streik kann auch ohne in eine Existenzbedrohung zu münden wesentliche Nachteile der Arbeitgeberseite evozieren.[437] Auch nach *Grunsky*[438] könne nicht verlangt werden, dass der Streik zur Existenzbedrohung für den Betrieb führen würde. Dieses Kriterium spiele auch bei sonstigen Unterlassungsverfügungen keine Rolle. Entscheidend sei allein, dass ohne die eV der Unterlassungsanspruch des Arbeitgebers endgültig vereitelt würde, darin liege der wesentliche Nachteil, den § 940 ZPO fordere.

Walker[439] weist darauf hin, dass effektiver Rechtsschutz für die eine Partei zugleich die Versagung effektiven Rechtsschutzes der anderen Partei bedeuten

---

436 *Dütz*, BB 80, 533; *Germelmann* in: G/M/P/M-G, ArbGG, § 62 RN 113; *Dütz/Thüsing*, Arbeitsrecht, § 13 RN 799.

437 vgl. *Brox*, JA, 221 (225); dagegen *Dütz*, BB 80, 533 (539); i.E. auch *Walker*, ZfA 2005, 45 (52) u. ZfA 95, 185 (203) m.w.N; *Grunsky*, ZPO, vor § 935 RN 71. Diese geben zu bedenken, dass der wesentliche Nachteil die drohende Rechtsschutzverweigerung selbst sei, ohne dass zugleich ein schwerer Schaden drohen müsse. Dann wäre jedoch bei allen zeitgebundenen einstweiligen Unterlassungsansprüchen das Tatbestandsmerkmal des „wesentlichen Nachteils" immer gegeben, so dass es sich um eine Tautologie handele, die das Tatbestandsmerkmal gänzlich hinwegdefiniere, entgegnet *Wolfer*, AiB 86, 81 (83).

438 in: Stein/Jonas, ZPO, vor § 935 RN 72 m.w.N; a.A. *Dorndorf* in Dorndorf/Weiss, Warnstreiks und vorbeugender Rechtsschutz, S. 33. *„Es kommt nicht darauf an, ob der Antragsteller seinen Unterlassungsanspruch später noch durchsetzen kann, sondern ob ihm später daraus ein Schaden entsteht, der als „wesentlicher Nachteil" gewertet werden muss. Entstehen dem Antragsteller keine Nachteile, außer dass der Anspruch später nicht mehr durchgesetzt werden kann, so wäre das Beharren auf der Erzwingung der Unterlassung pure Rechthaberei. Das Interesse, allein des Prinzips willen Recht zu bekommen, rechtfertigt aber nicht die Inanspruchnahme staatlichen Rechtsschutzes, schon gar nicht im einstweiligen Verfahren."* Ähnlich *Piehler*, eR und materielles Recht, S. 239 f.

439 *Walker*, ZfA 95, 185 (191) u. ZfA 2005, 45 (48); ähnl. *Iliakopoulos*, Grenzen der Befriedigungsverfügung, S. 103.

könne. Das Verbot eines Streiks für den abgelaufenen Zeitraum lasse sich tatsächlich nicht rückgängig machen. Ein durchgeführter Streik nach Versagung der beantragten Unterlassungsverfügung allerdings auch nicht. Gehe man aber davon aus, dass effektiver Rechtsschutz gleichermaßen für beide Parteien gewährleistet sein müsse – der Arbeitgeber sei grundsätzlich in seinen Interessen nicht weniger schutzwürdig als die Gewerkschaft und umgekehrt – so wäre es mit der gleichrangigen Schutzwürdigkeit der Parteien nicht vereinbar, die Anordnung einer Befriedigungsverfügung wegen der Vorwegnahme der Hauptsache für unzulässig zu halten.[440] Das Problem, zu wessen Gunsten der Konflikt zu lösen ist, darf daher nicht mit dem unzutreffenden Hinweis auf das Vorwegnahmeverbot zu Gunsten des Antragsgegners getroffen werden, sondern ist eine Entscheidung des Einzelfalls.[441] Das Argument, eine neuerliche Mobilisierung der Gewerkschaftsmitglieder sei nicht möglich, könne ebenfalls nicht durchschlagen, geben *Löwisch/Krauß*[442] zu bedenken. Entschließe sich eine Gewerkschaft zu Kampfmaßnahmen trotz rechtlicher Zweifel, so müsse sie dies auf eigenes Risiko tun. Alles andere würde praktisch auf die Einräumung eines Rechts der Gewerkschaft hinauslaufen, sich durch die Schaffung vollendeter Tatsachen den Gebrauch rechtswidriger Arbeitskampfmittel zu ermöglichen.

Isenhardt[443] führt an, dass der Sache nach die im einstweiligen Verfügungsverfahren zusätzlich erforderliche Prüfung des Verfügungsgrundes ausgerechnet für die gesetzlich nicht geregelte Leistungsverfügung aufgegeben werde, wenn es ausreiche, dass das Gericht den Verfügungsanspruch für gegeben, ja nur für „wahrscheinlich" halte, um die eV zu erlassen. Die Interessenabwägung werde letztendlich nur noch pro forma gefordert; im Bereich des Arbeitskampfes werde die eV dem Hauptverfahren gleichgestellt.

Der Erlass einer eV kann daher nicht allein auf die Prognose, wer wahrscheinlich im Recht ist, gestützt werden. Vielmehr ist die Möglichkeit des Bestehens eines Anspruchs Voraussetzung für den Erlass der Verfügung. Wie groß die

---

440 Denn sonst wird dem Anspruch des jeweiligen Antragsgegners auf effektiven Rechtsschutz ein genereller Vorrang vor dem des Antragstellers eingeräumt. Der Hinweis auf die endgültige Wirkung und das Vorwegnahmegebot geht daher fehl, *Walker*, ZfA 95, 185 (191) u. ZfA 2005, 45 (48); *ders.*, eR im Zivilprozess, RN 72.

441 *Walker*, ZfA 2005, 45 (47); *ders.*, eR im Zivilprozess, RN 72.

442 *Löwisch/Krauß* in: Löwisch, Schlichtungs- u. ArbeitskampfR, RN 1038. Diese verstehen a.a.O. (RN 1039) zudem das Urt. des BAG v. 21.03.1978 als klare Absage an einschränkende Tendenzen. Siehe auch *Seiter*, Anm. BAG v. 21.03.1978 – 1 AZR 11/76 – AP Nr. 62 zu Art. 9 Arbeitskampf.

443 in: FS Stahlhacke, S. 195 (204).

Wahrscheinlichkeit ist, dass der Anspruch besteht, wird im Rahmen des Verfügungsgrundes in der Abwägung berücksichtigt.[444]

Zudem streitet noch folgender Gedanke gegen die Forderung nach einer Existenzgefährdung:

Dies bedeutet im Ergebnis nichts weniger, als dass gegen kleinere Unternehmen keine Kampfmaßnahmen ergriffen werden dürften. Diese geraten schneller in ein wirtschaftliches Bedrohungsszenario als große Unternehmen.[445]

5.1.2.2 Schwierigkeit der zu behandelnden Rechtsfragen

Einen weiteren Grund für die Notwendigkeit der Einschränkung der eVen sieht v.a. *Hessel*[446] in der außerordentlichen Lösungsschwierigkeit der zu entscheidenden Rechtsfragen. Nur in wenigen Fällen gebe es im Bereich des Arbeitskampfes eine unbestrittene, herrschende Meinung.[447]

Die einstweilige Verfügung könne in dringenden Fällen durch den Vorsitzenden allein ohne Beisitzer und ohne mündliche Verhandlung ergehen; bei Arbeitskämpfen werde diese Dringlichkeit in der Regel zu bejahen sein.[448] Dies führe dazu, dass im Zweifel ein junger Assessor mit „unbekümmerter Souveränität" ohne mündliche Verhandlung über die schwierigsten und umstrittensten Rechtsfragen des Arbeitskampfes entscheide.[449]

Reuß[450] kritisiert, dass es trotz der Bedeutung der Entscheidung auf einen vollen Beweis wegen der ausreichenden „Glaubhaftmachung" (§§ 936, 920 Abs. 2 ZPO) und des Vorlegens von eidesstattlichen Versicherungen nicht ankomme und lediglich aufgrund einseitigen Parteivortrages entschieden werden könne.

---

444 *Luckscheiter*, eR gegen Streiks, S. 136 f.

445 *Birk*, AuR 74, 289 (293).

446 *Hessel*, DB 67, 2071 (2072); ebenso *Reuß* in: FS 150 Jahre Carl Heymanns-Verlag, S. 253 (266 f.); vgl. auch *Steinbrück*, Streikposten und einstweiliger Rechtsschutz, S. 88.; *Walker*, ZfA 95, 185 (196) m.w.N; *Herschel*, Anmerkung zu LAG Hamburg v. 13.09.72, AR-Blattei, D, Zwangsvollstreckung, E 22.

447 *Hessel*, a.a.O; *Hromadka/Maschmann*, Arbeitsrecht Bd. 2, § 14 RN 1.

448 *Reuß* in: FS 150 Jahre Carl Heymanns-Verlag, S. 253 (267).

449 *Hessel*, a.a.O; *Reuß*, DB 65, 817 (819); *ders.*, AuR 72, 136 (147).

450 vgl. *Reuß*, a.a.O; ebenso kritisch *Isenhardt* in: FS Stahlhacke, S. 195 (201); *Walker*, ZfA 2005, 45 (47).

Auch *Korinth*[451] erkennt die Fehleranfälligkeit des Verfügungsverfahrens als Problem. Zurückzuführen sei diese zum einen auf den erheblichen Zeitdruck[452], unter dem das erkennende Gericht die Eilentscheidung zu treffen habe, zum anderen darauf, dass über den Antrag im Urteilsverfahren entschieden werde und daher der Beibringungsgrundsatz uneingeschränkt Geltung besitze.[453] In der Hektik des Arbeitskampfes sei aber die Gefahr eines unvollständigen Sachvortrages ungleich höher, als in einem sich über Monate hinziehenden Hauptsacheverfahren.[454]

Konsequenz

Ein untragbares Ergebnis soll hiernach nur dadurch verhindert werden können, indem man die Zulässigkeit der eV auf Fälle der „offensichtlichen Rechtswidrigkeit" beschränkt.[455] Von dieser sei dann auszugehen, wenn die Rechtswidrigkeit allein aufgrund einer eindeutigen Rechtsprechung des BAG festgestellt werden könne, wenn also keine rechtsfortbildenden Überlegungen angestellt werden müssten.[456]

Demnach können alle Tatbestände, die in Rechtsprechung und Schrifttum noch wesentlich umstritten sind, nicht als Begründung für eine einstweilige Verfügung herangezogen werden.

---

451 *Korinth*, eR im Arbeitsgerichtsverfahren, S. 311 RN 198; *Hoyer*, AiB 86, 243 (251) spricht gar von einer „völligen Überforderung" der Eilrichter.

452 *Walker*, ZfA 2005, 45 (47); *Henniges*, Einstweiliger Rechtsschutz gegen gewerkschaftliche Streiks?, S. 34 ff. Die Prüfung könne wegen des Zeitdrucks niemals gründlich sein. *Wank* regt an, nach dem Antrag auf Erlass der eV zunächst einen Termin für die mündliche Verhandlung anzusetzen. In der Zeit zwischen Antrag und Verhandlungstermin habe das Gericht etwas Zeit gewonnen, die Tatsachen und die Rechtsfolgen zu klären, RdA 09, 1 (9).

453 *Korinth*, eR im Arbeitsgerichtsverfahren, S. 311 RN 198.

454 *Korinth*, eR im Arbeitsgerichtsverfahren, S. 311 RN 198.

455 *Hessel*, DB 67, 2071 (2072); *Iliakopoulos*, Grenzen der Befriedigungsverfügung, S. 105; *Reuß* in: FS 150 Jahre Carl Heymanns-Verlag, S. 253 (268); *Korinth* sieht die offensichtliche Rechtswidrigkeit indes nicht als notwendig an, ausreichend sei eine Interessenabwägung, die umso intensiver auszufallen habe, je unsicherer sich die Rechtslage darstelle. (Ergebe die rechtliche Prüfung allerdings die eindeutige Rechtswidrigkeit der Streikmaßnahme, so sei für eine Interessenabwägung dann kein Raum); a.a.O, S. 311 RN 199 u. 201; a.A. *Iliakopoulos*, a.a.O, S. 105 a.E.

456 *Hessel*, DB 67, 2071 (2072).

Gegenargumente

Dass mitunter Schwierigkeiten bestehen, in einem summarischen Verfahren die Rechtswidrigkeit des Streiks festzustellen, liegt in der Natur der Sache. Dies darf aber nicht dazu führen, rechtswidrige Arbeitskämpfe zuzulassen oder die Offenkundigkeit der Rechtswidrigkeit als Erlassvoraussetzung zu fordern.[457] Dem Gesetz lässt sich eine solche Einschränkung nicht entnehmen.[458]

Der Richter ist im Verfahren der eV nicht der Pflicht enthoben, auch schwierige Rechtsfragen zu lösen.[459] Schwierige rechtliche Überlegungen sind keine Besonderheit im Verfahren der eV; Schwierigkeiten in der Tatfrage z.B. bei Unterhaltsansprüchen führen gar zu noch viel stärkeren Ungewissheiten, die dennoch die Übung einstweiligen Rechtsschutzes zulassen.[460] Der beschriebene „junge Assessor" darf eben nicht mit souveräner Unbekümmertheit entscheiden, sondern muss erst den Rat erfahrener Kollegen einholen.[461]

Zudem erweckt dieses Argument den Eindruck eines generellen Misstrauens an der fachlichen Qualifikation jüngerer Richter.[462] Das mangelnde Lebensalter muss keine Disqualifizierung sein.[463] Ein junger Richter darf nach dem Gerichtsverfassungsgesetz – trotz mangelnder Erfahrung – Entscheidungen treffen.[464]

Faupel[465] gibt zu bedenken, dass sich sichere Unterscheidungsmerkmale hinsichtlich der „Schwierigkeit" einer Rechtsfrage ohnehin nicht finden ließen.

Im Übrigen seien die im Schnellverfahren angegangenen Gerichte nirgendwo in anderen Rechtsgebieten in der Lage, die Entscheidung von der Schwierigkeit

---

457 *Brox*, JA 82, 221 (225); *Baur* in: Dunkl/Moeller/Baur/Feldmeier, Handbuch einstweiliger Rechtsschutz, B RN 208; *Faupel*, DB 71, 816 (820); *Grunsky* in: Stein/Jonas, ZPO, vor § 935 RN 72; *Wank*, RdA 09, 1 (10), dieser weist daraufhin, dass die oftmals vorbeugend eingereichten Schutzschriften eingesehen werden könnten und auf dieser Grundlage den Anforderungen an eine schnelle Entscheidung entsprochen werden könne, a.a.O. Siehe dazu auch 8.1.

458 *Dütz*, BB 80, 533; *Faupel*, DB 71, 816 (821); *Dütz/Thüsing*, Arbeitskampf, § 13 RN 799; *Baur* in: Dunkl/Moeller/Baur/Feldmeier, Handbuch einstweiliger Rechtsschutz, B RN 207.

459 *Brox*, JA 82, 221 (225); *Dütz*, a.a.O; *Germelmann* in: G/M/P/M-G, ArbGG, § 62 RN 113; *Grunsky* in: Stein/Jonas, ZPO, vor § 935 RN 72.

460 *Heckelmann*, AuR 70, 166 (177). Ergebnisse erbbiologischer Gutachten zur Vaterschaftsfrage könne der Richter niemals vorhersehen.

461 *Walker*, ZfA 95, 185 (196).

462 *Gattung*, Einstweiliger Rechtsschutz gegen Streiks?, S. 117.

463 *Luckscheiter*, eR gegen Streiks, S. 117.

464 *Luckscheiter*, eR gegen Streiks, S. 118.

465 in: DB 71, 816 (820).

der Rechtsfrage abhängig zu machen, noch nicht einmal bei Verfügungsverfahren betreffend der wahrhaft äußerst schwierigen Frage nach Verletzungen des Persönlichkeitsrechts oder im Bereich der Wettbewerbsverletzungen. Es sei auch in den anderen Rechtsgebieten noch niemand auf die Idee gekommen, eine eV nur in einfach gelagerten Fällen zu erlassen, nicht aber dann, wenn rechtlich komplizierte Überlegungen anzustellen sind.[466] Unabhängig davon, ob die Rechtswidrigkeitsproblematik einfach liegt oder kontroverseste Streitfragen geklärt werden müssen, ist ein Verfügungsanspruch entweder gegeben oder nicht gegeben.[467] Verwehrt man dem Betroffenen, einen rechtswidrigen Streik im Wege der Notwehr durch Aussperrung[468] mit dem Hinweis darauf abzuwehren, er könne gerichtliche Hilfe in Anspruch nehmen, so muss sich diese Hilfe dann aber auch als effektiv erweisen.[469] Einen effektiven und hinreichenden Schutz stellt es aber nicht dar, wenn der Rechtsuchende wegen der Schwierigkeit der aufkommenden Rechtsfragen auf die Anhängigmachung der Hauptsache verwiesen wird.[470] Angesichts der Schnelligkeit einer Arbeitskampfdurchführung und der tiefgreifenden Folgen ist eine Gerichtsentscheidung höchst eilbedürftig.

Faupel[471] räumt ein, dass eine eV aufgrund bloßer Glaubhaftmachung in der Tat eine Gefahr für die Richtigkeit der Entscheidung darstellen könne, dies insbesondere dann, wenn ohne Anhörung der Gegenseite entschieden werde. Dies ist aber kein prinzipielles Argument gegen den Erlass eVen im Arbeitskampf. Die beiden Punkte sind vielmehr ein allgemeines Problem eines jeden beschleunigten Verfahrens, das mit den gesetzlichen Mitteln zu lösen versucht werden muss.[472]

Auch hat der Gesetzgeber in § 945 ZPO die Gefahr einer falschen Entscheidung im Blick gehabt, wenn er der benachteiligten Partei bei Aufhebung der fälschlich ergangenen Entscheidung einen Schadensersatzanspruch zubilligt.[473]

---

466 *Faupel*, DB 71, 816 (821).

467 *Gattung*, Einstweiliger Rechtsschutz gegen Streiks?, S. 115; *Faupel*, DB 71, 816 (821).

468 *Korinth*, eR im Arbeitsgerichtsverfahren, S. 311 RN 201 mit Verweis auf *Walker*, eR im Zivilprozess, RN 723; *Brox*, JA 82, 221 (225).

469 *Brox*, JA 82, 221 (225); *Hromadka/Maschmann*, Arbeitsrecht, Bd. 2 § 14 RN 182; *Grunsky* in: Stein/Jonas, ZPO, vor § 916 RN 1.

470 *Brox*, JA 82, 221 (225).

471 in: DB 71, 816 (820).

472 in: DB 71, 816 (820).

473 *Faupel*, DB 71, 816 (820), *Heckelmann*, AuR 70, 166 (177). Dabei handelt es sich m.E. eher um ein theoretisches Argument. Die betroffene Gewerkschaft kann überhaupt keinen Schaden beklagen. Die Streikmaßnahmen werden nicht zur Durchsetzung bereits bestehender Rechte geführt, sondern dienen erst der Findung eines tariflichen Lohnanspruchs, der noch gar nicht besteht, vgl. *Hessel*, DB 67, 2071; *Grunsky* in:

Schließlich wird auf diese Weise der Anwendungsbereich der einstweiligen Verfügung auf ein Minimum eingedampft, denn wann gibt es denn schon Arbeitskämpfe, die offensichtlich oder evident rechtswidrig sind? Diese zeichnet sich doch seltenst vorher deutlich ab, sondern wird erst nach langwieriger und schwieriger Prüfung festgestellt[474] und daher eher die Ausnahme darstellen.[475]

5.1.2.3 Rechtsfortbildung[476]

Wegen der fehlenden gesetzlichen Regelungen i.S. eines Arbeitskampfgesetzes beinhalte eine richterliche Entscheidung im Arbeitskampfrecht zumeist ein „rechtsfortbildendes Element".[477]

Gleichzeitig sei das Eilverfahrens für die Rechtsfortbildung ungeeignet.[478] Zum einen gebe es im einstweiligen Verfahren nicht die Möglichkeit der Revision, zum

---

Stein/Jonas, ZPO, vor § 945 RN 71 m.w.N; *Birk*, AuR 74, 289 (294); *Otto* in: MüKo-ArbR, § 293 RN 27; *ders.*, Arbeitskampf- u. SchlichtungsR, § 19 RN 27; *Bertzbach* in: Däubler, Arbeitskampfrecht, § 24 RN 25; *Wolfer*, AiB 86, 81 (83); *Luckscheiter*, eR gegen Streiks, S. 119. Der Schadensnachweis dürfte daher kaum zu erbringen sein. Vgl. auch schon *Holzinger*, EVen gegen gewerkschaftliche Streiks, S. 67, *„Es dürfte einen exorbitanten Ausnahmefall darstellen, wenn es je einer Gewerkschaft gelingen sollte, diesen Nachweis zu erbringen"* [...], *„§ 945 erweist sich gegenüber dem Arbeitgeber als nahezu bedeutungslos"*, a.a.O. Zudem ist § 945 ZPO im Arbeitskampf sowieso ein problematisches Instrument, da gegen den sozialen Gegenspieler, auf dessen vertrauensvolle Zusammenarbeit man angewiesen ist, nur schwerlich vollstreckt werden kann. Zumeist werden die Koalitionsparteien Verzichtsklauseln bezüglich Schadensersatzansprüche vereinbart haben, *Luckscheiter*, a.a.O; *L/C/K*, Arbeitsrecht, RN 1133 m.w.N.

474 *Birk*, AuR 74, 289 (293).

475 *Iliakopoulos*, Grenzen der Befriedigungsverfügung, S. 107; *Birk*, AuR 74, 289 (293).

476 Die Frage nach der Zulässigkeit der Rechtsfortbildung ist in der Sache verbunden mit der Vorangegangen nach der „Schwierigkeit der zu lösenden Rechtsfrage". Die dortigen Argumente sind mitunter Bestandteil dieses Komplexes und werden z.T. auch in diesem Zusammenhang vorgetragen.

477 *Dorndorf* in: Dorndorf/Weiss, Warnstreiks und vorbeugender Rechtsschutz, S. 25. Materiell-rechtlich kann sich nämlich die Frage stellen, wie sich die Gewerkschaft bei unklarer Rechtslage verhalten soll. Bleibt sie untätig, vergibt sie evtl. die Chance auf eine Änderung der Rechtslage zu ihren Gunsten. Geht sie in den Streik, trägt sie das Risiko der falschen Einschätzung, *Wank*, RdA 09, 1 (10) anschaulich am Beispiel des Arbeitskampfes der GDL.

478 *Otto*, Arbeitskampf- u. SchlichtungsR, § 19 RN 27; *Reichold*, FA 08, 98; *Zeuner*, RdA 71, 1 (8); *Wank*, RdA 09, 1 (11); *Krause*, Jahrbuch des Arbeitsrechts, Bd. 45, 2008, 23 (35); *Wolfer*, AiB 86, 81 (84); *Steinbrück*, Streikposten und einstweiliger Rechtsschutz,

anderen komme es seltenst oder nahezu nie zur Durchführung eines Hauptverfahrens.[479] Der Schwerpunkt kampfrechtlicher Auseinandersetzungen werde vom Hauptsacheverfahren in den einstweiligen Rechtsschutz hineinverlagert, obgleich dies nicht der richtige Ort für die Aus- und Fortbildung des dem Richter faktisch überlassenen Arbeitskampfrechts ist.[480] Die Schnelligkeit des Verfahrens stehe zudem einer umfassenden Aufbereitung aller für die Bildung arbeitskampfrechtlicher Regeln maßgeblichen Gesichtspunkte entgegen. Daher könne der Erlass einer einstweiligen Verfügung nur zulässig sein, wenn sich eine Rechtsfortbildungsproblematik nicht stelle.[481]

Das Gebot effektiven Rechtsschutzes stehe dieser Einschränkung nicht entgegen. Da der Inhalt des Rechts gerade noch nicht feststehe, sondern vielfach erst festgelegt werden müsse, würde der Anspruch auf effektiven Rechtsschutz überdehnt, wenn man ihn dahingehend interpretiere, dass er auch Positionen einbeziehe, die überhaupt erst im Rahmen des summarischen Verfahrens entwickelt werden müssten.[482]

Auch *Henniges*[483] kommt zu dem Ergebnis, dass allein eine Verbannung der Richterrechtsbildung aus dem Bereich des präventiven Eilrechtsschutzes gegen gewerkschaftliche Streiks in Betracht kommen kann.

S. 89; *Dorndorf* in: Dorndorf/Weiss, Warnstreiks und vorbeugender Rechtsschutz, S. 26 ff., insb. S. 30. Er bezeichnet eine Befriedigungsverfügung, die sich auf Rechtsfortbildung im Eilverfahren begründet, als einen „*Schuss aus der Hüfte*", a.a.O. S. 29.

479 *Luckscheiter*, eR gegen Streiks, S. 9; *Dorndorf* in: Dorndorf/Weiss, Warnstreiks und vorbeugender Rechtsschutz, S. 24 ff.

480 *Otto*, Arbeitskampf- und SchlichtungsR, § 19 RN 27.

481 *Luckscheiter*, eR gegen Streiks, S. 9; *Dorndorf* in: Dorndorf/Weiss, Warnstreiks und vorbeugender Rechtsschutz, S. 30 unten, 56 und ausführlich S. 24 ff.; *Henniges*, Einstweiliger Rechtsschutz gegen gewerkschaftliche Streiks?, S. 7, 62; *Krause*, Jahrbuch des Arbeitsrechts, Bd. 45, 2008, 23 (36, 45); *Reichold* in: FS Buchner, S. 726; *Hergenröder* in: H/W/K, Art. 9 GG RN 352; *Wank*, RdA 09, 1 (11); *Jacobs*, NZA 08, 325 (332); *Otto*, Arbeitskampf- und SchlichtungsR, § 19 RN 31; *Dieterich* in: ErfK, Art. 9 GG RN 229 m.w.N; aus der Rspr.: LAG Rheinland-Pfalz v. 23.02.2006 – 11 Sa 841/05; LAG Niedersachsen v. 02.06.2004 – 7 Sa 819/04, beide juris-online.

482 *Krause*, Jahrbuch des Arbeitsrechts, Bd. 45, 2008, 23 (36), führt aber einschränkend an, dass nicht jeder gerichtlichen Entscheidung ein rechtsfortbildender Charakter zugesprochen werden dürfe und somit ein Streikverbot durch eV praktisch gänzlich ausscheide. Es gebe Konstellationen, die höchstrichterlich so umfassend geklärt seien, dass es keiner neuen Regelbildung, sondern lediglich einer Regelanwendung bedürfe, a.a.O. mit Beispielen für Regelbildung und Regelanwendung.

483 *Henniges*, Einstweiliger Rechtsschutz gegen gewerkschaftliche Streiks?, S. 61 f.

Im Bereich des präventiven Rechtsschutzes drohten den gewerkschaftlichen Entwicklungs- und Rechtfortbildungskompetenzen größere Gefahren als bei einer gerichtlichen ex-post-Kontrolle in einem späteren Schadensersatzprozess. In diesem Fall könne die Gewerkschaft rein faktisch den rechtlich umstrittenen Streik zunächst führen. Das Streikgeschehen mit allen dadurch ausgelösten öffentlichen und wissenschaftlichen Diskussionen könne berücksichtigt und als Variable in den Rechtsbildungsvorgang einfließen. Die Rechtfertigungsfähigkeit der Entscheidung nehme zu. Die Gewerkschaft könne immer wieder ihren Handlungsspielraum ausloten und in rechtliche „Grauzonen“[484] vordringen.

Heinze[485] denkt an, dass für den Fall der Rechtsfortbildung die eV gegen Arbeitskämpfe nur als zulässig anzusehen sein könnte, wenn der Richter von Amts wegen eine Frist zur Klageerhebung in der Hauptsache gem. § 926 ZPO setze. Das materielle Recht dürfe im Rahmen des eR nicht ergänzt oder gar „verbessert“ werden, da der eR ausschließlich auf die Sicherung der prozessualen Rechtsstellung, die Offenhaltung der Entscheidungsfähigkeit des Hauptsacheverfahrens einschließlich dessen Haftungsrealisierung gerichtet sei.

Konsequenz

Nach *Dorndorf*[486] soll im Arbeitskampf eine eV nur in Ausnahmefällen zugelassen sein, in denen sich ausnahmsweise die Problematik der Rechtsfortbildung offensichtlich nicht stelle[487] oder die Versagung einer eV ganz besondere Schäden verursache.

Nach anderen Autoren sei der anzuwendende Prüfungsmaßstab hier ebenfalls auf eine „offensichtliche Rechtswidrigkeit“[488] des Streiks für den Erlass der

---

484 Dazu sogleich 5.1.2.4.

485 *Heinze*, RdA 86, 273 (284); *ders.* in: FS Zeuner, S. 374.

486 *Dorndorf* in: Dorndorf/Weiss, Warnstreiks und vorbeugender Rechtsschutz, S. 30 unten.

487 So auch *Jacobs*, NZA 08, 325 (332).

488 *Dieterich* in: ErfK, Art. 9 GG RN 229; *Zeuner*, RdA 71, 1 (7); *Bertzbach* in: Däubler, Arbeitskampfrecht, § 24 RN 21; *Hessel*, DB 67, 2071 (2072). „Offensichtliche Rechtswidrigkeit“ verlangen auch: LAG Köln, Beschl. v. 19.03.2007 - 12 Ta 41/07; Sächsisches LAG v. 02.11.07 - 7 SaGa 19/07 = NZA 08, 59; *Däubler*, Arbeitsrecht 1, RN 643; *Jacobs*, NZA 08, 325 (332). Ein Teil der Rspr. und Literatur geht hingegen davon aus, dass eine „einfache“ Rechtswidrigkeit ausreichen soll: z.B. *Germelmann* in: G/M/P/M-G, ArbGG, § 62 RN 113; *Otto*, Arbeitskampf- und Schlichtungsrecht, § 19 RN 31; *Dunkl* in: Dunkl/Moeller/Baur/Feldmeier, Handbuch einstweiliger Rechtsschutz, B 208 m.w.N; *Kissel*, Arbeitskampfrecht, § 65 RN 26 f.

begehrten Verfügung ausgelegt.[489] Dafür spreche, dass das Streikrecht durch Art. 9 GG gewährleistet werde und sichergestellt werden müsse, dass keine irreparablen Grundrechtsverletzungen einträten, sowie die Feststellung des BAG, dass eine generelle Vermutung für die Rechtmäßigkeit des gewerkschaftlichen Streiks spreche.[490] Für diese Auffassung spreche zudem auch die verminderte Richtigkeitsgarantie des Eilverfahrens.[491]

Gegenargumente

Es gibt kein Rechtsfortbildungsverbot für das Verfahren des einstweiligen Rechtsschutzes.[492] Man kämpft auf dem falschen Feld, wenn man die im materiellen Recht h.M. über die Rechtswidrigkeit von Arbeitskämpfen vom Verfahrensrecht her korrigieren will.[493] Mag man die Berechtigung der Korrekturwünsche anerkennen, sie müssen aber im materiellen Recht angebracht werden.[494] Es besteht keine Notwendigkeit, den vorläufigen Rechtsschutz auf die Fälle der offensichtlichen Rechtswidrigkeit einer Streikmaßnahme zu begrenzen. Dies würde es ausschließen, eine eV zu erlassen, wenn hinsichtlich einer besonderen Streikform unterschiedliche Auffassungen vertreten werden und sich eine höchstrichterliche Rechtsprechung noch nicht herausgebildet hat.[495] Ein effektiver Rechtsschutz muss daher die Möglichkeit haben, auch auf solche neuen Formen des Arbeitskampfes zu reagieren.[496]

Die Notwendigkeit der Rechtsfortbildung im Arbeitskampfrecht rechtfertigt keine grundsätzliche Einschränkung. Das Interesse der Parteien an einem effektiven Rechtsschutz muss nicht hinter dem ihnen selbst und der Allgemeinheit zugutekommenden Ziel einer einheitlichen Rechtsprechung zurückstehen.[497] Dies gilt auch dann, wenn über bisher nicht geklärte Rechtsfragen zu entscheiden ist.[498]

---

489 Dazu schon Problemkreis 5.1.2.2.: „Schwierigkeit der zu lösenden Rechtsfragen"; *Bertzbach* in: Däubler, Arbeitskampfrecht, § 24 RN 21; *Hessel*, DB 67, 2071 (2072).

490 BAG v. 19.06.73 - 1 AZR 521/72 - AP Nr. 47 zu Art. 9 GG Arbeitskampf.

491 *Bertzbach* in: Däubler, Arbeitskampfrecht, § 24 RN 21. Dazu bereits der Problemkreis 5.1.2.2.: „Schwierigkeit der zu lösenden Rechtsfragen".

492 *Grunsky* in: Stein/Jonas, ZPO, vor § 935 RN 72.

493 *Grunsky* in: Stein/Jonas, ZPO, vor § 935 RN 72; *Dütz*, BB 80, 533.

494 *Grunsky* in: Stein/Jonas, ZPO, vor § 935 RN 72; *Wank*, RdA 09, 1 (11); *Germelmann* in: G/M/P/M-G, ArbGG, § 62 RN 92; *Reichold*, FA 08, 98 (100); *Otto*, Arbeitskampf- u. SchlichtungsR, § 19 RN 31.

495 *Hergenröder* in: H/W/K, Art. 9 GG RN 352; *Otto* in: MüKo-ArbR, § 293 RN 31.

496 *Korinth*, eR im Arbeitsgerichtsverfahren, S. 310 RN 195.

497 *Walker*, ZfA 95, 185 (193).

498 *Walker*, a.a.O, *ders.*, eR im Zivilprozess, RN 717.

Der Ansatz *Heinze's* ist nicht gesetzeskonform. § 926 ZPO enthält nur die Option, nicht die Pflicht, das Hauptsacheverfahren anzuschieben. Der Schuldner kann nicht dazu gedrängt werden, diese Option auch zu ziehen. Will der Schuldner den Antrag auf Klageerhebung nicht stellen, so muss dies respektiert werden.[499]

Einigkeit besteht indes wohl darüber, dass im Eilverfahren eine Abweichung von einer bereits bestehenden höchstrichterlichen Rspr. zum Nachteil der streikführenden Gewerkschaft unzulässig sein muss.[500] Gegen eine Abweichung spricht vor allem das aus dem Rechtsstaatsprinzip abgeleitete Vertrauensschutzgebot, so dass es nicht möglich ist, Arbeitskampfmaßnahmen im Wege der eV im Vorgriff auf eine erwartete Änderung der Rspr. des BAG zu untersagen.[501]

Da selbst bei Änderungen der höchstrichterlichen Rechtsprechung ein gewisser Vertrauensschutz geboten ist, muss dies erst recht gegenüber Entscheidungen von Instanzgerichten im summarischen Verfahren gelten.[502]

5.1.2.4 Grenzinitiativen/Institutionenschutz[503]

Teilweise wird auch darauf abgestellt, dass die Gewerkschaften bei ihrer Aufgabe, die Arbeits- und Wirtschaftsbedingungen ihrer Mitglieder zu fördern, mitunter rechtlich nicht abgesichertes Neuland betreten müssten.[504]

---

499 *Luckscheiter*, eR gegen Streiks, S. 126 f.

500 *Krause*, Jahrbuch des Arbeitsrechts, Bd. 45, 2008, 23 (35); *Kentner*, Arbeitskampfmittel der Arbeitgeber, S. 240 m.w.N; *Germelmann* in: G/M/P/M-G, ArbGG, § 62 RN 114; *Walker*, ZfA 95, 185 (193 f.); *Löwisch/Rieble* in: Löwisch, Schlichtungs- u. ArbeitskampfR, RN 114 b; LAG Hamm v. 19.04.1984 – 8 Sa 702/84 = NZA 84, 130; a.A. *Henniges*, Einstweiliger Rechtsschutz gegen gewerkschaftliche Streiks?, S. 62 f. Danach mache es keinen Unterschied, ob sich der Streik im Bereich höchstrichterlich noch ungeklärter Rechtsfragen bewege, oder im Widerspruch zu einer – bisher - gefestigten höchstrichterlichen Rechtsprechung stehe. Eine andere Auffassung verkenne den rechtsquellentheoretischen Charakter (Erläuterung a.a.O., S. 54 ff.) des Richterrechts, a.a.O, S. 71, dort FN 155.

501 *Löwisch/Rieble* in: Löwisch, Schlichtungs- u. ArbeitskampfR, RN 114 a/b; *Germelmann* in: G/M/P/M-G, ArbGG, § 62 RN 114; *Walker*, ZfA 95, 185 (193 f.); *Krause*, Jahrbuch des Arbeitsrechts, Bd. 45, 2008, 23 (35).

502 *Krause*, Jahrbuch des Arbeitsrechts, Bd. 45, 2008, 23 (35).

503 Auch dieser Bereich lässt sich dogmatisch nicht völlig von dem Bereich der Rechtsfortbildung trennen. Wer „rechtlich nicht abgesichertes Neuland" betritt, wird zugleich denknotwendig oftmals Rechtsfortbildung anstoßen.

504 *Jacobs*, NZA 08, 325 (332); *Hergenröder* in: H/W/K, Art. 9 GG RN 352. Es geht darum, dass die Gewerkschaften neuartige Leistungen fordern, deren rechtliche Zulässigkeit noch nicht geklärt ist, *Piehler*, eR und materielles Recht, S. 252.

Solche tarifvertraglichen Grenzinitiativen dürften den Gewerkschaften nicht im summarischen Verfahren der eV von vornherein aus der Hand geschlagen werden.[505] Denn die Arbeitskampffreiheit umfasse dieses Recht, sich bei Kampfzielen und Kampftaktiken in rechtlichen „Grauzonen" zu bewegen.[506] Bei einem vorbehaltlosen Erlass von eVen sei dann das Risiko hoch, dass ein sich noch im Rahmen des Art. 9 III GG bewegender Streik verboten werde.

Ein rigider eR liefe also Gefahr, die von Art. 9 III GG geschützte Kampfbetätigung einzuschränken und die Gewerkschaft auf eine Zone richterlich abgesegneter Tarifgestaltung und Kampfbetätigung zurückzudrängen.[507] Dies stelle eine äußerst bedenkliche Grundrechtsbeeinträchtigung dar und stehe im Widerspruch zu der vom BAG[508] entwickelten Vermutung, die für die generelle Rechtmäßigkeit gewerkschaftlich organisierter Arbeitsniederlegungen streite.[509] Ähnlich argumentiert *Krause*[510]. Er knüpft an verfassungsrechtliche Vorgaben für einstweilige Streikverbote an und warnt: Die staatliche Rechtsordnung dürfe das Arbeitskampfrecht nicht derart ausgestalten, dass Streiks zu einem unkalkulierbaren Risiko würden, weil dadurch die Funktion der Tarifautonomie ausgehöhlt werde. Zu den Aufgaben der Gewerkschaften gehöre es anerkannter Weise, tarifpolitisches Neuland zu betreten, um auf veränderte wirtschaftliche und soziale Herausforderungen zu reagieren. Dieser Aufgabe könnten die Gewerkschaften nicht gerecht werden, wenn jedes Abweichen von bekannten und ausgetretenen Pfaden sogleich mit erheblichen Haftungsrisiken behaftet wäre. Der einstweilige Rechtsschutz gegen Streiks dürfe nicht in einer Weise gehandhabt werden, die in ernsten Gefährdungen der Gewerkschaftsfähigkeiten münde, Arbeitskämpfe in Grenzbereichen zu führen. Dies wäre dann der Fall, wenn ein Streik für die

505 *Löwisch/Krauß* in: Löwisch, Schlichtungs- u. ArbeitskampfR, RN 1037; *Piehler*, eR und materielles Recht, S. 252 f.; ähnl. auch *Löwisch*, Anm. zu LAG Baden-Württemberg, Urt. v. 08.08.73 – 4 Sa 29/73 = AR-Blattei D, Arbeitskampf IV, Boykott, Sperre, E 1, (AuR 74, 316 ff.); *ders.*, RdA 82, 73 (84).

506 *Henniges*, Einstweiliger Rechtsschutz gegen gewerkschaftliche Streiks?, S. 7; *Scholz/Konzen*, Die Aussperrung im System von Arbeitsverfassung und kollektivem Arbeitsrecht, S. 229 f.; *Steinbrück*, Streikposten und einstweiliger Rechtsschutz, S. 89.

507 *Scholz/Konzen*, Die Aussperrung, S. 230; *Henniges*, Einstweiliger Rechtsschutz gegen gewerkschaftliche Streiks?, S. 7.

508 Urt. v. 19.06.73 – 1 AZR 521/73 – AP Nr. 47 zu Art. 9 GG Arbeitskampf = BAGE 25, 226.

509 *Steinbrück*, Streikposten und einstweiliger Rechtsschutz, S. 89; *Däubler*, Arbeitsrecht 1, S. 328 f.; *Scholz/Konzen*, Die Aussperrung im System von Arbeitsverfassung und kollektivem Arbeitsrecht, S. 229 f.

510 *Krause*, Jahrbuch des Arbeitsrechts, Bd. 45, 2008, 23 (32 f.).

typischerweise in der Angreiferrolle befindliche Gewerkschaft nicht mehr planbar sei, sondern zum unkalkulierbaren Risiko werde, weil der Eilrichter das aufwendig in Gang gesetzte Kampfgeschehen unvorhersehbar torpedieren könnte. Dies tangiere die verfassungsrechtlich garantierte Arbeitskampffreiheit. Daher dürfe der Eilrechtsschutz die Freiheit zum Ergreifen von Grenzinitiativen nicht abschneiden. Die Gerichte dürften mit dem summarischen Verfahren nicht so umgehen, dass die Gewerkschaften wegen der mit einem Streikverbot verbundenen Entwertung ihrer vorbereitenden Organisationsleistung von vornherein davon abgeschreckt würden, in diese Grauzone vorzudringen und sie zu erhellen. Diese Auffassung komme auch in dem Urteil des BAG[511] zum Ausdruck, wenn es eine Schadensersatzpflicht der Gewerkschaft verneint, wenn sie einen letztlich als rechtswidrig qualifizierten Streik zur Durchsetzung einer neuartigen tariflichen Regelung führe, deren rechtliche Zulässigkeit noch nicht höchstrichterlich geklärt sei.

Konsequenz
Im Ergebnis muss nach *Scholz/Konzen*[512] die Zulässigkeit des einstweiligen Rechtsschutzes auf die Fälle „offensichtlicher Rechtswidrigkeit“ beschränkt bleiben, um Grenzinitiativen der Gewerkschaften nicht vorzeitig abzuschneiden.

Institutionenschutz
Piehler[513] verfolgt einen anderen Ansatz. Seiner Auffassung nach sei das Arbeitskampfrecht als Institution, als System von Spielregeln zur Regulierung von Gesamtstreitigkeiten verstehen.[514] Nicht der Schutz des Einzelnen, sondern die Durchsetzung der Normen im Interesse der Allgemeinheit stünde im Vordergrund. Dazu sei die eV am besten geeignet. Da der Arbeitskampf grundsätzlich unerwünscht sei, bestehe ein allgemeines Interesse daran, dass sich der Arbeitskampf innerhalb der gezogenen Grenzen halte.[515] Dies spreche dafür, die Notwendigkeit (also den Verfügungsgrund) der eV stets zu bejahen.[516] Da

---

511 BAG v. 21.03.1978 - 1 AZR 11/76 - AP Nr. 62 zu Art. 9 GG Arbeitskampf = NJW 78, 2114; best. durch BAG v. 10.12.2002 - 1 AZR 96/02 - AP Nr. 162 zu Art. 9 GG Arbeitskampf.

512 *Scholz/Konzen*, Die Aussperrung, S. 230; auch *Jacobs*, NZA 08, 325 (332).

513 *Piehler*, eR und materielles Recht, S. 248 ff.

514 *Piehler*, a.a.O, S. 251; vgl. auch *Steinbrück*, Streikposten und einstweiliger Rechtsschutz, S. 87.

515 *Piehler*, a.a.O, S. 249.

516 *Piehler*, a.a.O, S. 254. Er geht demnach davon aus, dass lediglich der Verfügungsanspruch zu prüfen sei, nicht aber der Verfügungsgrund. („Notwendigkeit stets zu

allerdings die Gefahr bestehe, den Gewerkschaften Grenzinitiativen (s.o.) abzuschneiden, wäre es als Kompromiss nötig, den Erlass auf Ausnahmefälle zu beschränken.[517]

Konsequenz
Die Notwendigkeit des Verfügungserlasses aus den Gedanken des Institutionenschutzes sei in den Fällen zu bejahen, in denen die Grenzen durch gefestigte Regeln oder aber durch Tarifvertrag bereits abgesteckt seien. *Piehler* will also dann, wenn die Spielregeln feststehen, die eV unabhängig von einer Interessenabwägung erlassen, weil der Eilrechtsschutz das wirksamste Instrument zur Einhaltung der als Rechtsinstitution verstandenen Arbeitskampfordnung sei.[518] In allen anderen Fällen solle die Eilmaßnahme nur ergehen, wenn dies zur Abwehr von Nachteilen notwendig sei, die erheblich über die normalerweise mit Arbeitskämpfen verbundenen Schäden hinausgingen.[519]

Gegenargumente
Das durchaus berechtigte Argument der „Grenzinitiativen" darf im Ergebnis nicht dazu führen, eine vom Verfügungsgericht als rechtswidrig eingestufte Maßnahme nicht verbieten zu dürfen.

Löwisch/Krauß[520] erteilen jeglichen einschränkenden Tendenzen einschließlich der „Grenzinitiativen" unter dem Hinweise der „Schaffung irreversibler Verhältnisse" eine Absage. Das BAG habe in seiner Entscheidung vom 21.03.1978[521] die Auffassung, der Rechtsirrtum einer Gewerkschaft über die Zulässigkeit eines Tarifzieles sei nicht verschuldet, wenn dafür beachtliche Gründe sprächen und eine endgültige Klärung der Rechtslage vorderhand nicht zu erreichen wäre, ausdrücklich mit dem Hinweis versehen, dass die Arbeitgeberseite einem rechtswidrigen Streik mit einer Unterlassungsklage begegnen und „durch Beantragung einer eV

---

bejahen"); a.A. *Iliakopoulos*, Grenzen der Befriedigungsverfügung, S. 104. Es erscheine nicht richtig, den Erlass von e.V. gegen Streiks dadurch zu erleichtern, dass man auf die Prüfung des Verfügungsgrundes verzichtet, bzw. das Vorliegen immer bejahe.

517 *Piehler*, a.a.O, S. 254, 257.

518 *Piehler*, a.a.O, S. 255; *Henniges*, Einstweiliger Rechtsschutz gegen gewerkschaftliche Streiks?, S. 5 f., 75.

519 *Piehler*, a.a.O, S. 255, 257; *Steinbrück*, Streikposten und einstweiliger Rechtsschutz, S. 88.

520 in: Schlichtungs- und ArbeitskampfR, RN 1038.

521 BAG v. 21.03.1978 - 1 AZR 11/76 - AP Nr. 62 zu Art. 9 GG Arbeitskampf = NJW 78, 2114.

nach § 940 ZPO eine Aussetzung des Arbeitskampfes" erreichen könne. Diese Entscheidung sei als klare Absage an Einschränkungstendenzen zu werten. Ein Verfügungsgrund sei vielmehr dann gegeben, wenn nach der Überzeugung des über den Antrag entscheidenden Gerichts der streitige Unterlassungsanspruch bestehe.

Henniges[522] kritisiert, dass die These vom institutionellen Charakter des Arbeitskampfrechtes von *Piehler*[523] nicht belegt werde. Dieser führe lediglich die besondere Effektivität der eV im Zusammenhang mit der Einhaltung rechtlicher Vorschriften an.

Daraus lasse sich aber nicht auf den institutionellen Charakter der Vorschrift schließen. Dem Arbeitskampfrecht in seiner Ausformung als Richterrecht institutionellen Charakter zusprechen zu wollen, widerspreche rechtsquellentheoretischen Überlegungen, weil es Verbindlichkeit und Stabilität voraussetze. Das Arbeitskampfrecht habe aber ganz im Gegenteil autonomen und dynamischen Charakter.

Dorndorf[524] wendet ein, dass die Vernachlässigung des Verfügungsgrundes und die alleinige Prüfung des Verfügungsanspruches bei *Piehler* gestützt auf den Gedanken des Institutionenschutzes einen Schwachpunkt hätten: Die Annahme, dass bei Feststellung einer Verletzung der „Spielregeln" der „Institution Arbeitskampfrecht" der Erlass einer eV zum Schutze dieser Regeln sinnvoll sei, bedenke nicht, dass diese mit den üblichen Richtigkeitsgarantien versehene Feststellung im Eilverfahren des Arbeitskampfes typischerweise nicht zu erreichen sei. Daher bedürfe es gerade einer besonderen Regel, nach welcher die Nachteile abzuwägen seien, nämlich des Verfügungsgrundes, welchen *Piehler* gerade nicht prüfen wolle.

5.1.2.5 Einschränkung analog § 32 BVerfGG

Herschel[525] denkt an, die einstweilige Verfügung im Arbeitskampf an den engen Grenzen des § 32 BVerfGG auszurichten und einen Erlass nur zu befürworten, wenn es zur Abwendung **schwerer** Nachteile, zur Verhinderung drohender Gewalt oder einem ähnlich gewichtigen Grund unter Aspekten des Gemeinwohls **dringend** erforderlich sei. Auch im Rahmen von Arbeitskampfverfügungen sei mitunter eine Auslegung des Grundgesetzes nötig, weshalb eine Annäherung an die Prüfungstechnik des Bundesverfassungsgerichts gerechtfertigt sein könnte.

---

522 *Henniges*, Einstweiliger Rechtsschutz gegen gewerkschaftliche Streiks?, S. 75.

523 *Piehler*, eR und materielles Recht, S. 248 ff.

524 *Dorndorf* in: Dorndorf/Weiss, Warnstreiks und vorbeugender Rechtsschutz, S. 45 mit Verweis auf die Argumentation gegen *Grunskys* Auffassung auf S. 32; ähnl. *Iliakopoulos*, Grenzen der Befriedigungsverfügung, S. 104.

525 Anm. zu LAG Hamm, AR-Blattei D Zwangsvollstreckung E 38.

Auch *Reichold*[526] sieht Vorzüge eines solchen „folgenorientierten Abwägungsmodells“ auf Grundlage der verfassungsrechtlichen Parallelregelung des § 32 BVerfGG.

Konsequenz
Der Erlass einer einstweiligen Verfügung ist danach nur bei Überwindung hoher Voraussetzungen – schwere Nachteile, einstweilige Anordnung dringend geboten – möglich. Bei Vorwegnahme der Hauptsache sei größte Zurückhaltung angezeigt. Eine Ausnahme sei dann möglich, wenn ein irreparabler Schaden drohe. Dann sei im Wege einer summarischen Prüfung nach folgender Formel abzuwägen: Gegeneinander abzuwägen sei, welche Nachteile einerseits der Antragsteller bei Nichterlass zu erleiden habe – sollte sich hinterher seine Rechtsposition als zutreffend herausstellen – und andererseits, welche Nachteile der Erlass dem Antragsgegner zugefügt haben würde, sofern dieser in der Hauptsache reüssiere.[527] Im Zweifel sei bei einer drohenden Vorwegnahme der Hauptsache mit essentieller Grundrechtsrelevanz die Anordnung abzulehnen.[528]

Gegenargumente
Das Verlangen nach einem derart schwerwiegenden Nachteil ist nicht angezeigt. Im Gegensatz zum Verfahren vor dem BVerfG (Rechtswegerschöpfung) fehlt dem Antragsteller der dort bereits durchlaufene Instanzenzug: Das BVerfG entscheidet i.d.R. erst nach mindestens zwei vorangegangenen Verfahren.[529] Der Antragsteller hat nicht wie bei der Verfassungsbeschwerde die Möglichkeit, zuvor Gerichtsschutz zu erlangen. Die Kampfverfügung ist seine erste „Chance“ auf Rechtsschutz.[530] Da erscheint es unverhältnismäßig, die strengen Voraussetzungen des verfassungsgerichtlichen Eilverfahrens auf Arbeitskampfstreitigkeiten zu übertragen.

Im Übrigen fragt sich ohnehin, ob die Voraussetzungen des § 32 BVerfGG überhaupt wesentlich strenger sind, als die des § 940 ZPO. Der Gesetzestext ist nicht

526 FA 08, 98 (99); *ders.* in: FS Buchner, S. 724.
527 *Reichold*, FA 08, 98 (99); *ders.* in: FS Buchner, S. 724 f. Diese doppelte Hypothesenbildung setze naturgemäß einen offenen Ausgang der ersten Prüfungsstufe – dem Verfügungsanspruch – voraus. Scheitere die vorgeschaltete materiell-rechtliche Prüfung, erübrigten sich alle Folgeerwägungen, a.a.O. Vgl. auch bereits *Leipold*, Grundlagen, S. 53 u. 94 ff.
528 *Reichold*, FA 08, 98 (99); *ders.* in: FS Buchner, S. 724.
529 *Luckscheiter*, eR gegen Streiks, S. 123.
530 *Luckscheiter*, eR gegen Streiks, S. 123.

weit voneinander entfernt. Die engen Grenzen des § 32 BVerfGG sind zudem Produkt der Karlsruher Rechtsprechung, der naturgemäß mehr Aufmerksamkeit und höheres Gewicht zukommt als den Instanzgerichten der Arbeitsgerichtsbarkeit.

5.1.3 Generelle Statthaftigkeit

Die wohl h.M. wendet auf den Erlass einstweiliger Streikverbote die allgemeinen Voraussetzungen an. Den eVen im Arbeitskampf wird keine Sonderstellung im Vergleich mit denjenigen auf anderen Rechtsgebieten eingeräumt.[531] § 62 Abs. 2 ArbGG bestimme die Zulässigkeit von eVen. Dies gelte auch für solche im Arbeitskampf.[532] Da dem Gesetzgeber bei Erlass des ArbGG die Problematik, ob Streiks durch eVen verboten werden können, bekannt war und er dennoch keine Einschränkungen bezogen auf Verfügungen im Arbeitskampf vorgenommen hat, lasse darauf schließen, dass derartige Verfügungen nicht generell ausgeschlossen sein sollten.[533] Es wäre schlechterdings auch unerträglich, wenn selbst bei äußerster Unrechtmäßigkeit oder akuter Existenzbedrohung kein wirksamer Schutz gegen einen rechtswidrigen Arbeitskampf erreichbar wäre.[534]

Ein besonderes „Arbeitskampfverfügungsrecht“ sei nicht anzuerkennen.[535] Es gelte nichts anderes als sonst bei Leistungsverfügungen.[536] Zwar würden mit einer einstweiligen Verfügung auf Unterlassung – den Streik nicht zu beginnen

---

531 z.B.: *Walker*, eR im Zivilprozess, RN 715 ff.; *ders.*, ZfA 2005, 45 (78); *Krause*, Jahrbuch des Arbeitsrechts, Bd. 45, 2008, 23 (31 dort FN 62) m.w.N. auch aus der Rspr.; *Hromadka/Maschmann*, Arbeitsrecht Bd. 2, § 14 RN 181; *Germelmann* in: G/M/P/M-G, ArbGG, § 62 RN 113; *Jacobs* in: Münchener Handbuch zum Arbeitsrecht, § 346 RN 19; *Grunsky* in: Stein/Jonas, ZPO, vor § 935 ZPO RN 70 ff.; *ders.*, RdA 86, 196 (201); *Schuschke* in: Schuschke/Walker, Vollstreckung und vorläufiger Rechtsschutz, Vorb. zu § 935 RN 131; *Vossen* in: GK-ArbGG, § 62 RN 81; *Walker* in: Schwab/Weth, ArbGG, § 62 RN 142; weitere Nachweise bei *Henniges*, Einstweiliger Rechtsschutz gegen gewerkschaftliche Streiks?, S. 4 FN 7.

532 *Isenhardt* in: FS Stahlhacke, S. 195 (201); LAG Hamm v. 19.04.1984 – 8 Sa 702/84 = NZA 84, 130; *Kissel*, Arbeitskampfrecht, § 65 RN 9.

533 *Brox*, JA 82, 221 (225); *Zeuner*, RdA 71, 1 (8); *Löwisch/Krauß* in: Löwisch, Schlichtungs- u. ArbeitskampfR, RN 1036.

534 *Zeuner*, RdA 71, 1 (8).

535 *Grunsky*, RdA 86, 196 (201); zust. *Germelmann* in: G/M/P/M-G, ArbGG, § 62 RN 113; *Walker* in: Schwab/Weth, ArbGG, § 62 RN 168 m.w.N; *Walker*, ZfA 95, 185 (195); aus d. Rspr.: BAG v. 21.03.1978 – 1 AZR 11/76 – AP Nr. 62 zu Art. 9 GG Arbeitskampf = NJW 78, 2114; LAG Sachsen v. 02.11.2007 – 7 SaGa 19/07 = NZA 2008, 59 (61); LAG Hamm v. 08.08.1985 – 8 Sa 1498/85 = NZA 85, 743 f.

536 *Brox*, JA 82, 221 (225).

oder fortzuführen – bis zu ihrer Aufhebung endgültige Verhältnisse geschaffen, das geschehe aber auch sonst bei anderen zeitgebundenen Ansprüchen.[537] Einschränkenden Tendenzen könne nicht gefolgt werden. Bei unmittelbar drohenden Kampfmaßnahmen sei der Anspruch auf Unterlassung derart zeitgebunden, dass sowohl das Handlungsverbot als auch seine Ablehnung irreversible Verhältnisse schafften.[538]

Konsequenz

Nach dieser Ansicht sind die Maßstäbe der eV bei Befriedigungsverfügungen anzuwenden, wie sie auf anderen Rechtsgebieten herausgearbeitet worden sind.[539] Deshalb sei ein Verfügungsgrund gegeben, wenn nach der Überzeugung des über den Antrag entscheidenden Gerichts der streitige Unterlassungsanspruch bestehe.[540] Auf andere Weise könne der durch das Rechtsstaatsprinzip verbürgte Rechtsschutz des Antragstellers überhaupt nicht verwirklicht werden.[541] An die Glaubhaftmachung des Verfügungsgrundes seien dabei – wie sonst auch bei Leistungsverfügungen – strenge Anforderungen zu stellen.[542] Die Tatsachenlage sei genauer als sonst mit der größtmöglichen Sorgfalt zu prüfen.[543]

Ob ein Verfügungsgrund vorliege – Regelung zur Abwehr wesentlicher Nachteile – könne nur durch eine Interessenabwägung festgestellt werden.[544] Eine derartige Interessenabwägung sei zwar nicht erforderlich bei einer Sicherungsverfügung, weil dort lediglich Sicherungsmaßnahmen und kein endgültiger Rechtsverlust in Rede stehe, hingegen unverzichtbar bei der Leistungs- oder Befriedigungsverfügung, weil hier wegen der endgültigen Rechtsdurchsetzung

537 *Hromadka/Maschmann*, Arbeitsrecht Bd. 2, § 14 RN 182; *Grunsky*, RdA 86, 196 (202).

538 *Baur* in: Dunkl/Moeller/Baur/Feldmeier, Handbuch einstweiliger Rechtsschutz, B RN 241.

539 Auch sonst gilt: strenge Prüfung von Verfügungsanspruch und Verfügungsgrund, Glaubhaftmachung derer und Durchführung einer Interessenabwägung.

540 *Baur* in: Dunkl/Moeller/Baur/Feldmeier, Handbuch einstweiliger Rechtsschutz, B RN 241 m. etlichen w.N.

541 *Löwisch/Krauß* in: Löwisch, Schlichtungs- u. ArbeitskampfR, RN 1038 m.w.N.

542 *Brox*, JA 82, 221 (225); *Dütz*, BB 80, 533 (537 m.w.N.).

543 *Dütz*, BB 80, 533 (537).

544 *Krause*, Jahrbuch des Arbeitsrechts, Bd. 45, 2008, 23 (31); *Dütz*, BB 80, 533 (538); *Grunsky*, RdA 86, 196 (202); *Korinth*, eR im Arbeitsgerichtsverfahren, S. 311 RN 199; *Bertzbach* in: Däubler, Arbeitskampfrecht, § 24 RN 23; *Isenhardt* in: FS Stahlhacke, S. 195 (202); aus d. Rspr.: LAG Hamm v. 17.03.87; Hamburg v. 24.03.87 u. Schleswig-Holstein v. 25.03.87 = NZA 1988 Beil., 26 f. Wie diese Interessenabwägung gehandhabt werden soll, wird wiederum nicht einheitlich beantwortet. Dazu unter 7.2.1.

oder des endgültigen Rechtsverlustes Antragsteller und Antragsgegner zunächst gleich betroffen seien.[545]

5.1.4 Stellungnahme

Mögen auch jede Menge Einwendungen gegen die Zulässigkeit der eV im Arbeitskampf vorgebracht werden, vollends überzeugen können sie allesamt nicht. Man mag sogar *Dütz*[546] zustimmen, wenn er feststellt, dass die Versuche, einschränkende Ansätze in Stellung zu bringen, lediglich dazu dienen, ungelöste materiellrechtliche Schwierigkeiten mit prozessualen Mitteln zu bekämpfen. Andererseits haben auch die kritischen Stimmen durchaus ihre Berechtigung. Betrachtet man schlicht die Fakten, so muss man nüchtern aber zunächst feststellen:

Einstweilige Verfügungen sollen in der Tat lediglich eine vorübergehende Lösung bieten, welche die nachfolgende spätere Befriedigungsmöglichkeit absichert. Sie sollen also eigentlich stets umkehrbar sein.

Dies ist im Arbeitskampf aufgrund der endgültigen Wirkung zumeist nicht der Fall.[547] Trotz dieses Konflikts mit der konzeptionellen Zielrichtung des einstweiligen Rechtsschutzes steht die grundsätzliche Zulässigkeit einer auf Befriedigung gerichteten eV (Leistungsverfügung) außer Frage.[548] So gilt der Standpunkt, dass eine eV, die dem Antragsteller eine endgültige Befriedigung gewährt, unzulässig ist, heute zu Recht als überwunden.[549] Dies muss auch für das Arbeitskampfrecht

---

545 *Isenhardt* in: FS Stahlhacke, S. 195 (202).

546 *Dütz*, BB 80, 533; ähnl. *Grunsky*, ZPO, vor § 935 RN 70: „*Das Verfahrensrecht wird zum Abladeplatz unbewältigter materiellrechtlicher Probleme gemacht*"; *ders.*, RdA 86, 196 (202): „*Die Rechtmäßigkeitsvoraussetzungen von Arbeitskampfmaßnahmen müssen vom materiellen Recht her bestimmt werden. Stellt sich die Maßnahme als rechtswidrig dar, so besteht vom Prozessrecht her kein Anlass, bei der Durchsetzbarkeit des Anspruchs andere Maßstäbe als sonst anzulegen.*"; a.a.O.

547 So schon *Holzinger*, EVen gegen gewerkschaftliche Streiks, S. 58 f. Wird die Verfügung nicht erlassen, so ist der Unterlassungsanspruch des Arbeitgebers endgültig nicht mehr durchsetzbar. Wird die Verfügung erlassen, kann andererseits der Streik nicht mehr an der Stelle fortgeführt werden, an der er abgebrochen wurde, vgl. *Grunsky*, ZPO, vor § 935 RN 71; *Isenhardt* in: FS Stahlhacke, S. 195 (200).

548 *Treber* in: Schaub, Arbeitsrechtshandbuch, § 195 RN 75; *Kessel/Koch*, (zu Leistungsverfügungen in der Automobilzuliefererindustrie) BB 09, 1032 (1034) m.w.N; Diese weisen darauf hin, dass die auf Befriedigung gerichtete eV zum Teil auch gesetzlich eröffnet werde, z. B. für den Auskunftsanspruch nach § 19 Markengesetz, der auch im Verfügungsverfahren durchgesetzt werden kann.

549 vgl. schon LAG Hamm v. 19.04.1984 – 8 Sa 702/84 = NZA 84, 130; *Walker*, ZfA 95, 185 (191).

gelten. Die Vorwegnahme der Hauptsache ist zu dulden, weil auch der Nichterlass endgültige Verhältnisse schaffen kann. In der Praxis folgt dem Verfügungsverfahren ohnehin kaum ein Hauptsacheverfahren nach, so dass die gesetzgeberische Hypothese, dass die Verfügung dem Hauptsacheverfahren nur vorgeschaltet ist, tatsächlich nicht mehr zutreffend ist.[550] Im ArbGG findet sich keine besondere Regelung des einstweiligen Rechtsschutzes. Es gelten somit – bei rein formaljuristischer Betrachtungsweise – über die Verweisung in §§ 62, 85 Abs. 2 ArbGG die Vorschriften des 8. Buches der ZPO; mithin auch die Vorschriften der §§ 935 ff. ZPO.[551] Fakt ist daher, gleich ob man rechtstheoretisch anderer Auffassung sein möchte, dass die eV zur Anwendung kommt.[552]

Ohne eine wie auch immer geartete Rechtsgrundlage kann ein ganzes der Zivilgerichtsbarkeit unterliegendes Rechtsgebiet nicht dem vorläufigen Rechtsschutz entzogen werden.[553] Und da dies so ist, sind alle aufkommenden Schwierigkeiten gleich welcher Natur zunächst hinzunehmen und im Rahmen der gesetzlichen Mittel zu lösen.

Gerade für Unterlassungen von Handlungen, die derart zeitgebunden sind, ist das Rechtsinstitut der sog. Leistungs- oder Befriedigungsverfügung doch entwickelt worden.[554]

Der oft zitierte „Justizgewährungsanspruch" streitet unbedingt für den einstweiligen Rechtsschutz – auch im Arbeitskampf. Denn die Verbürgung für effektiven Rechtsschutz aus Art. 19 Abs. 4 GG meint auch eine Garantie für „rechtzeitigen" Rechtsschutz, wenn anderenfalls irreparable Folgen drohen.[555] Der Justizgewährungsanspruch kann nicht effektiv sein, wenn er zu spät realisiert wird oder den

---

550 *Kessel/Koch*, (zu Leistungsverfügungen in der Automobilzuliefererindustrie) BB 09, 1032 (1034).

551 LAG Hamm v. 19.04.1984 – 8 Sa 702/84 = NZA 84, 130; Hessisches LAG v. 07.11.2014 – 9 SaGa 1496/14 – juris; *Isenhardt* in: FS Stahlhacke, S. 195 (201) m.w.N; *Heckelmann*, AuR 70, 166 (169 f.); *Faupel*, DB 71, 816 (822); *Preis*, Kollektives Arbeitsrecht, § 135, S. 363; *Reichold*, FA 08, 98 m.w.N. Da der Gesetzgeber bei Erlass des ArbGG keine Einschränkungen für eVen im Arbeitskampf machte, obwohl die Problematik bekannt war, ist daraus zu schließen, dass derartige Verfügungen nicht ausgeschlossen sein sollen, *Brox*, JA 82, 221 (225).

552 LAG Frankfurt v. 09.08.2011 – 9 SaGa 1147/11; LAG Berlin-Brandenburg v. 14.08.2012 – 22 SaGa 1131/12; LAG Frankfurt v. 07.11.2014 – 9 SaGa 1496/14.

553 *Faupel*, DB 71, 816 (822).

554 vgl. *Isenhardt* in: FS Stahlhacke, S. 195 (201).

555 BVerfG v. 16.05.95 – 1 BvR 1087/91 – BVerfGE 93, 1 = NJW 95, 2477; *Kessel/Koch*, BB 09, 1032 (1034); *Huber* in: v. Mangoldt/Klein/Starck, GG, Art. 19 Abs. 4 RN 479; *Walker* in: Schwab/Weth, ArbGG, § 62 RN 168 m.w.N.

Parteien aufgrund des langwierigen Hauptverfahrens mit all seinen Verschleppungsmöglichkeiten nicht hilft.[556] Ein nur theoretisch bestehender, tatsächlich aber wirkungsloser Rechtsschutz wäre in Wirklichkeit kein Rechtsschutz.[557] Wo wirksamer Rechtsschutz in einem Hauptsacheverfahren nicht in angemessener Zeit erreicht werden kann, muss einstweiliger Rechtsschutz möglich sein, denn die rechtsstaatliche Gerichtsschutzgarantie gewährleistet dem Rechtsschutzsuchenden die Rechtsschutzform, die eine Verwirklichung des subjektiven Rechts sicherstellt.[558] Der Gesetzgeber hat daher entsprechende Verfahren vorzuhalten. Diese entsprechenden Verfahren lassen sich verortet in den Vorschriften über den einstweiligen Rechtsschutz auffinden.[559]

Zugleich erfordert dies von den Gerichten eine Anwendung der Vorschriften und Verfahren, die den verfassungsrechtlichen Anforderungen im Einzelfall Rechnung trägt.[560] Die dabei auftretenden Probleme, sei es die Komplexität der Materie, der Einwand der möglichen falschen Entscheidung oder die Befürchtung eines ausufernden Gebrauchs der eV können nicht zu einer kompletten Nichtanwendung der eV führen. Der Missbrauchs- bzw. Fehlergedanke kann nämlich nicht deshalb ausschlaggebend für eine Beschränkung des Eilrechtsschutzes sein, weil der korrekte und maßvolle Umgang stets in der Hand des jeweiligen Anwenders liegt, für eine verantwortungslose, inflationäre oder gar fehlerhafte Anwendung kann die Rechtsfigur selbst nichts. Wer aber den Rechtsanwender fürchtet, der muss danach rufen, dass dieser durch klare Vorgaben seitens des Gesetzgebers zu richtigem Handeln angeleitet wird und nicht danach, ihm das Werkzeug aus der Hand zu schlagen.

Das denknotwendige Ergebnis kann nur lauten, dass die Anwendung der eV auch im Arbeitskampf zu akzeptieren ist und dass durch eine äußerst sorgfältige und sehr behutsame Abwägung der widerstreitenden Interessen ein Ergebnis gefunden werden muss. Dabei kann auch berücksichtigt werden, dass die auftauchenden Rechtsfragen im Arbeitskampf öfter eine grundsätzliche Bedeutung[561] als anderswo haben und die Entwicklung des Arbeitskampfrechts stärker

556 *Iliakopoulos*, Grenzen der Befriedigungsverfügung, S. 26.

557 *Vogg*, NJW 93, 1357 (1360).

558 *Vogg*, NJW 93, 1357 (1360) m.w.N.

559 *Kessel/Koch*, BB 80, 1032 (1034).

560 *Kessel/Koch*, BB 09, 1032 (1034); *Huber* in: v. Mangoldt/Klein/Starck, GG, Art. 19 Abs. 4 RN 479.

561 Sofern dies überhaupt zutreffend ist, denn auch in anderen Rechtsgebieten gibt es Fragestellungen mit weitreichenden Folgen, wenn man z.B. an die Rechtsfragen im Bereich des Sozialrechts oder auch Kartellrechts denkt.

von einzelnen Grundsatzentscheidungen getragen wird als z.B. die des Wettbewerbsrechts.[562] Die Rspr. kann bei der Ausformung der Kriterien je nach betroffenem Rechtsgebiet (Kartellrecht, Arbeitsrecht, Familienrecht, Gewerblicher Rechtsschutz, Sozialgerichtsbarkeit etc.) diese unterschiedlich und uneinheitlich beurteilen und den jeweiligen Besonderheiten anpassen. Den rechtssuchenden Antragsteller schutzlos zu stellen, kann keine wirkliche Alternative sein.

Denn dann würde früher oder später ein Arbeitskampf – der sich als rechtswidrig herausstellt – auf jeden Fall, nicht nur eventuell, einen Arbeitgeber mit bis dato unbekannten Folgen belasten.

Am deutlichsten lässt sich die Notwendigkeit der einstweiligen Verfügung im Arbeitskampf am Beispiel der Betriebsbesetzungen erkennen.[563] Hierbei handelt es sich um ein unstreitig rechtswidriges Mittel im Arbeitskampf (es bedarf daher keiner aufwändigen Rechtswidrigkeitsprüfung), das stets zu einer unzulässigen Druckausübung auf die Arbeitgeber bzw. Arbeitgeberverbände führt. Die Folgen sind dann zweierlei: Dem Arbeitgeber drohen erheblichste Nachteile, weil er seine Betriebsanlagen nicht mehr nutzen kann, zum anderen ist der Druck so enorm, dass er in einen Tarifvertrag gedrängt werden könnte, den er ohne die rechtswidrige Betriebsbesetzung so niemals abgeschlossen hätte.[564] Schon die bloße Möglichkeit einer einstweiligen Verfügung lässt die Gewerkschaften davor im Sinne einer „psychologischen Barriere“ zurückschrecken, zumindest klar rechtswidrige Arbeitskämpfe zu führen und sich selbst bzw. das eigene Vorgehen zu überprüfen. Denn nur wer befürchten muss, dass die aufwändig getroffenen Maßnahmen in einer Eilentscheidung möglicherweise unterbunden werden und umsonst waren, wird das jeweilige Vorhaben genau überdenken.[565] Anderenfalls könnte in Kauf genommen werden, auch einen klar rechtswidrigen Arbeitskampf zu führen und auf dieser Grundlage und dem erzeugten Druck Abschlüsse zu erreichen, die es sonst nie gegeben hätte. Zweck der einstweiligen Verfügung ist also nicht nur, die spätere Vollstreckung eines Hauptsachetitels zu sichern, sondern es geht auch um

562 *Piehler*, eR und materielles Recht, S. 253, entgegnet damit auf die Frage, warum der rechtsschutzsuchende Antragsteller im Arbeitskampfrecht schlechter gestellt werden sollte als in anderen Rechtsgebieten, wo ähnliche Probleme beim Erlass einer eV vorherrschen, sei es die Schwierigkeit der Materie, sei es die endgültige Befriedigung.

563 vgl. dazu 6.2.4.

564 *Loritz*, DB 87, 223 (229).

565 Im Fall der Betriebsbesetzungen muss die besetzende Belegschaft daneben befürchten, gewaltsam aus dem Betrieb entfernt zu werden, vgl. 6.2.4.

die Abschreckung des Gegners, der sein Verhalten an einer drohenden autoritativen Gerichtsentscheidung ausrichtet.[566]

Dass die Aussicht, man könne sich im Zweifelsfall eine eV „einfangen" und Arbeitskämpfe somit unkalkulierbar würden, die Gewerkschaften wiederum tatsächlich davon abhält, tarifpolitisches Neuland zu betreten und damit Grenzinitiativen[567] behindert, darf angezweifelt werden. Es scheint doch so zu sein, dass die Machtfülle der Sparten- und Spezialistengewerkschaften diesen ein recht hohes Selbstbewusstsein verleiht und diese sich von Unwägbarkeiten keineswegs abhalten lassen, in den Kampf einzutreten. Zudem muss doch das Risiko, den Arbeitskampf „abgewürgt zu bekommen, bei demjenigen zu liegen kommen, der sich trotz rechtlicher Zweifel für Kampfmaßnahmen entscheidet.[568]

Die von *Krause* zitierte Entscheidung des BAG[569], worin es zum Ausdruck gebracht hat, dass eine Schadensersatzpflicht der Gewerkschaft ausscheidet, wenn sie einen letztlich als rechtswidrig qualifizierten Streik zur Durchsetzung einer neuartigen tariflichen Regelung führt, deren rechtliche Zulässigkeit noch nicht höchstrichterlich geklärt sei, kann auch so gelesen werden, dass die Unzulässigkeit der eV und der Verweis auf eine Schadensersatzhaftung gerade nicht erwünscht ist, zumal das BAG den Arbeitgeber seinerzeit auf die Nutzung der eV nach § 940 ZPO ausdrücklich hingewiesen hatte.[570] Das BAG wollte doch nicht rechtswidrigen Arbeitskämpfen Tür und Tor öffnen, sondern den Gewerkschaften, ohne die strenge Haftung auszulösen, eine gerichtliche Überprüfung zubilligen. *Luckscheiter*[571] interpretierte die Entscheidung richtigerweise schon so, dass die Gewerkschaften zwar im Nachhinein für ihren Verstoß nicht in vollem Umfang haften sollten, dies aber nicht bedeute, dass der Arbeitgeber bloß zu „dulden und liquidieren" habe, sondern eine eV zu beantragen hätte. Dass diese Klärung eben auch durch eine eV erfolgen könne, habe das Gericht dadurch entschieden,

---

566 Die eV im Arbeitskampf kommt also auch eine verhaltenssteuernde Funktion zu, vgl. *Jacobs*, (zu Feststellungsverfügungen) in: Gegenstand des Feststellungsverfahrens, S. 98 f.

567 Näher unter 5.1.2.4.

568 Mindestens dann, wenn keine beachtlichen Gründe für die Rechtmäßigkeit sprachen und die Rechtslage nicht vorher zu klären war, Umkehrschluss aus BAG v. 10.12.2002 - 1 AZR 96/02 – AP Nr. 162 zu Art. 9 GG Arbeitskampf unter B. II.

569 Siehe FN 511, *Krause* zieht die Entscheidung als Argument heran, um zu zeigen, dass die Grenzinitiativen schützenswert sind.

570 Die Haftungsmilderung wurde den Gewerkschaften deshalb zugebilligt, weil der Arbeitgeber eine Aussetzung des Arbeitskampfes über eine eV nach § 940 ZPO hätte erreichen können.

571 in: eR gegen Streiks, S. 126.

dass es ein Mitverschulden wegen unterlassener Beantragung der eV angenommen hat. Dies ist vollkommen korrekt.

Spräche man der eV die Berechtigung ab und wäre der Arbeitgeber damit stets allein auf den Schadensersatz verwiesen, so müsste dies aus Sicht der Gewerkschaft denknotwendig doch ebenso wenig wünschenswert sein.

Die drohende Haftbarmachung müsste theoretisch Grenzinitiativen bei Zweifelsfragen über die Zulässigkeit ähnlich wie der drohende Verfügungserlass verhindern.[572] Das Argument, dem Arbeitgeber stehe doch am Ende, sollte der Arbeitskampf rechtswidrig gewesen sein, ein Schadensersatzanspruch[573] zu, der im Zweifel im Wege der Schätzung über § 287 ZPO beziffert werden könne, kann über das Bedürfnis der eV nicht hinwegtäuschen. Denn ob die kleinen Spartengewerkschaften über derart liquide Mittel verfügen, dass sie die u.U. riesigen Millionenschäden werden bezahlen können, darf doch bezweifelt werden.[574] Außerdem ist der Schadensersatzanspruch wegen der Verschuldensabhängigkeit ohnehin stets fraglich. In den meisten Fällen wird weder der Nachweis des Schadens noch der des Verschuldens gelingen.[575]

Der Arbeitgeber muss sich auch schon deshalb nicht auf den Schadensersatzanspruch verweisen lassen, da die eintretenden Nachteile nicht immer allein monetärer Natur sind, und daher teilweise gar nicht ersetzbar sind. Denn auch Ruf- und Imageverluste sind nicht rückholbar und bedeuten ebenfalls einen Rechtsverlust.[576]

---

572 *Piehler*, eR und materielles Recht, S. 253. Zumal die Verweisung auf Schadensersatz die Gewerkschaften dann schon bei jedem leicht fahrlässigen Irrtum über die Rechtmäßigkeit ihres Handels haften lassen soll. *Piehler* sieht letztendlich aber den drohenden Schadensersatzanspruch im Vergleich dazu, im Eilverfahren auf Unterlassung in Anspruch genommen zu werden, trotz Haftungsverschärfung als das kleinere Übel an, so dass die Behinderung der Grenzinitiativen geringer ausfiele, a.a.O. S. 254.

573 Etwa aus §§ 823 Abs. 1, 280 Abs. 1 oder 826 BGB.

574 *Hromadka/Maschmann*, Arbeitsrecht Bd. 2, § 14 RN 145.

575 vgl. FN 187; *Kentner*, Arbeitskampfmittel der Arbeitgeber, S. 244. Die Schadensersatzhaftung wird von der Rspr. sehr restriktiv angewendet, vgl. auch *Otto*, Arbeitskampf- u. SchlichtungsR, § 19 RN 28; *Scholz/Konzen*, Die Aussperrung, S. 230 unter Verweis auf BAG v. 21.03.1978 - 1 AZR 11/76 - AP Nr. 62 zu Art. 9 GG Arbeitskampf = NJW 78, 2114.

576 Insbesondere die DB tat sich in den letzten Jahren schwer, das ramponierte Image aufzuwerten. Da kommen Zugausfälle wegen Streiks denkbar ungelegen, zumal den Bürger die Ursachen nicht immer interessieren und die Bahn für Verspätungen nach außen generell die „Schuld“ trägt.

Solche Schadenspositionen sind schlicht nicht bezifferbar – auch nicht schätzbar – so dass § 287 ZPO nicht weiterhilft. Etwaige Schadensersatzansprüche sind somit kein adäquater Ersatz.[577]

Da die eV in jeder Rechtsdisziplin beheimatet ist und es über § 32 BVerfGG den eiligen Rechtsschutz sogar über das Bundesverfassungsgericht gibt, ist es müßig und theoretischer Natur, der eV die Daseinsberechtigung im Arbeitskampf abzusprechen. Ähnlich wie § 940 ZPO verlangt § 32 Abs. 1 BVerfGG, dass die einstweilige Verfügung zur Abwehr schwerer Nachteile, zur Verhinderung drohender Gewalt oder aus anderen wichtigen Gründen dringend geboten sein muss. Ist eine Vorwegnahme der Hauptsache zu befürchten, so nähert man sich einstweiligen Anordnungen entsprechend behutsam.[578] Analog kann auch im Arbeitskampfrecht vorgegangen werden, ohne auf dieses Instrument gänzlich zu verzichten. Die Notwendigkeit des Rechtsinstituts der einstweiligen Verfügung im Arbeitskampf ist aufgrund der gewandelten Gewerkschaftslandschaft[579] mehr denn je gegeben:

Ging man jahrelang um die Sorge der Kampfparität für die Arbeitnehmer ins Feld, so muss man dies heute wieder machen, allerdings unter umgekehrten Vorzeichen. Die Arbeitskampfparität gerät im Spezialisten-/Spartenkampf schnell in Schieflage, aber nicht wie stets befürchtet zugunsten des Arbeitgebers[580], sondern vielmehr zu seinen Lasten. Die Auffassung, die eV würde die Kampfparität zum Nachteil der Arbeitnehmer beeinflussen, ist vor dem Hintergrund der aktuellen Entwicklungen deutlich überholt.[581]

---

577 Dazu, dass sich der Arbeitgeber grundsätzlich nicht auf Schadensersatzansprüche verweisen lassen muss: OLG München v. 28.07.1986 – 28 U 3843/86 = DB 86, 2595 (Aufnahme einer vertragswidrigen Bauausführung trotz Widerspruchs).

578 Dazu *Reichold*, FA 08, 98 (99).

579 Damit ist nicht die Anzahl der Sparten- u. Spezialistengewerkschaften gemeint, die sich gar nicht wesentlich erhöht hat, sondern allein das neue resolute Auftreten und die kompromisslose Art der Kampfführung seitens dieser Gewerkschaften.

580 Allg. Ansicht, z.B. *Preis*, Kollektives Arbeitsrecht, § 109, S. 287: „*Grundsätzlich muss von einem Machtungleichgewicht zu Lasten der Arbeitnehmer ausgegangen werden*".

581 Die Problematik findet ihren Ursprung in der Streitfrage, ob das Kampfmittel der Aussperrung zur Wiederherstellung der Kampfparität notwendig ist. Das BAG hatte allerdings aufgrund des Paritätsgrundsatzes die Aussperrung sogar gegen rechtmäßige Arbeitskämpfe anerkannt. Dann müsse aber erst recht ein prozessuales Mittel gegen rechtswidrige Streiks zulässig sein, ohne die Kampfparität zu stören, meint richtigerweise *Luckscheiter*, eR gegen Streiks, S. 115.

Dorndorf[582], der eine gerichtliche Kontrolle nur dort für angezeigt hält, wo die Abwehraussperrung zur Wiederherstellung der Kampfparität nicht ausreiche, kann zugerufen werden, dass diese Voraussetzung, unabhängig davon, ob man ihr beipflichten will oder nicht, nunmehr nahezu stets erfüllt ist, denn Abwehraussperrungen nützen dem („Sparten/Spezialisten"-bekämpfenden) Arbeitgeber rein gar nichts. Spartengewerkschaften können unter Berufung auf ihre grundgesetzlich geschützte Koalitionsfreiheit für ihre Mitglieder den Abschluss eines eigenständigen Tarifvertrages mit allen zulässigen Arbeitskampfmitteln erzwingen. Es reicht aus, eine im Verhältnis zum Gesamtbetrieb relativ geringe Zahl an Mitarbeitern zu mobilisieren, um den Betrieb lahmzulegen. Ob ein Rest an Kampfparität verbleibt, hängt dann von der Bedeutung der jeweiligen Spezialistengewerkschaft für den Betrieb sowie von der kurzfristigen Ersetzbarkeit der betreffenden Angestellten ab.[583] Aufgrund der besonderen Qualifikation der Arbeitnehmer dürfte eine kurzfristige Austauschbarkeit in aller Regel ausscheiden.[584]

Es fragt sich daher, welche Möglichkeit der Gegenwehr der Arbeitgeber derzeit eigentlich noch hat? Die suspendierende Aussperrung[585] als einziges echtes Abwehrmittel ist den Anforderungen, die die neuen Spartengewerkschaften stellen, nicht gewachsen.[586] Den Streikmaßnahmen der kämpfenden Sparten- oder Spezialistengewerkschaft kann sie in keinster Weise wirkungsvoll begegnen. *Greiner*[587] fragt zu Recht, wen denn der Arbeitgeber aussperren soll, wenn alle Mitglieder streiken?

---

582 in: Dorndorf/Weiß, Warnstreiks und vorbeugender Rechtsschutz, S. 53.

583 So auch *v. Steinau-Steinrück/Glanz*, NZA 09, 113 (114). Angesichts des teilweise hohen Spezialwissens und langer Ausbildungszeiten sind viele Beschäftigte jedoch nicht ohne weiteres ersetzbar, *Hromadka*, NZA 08, 384.

584 Auch wenn dies z.B. der Fraport im Rahmen der „Vorfeldstreiks" 2012 sehr gut gelungen ist.

585 Vermehrt wird auch die Etablierung der lösenden Aussperrung als erhebliche Steigerung diskutiert, vgl. *Greiner*, NZA 07, 1023 (1027); *Bayreuther*, NZA 08, 12 (16 f.); *v. Steinau-Steinrück/Glanz*, NZA 09, 113 (116). Die Arbeitsverhältnisse der streikenden Arbeitnehmer würden im Gegensatz zur suspendierenden Aussperrung kollektiv für die Dauer des Arbeitskampfes beendet; ein Wiedereinstellungsanspruch nach Beendigung des Arbeitskampfes käme nur zum Zuge, wenn bis zu diesem Zeitpunkt keine dauerhafte Deckung des Beschäftigungsbedarfs durch Versetzung oder Neueinstellung erfolgt ist, *Greiner*, a.a.O.

586 *Jacobs*, NZA 08, 325 (331); *Konzen* in: FS 50 Jahre BAG, S. 547 (zum öffentlichen Dienst); a.A. *Pflüger*, RdA 08, 185 ff. Dazu auch hier S. 141.

587 *Greiner*, NZA 07, 1023 (1027); auch *Bayreuther*, NZA 08, 12 (16).

Zudem ist vorrangiges Ziel des Arbeitgebers, so schnell wie möglich den Betrieb wieder aufzunehmen und nicht, diesen völlig lahmzulegen.[588] Dann die übrigen Arbeitnehmer auszusperren ist kontraproduktiv und intensiviert lediglich den Streik, woran die kampfführende Gewerkschaft wiederum nicht uninteressiert ist und dieser sogar noch in „die Karten spielt". Mit der weiteren Eskalation des Arbeitskampfes durch Aussperrung schadet sich der Arbeitgeber im Ergebnis nur selbst.[589] Aussperrungen anders organisierter Arbeitnehmer üben auf die streikführende Gewerkschaft zudem keinen Druck aus, da die Lohnansprüche dieser Ausgesperrten nicht die Streikkasse belasten.[590] Da bei einer Aussperrung nicht der tarifliche Gegenspieler, sondern kampflose „Dritte" betroffen sind, könnte sich eine solche Maßnahme ohnehin als unverhältnismäßig darstellen und wäre dann ihrerseits als rechtswidrig zu werten.[591] Eine Ermittlung der Gewerkschaftszugehörigkeit einzelner Arbeitnehmer ist zudem während eines Streiks praktisch nicht machbar.[592] Bei Streiks von Funktionseliten in Unternehmen ist eine Aussperrung also faktisch unmöglich. Dies gilt insbesondere *„in der Daseinsvorsorge, wo eine Aussperrung schon wegen des Versorgungsauftrages nicht möglich ist."*[593]

Auch ohne den Blick auf die Spartengewerkschaften zu lenken, kommen Aussperrungen heute also kaum mehr in Frage.[594]

Betriebsstilllegungen, Massenänderungskündigungen oder Streikbruchprämien werden ebenfalls in der Praxis kaum angewandt. Um die Paritätsverschiebung

588 *Luckscheiter*, eR gegen Streiks, S. 134; *Giesen*, NZA 09, 11 (14).

589 *Giesen*, NZA 09, 11 (14).

590 *v. Steinau-Steinrück/Glanz*, NZA 09, 113 (116); *Greiner*, NZA 07, 1023 (1027); vgl. auch *Giesen*, NZA 09, 11 (14).

591 *Greiner*, NZA 07, 1023 (1027); *v. Steinau-Steinrück/Glanz*, NZA 09, 113 (116); krit. auch *Jacobs*, NZA 08, 325 (331); *Steinau-Steinrück/Brugger*, NZA 2010, Beil., 127 (132); *Bayreuther*, NZA 08, 12 (15); vgl. auch *Pflüger*, RdA 08, 185 ff.; a.A. *Franzen*, RdA 08, 193 (202); *Hanau*, RdA 08, 98 (103 f.); dagegen wiederum sehr überzeugend *Giesen*, NZA 09, 11 (14 FN 28).

592 *Jacobs*, NZA 08, 325 (331); ähnl. *Giesen*, NZA 09, 11 (14).

593 Zu diesem Schluss kommt *Steinau-Steinrück* im Rahmen des Gesprächsforums der „Carl Friedrich von Weizsäcker-Stiftung" am 01.07.2011 in Berlin, abgedr. im Newsletter der Stiftung, Ausgabe Juli 2011.

594 *Wank*, RdA 09, 1 (9), erkennt als Gründe die von der Rspr. aufgestellten Voraussetzungen, die faktische Beherrschbarkeit hinsichtlich der „Quotenregelung" des BAG (Urt. v. 10.06.1980 – 1 AZR 822/79 – AP Nr. 64 zu Art. 9 GG Arbeitskampf = NJW 80, 1642) sowie das negative Image der Aussperrung.

zu Lasten des Arbeitgebers einigermaßen auszugleichen, ist die eV also derzeit das einzig wirksame Mittel.[595]

Der Gedanke, den eR für Nachrangig[596] zu erklären, wäre m.E. aufgrund der mittlerweile gegebenen Gewerkschaftslandschaft und der unzureichenden Wirkungen der vorhandenen Arbeitskampfmittel der Arbeitgeber verfehlt. Allein der Umstand zu wissen, dass auch im Falle eines rechtswidrig geführten Arbeitskampfes der Erlass einer eV nicht droht, würde jedes (noch) vorhandene Verhandlungsgleichgewicht nachhaltig zugunsten der Gewerkschaft stören.[597] Denn bis ein monatelang währendes Gerichtsverfahren über die Rechtmäßigkeit des Streiks entschieden hat, wird der Streik längst beendet sein und der Arbeitgeber den Tarifvertrag unter dem ausgeübten Druck mit womöglich ungünstigen Folgen abgeschlossen haben.[598] Die eV kann daher das Verhandlungsgleichgewicht nicht so beeinträchtigen, als dass sie für den Arbeitskampf ausgeschlossen werden müsste, im Gegenteil leistet sie ihren Beitrag zur Wiederherstellung der gestörten Verhandlungsparität.

Die Kampfmaßnahmen der starken Spartengewerkschaften können den Verfügungskläger in eine derart bedrohliche Situation bringen, dass die Frage, ob die Rechtswidrigkeit des Arbeitskampfes eindeutig oder zweifelhaft ist, dann im Rahmen der Interessenabwägung eines Verfügungsverfahrens entscheidbar sein muss. Die Befriedigungsverfügung muss also zulässig sein, wenn sie das einzige Mittel darstellt, um den Anspruch des Gläubigers durchzusetzen und ihn vor einer Vereitelung seines Rechts zu schützen.

Wenn sowohl das Eingreifen als auch das Nichteingreifen der Arbeitsgerichte, je nachdem entweder für die eine oder andere Partei irreparable Verhältnisse schafft, würde die komplette Versagung der Verfügungsmöglichkeit bedeuten, sich vorab festzulegen, auf eine Seite – nämlich die der Arbeitnehmergewerkschaften – zu schlagen und den Arbeitgeber zu benachteiligen. Ein Verbot des Eilverfahrens hätte dann folgende Konsequenz:

Es wäre nicht gesichert, dass keine Grundrechtsbeeinträchtigung mehr stattfinden könnte, sondern nur noch, dass auf der Arbeitnehmerseite keine mehr

---

595 Erkennt auch *Wank*, RdA 09, 1 (9); *v. Steinau-Steinrück/Brugger*, NZA 2010, Beil., 127 (134). M.E. käme die Wegnahme dieses Mittels einem Zwang gleich, rechtswidrige Kampfmaßnahmen hinzunehmen.

596 vgl. FNen 389–392.

597 *Reichold* in: FS Buchner, S. 723; *Otto*, Arbeitskampf- u. SchlichtungsR, § 19 RN 28; *Rüthers/Berghaus*, Anm. zu LAG Hamburg v. 24.03.1987, LAGE Art. 9 GG Arbeitskampf Nr. 33, dort I.

598 vgl. *Kissel*, Arbeitskampfrecht, § 65 RN 7.

stattfinden kann.[599] Für die Zulässigkeit einer Kampfverfügung spricht daher dringend, dass ein zwingendes Verbot der Vorwegnahme der Hauptsache, das keine Ausnahme im Arbeitskampfrecht zuließe, einseitig den status quo des Antragsgegners – der Gewerkschaft – schützen und den Arbeitgeber benachteiligen würde, der eine Veränderung dieses status quo herbeiführen will.[600] Der Antragsteller, der den Ist-Zustand verändern will, ist nach der Verfassung aber nicht weniger schutzwürdig als der Antragsgegner, der mit dem Istzustand zufrieden ist, diesen also nicht verändern will.[601] Vielmehr sind das Recht des Gläubigers auf Durchsetzung seiner Ansprüche und die schutzwürdigen Interessen der Gegenpartei, nicht mit ungerechtfertigten Anordnungen belastet zu werden, gleichrangig zu sehen.[602] Dies gilt besonders bei Unterlassungsverfügungen, die immer eine endgültige Befriedigung und Vorwegnahme der Hauptsache bedeuten.

Saenger[603] erkennt dann vollkommen korrekt, dass – soweit einstweiliger Rechtsschutz verweigert würde – der einseitige Schutz des Antragsgegners aus der Sicht des Antragstellers eine Vorwegnahme der Hauptsache darstellen würde, vor welcher der Antragsgegner seinerseits bewahrt wäre. Beide Parteien befinden sich demnach in der gleichen Situation.

Es geht ihnen jeweils um die Verfolgung und Durchsetzung ihrer vermeintlichen Rechtsposition mit Hilfe eines gerichtlichen Verfahrens, der eine in der Angreifer-, der andere in der Verteidigerrolle.604 Die Entscheidung über die Vorwegnahme der Hauptsache muss daher mit *Saenger*[605] unabhängig davon ausfallen, wer sich gerade „zufällig" in der Rolle des Antragstellers befindet. Dies funktioniert aber nur, wenn eine Befriedigungsverfügung im Arbeitskampf zulässig ist, welche aufgrund einer Schlüssigkeitsprüfung unter Berücksichtigung der gegenseitigen rechtlichen Interessen ergeht und somit eine Entscheidung ermöglicht, die unabhängig davon ist, welche der Parteien um einstweiligen Rechtsschutz nachsucht.[606] Nur dann verteilt sich das Risiko einer irreparablen Fehlentscheidung auf beide Parteien, nämlich auf den Antragsteller, wenn im Einzelfall der Antrag abgewiesen

---

599 So auch *Luckscheiter*, eR gegen Streiks, S. 115; ähnl. *Walker* in: Schuschke/Walker, Vollstreckung und vorläufiger Rechtsschutz, vor § 916 – 945 RN 4.

600 *Saenger*, eR und materiellrechtliche Selbsterfüllung, S. 42 (allg. zu Befriedigungsverfügungen).

601 *Walker*, eR im Zivilprozess, RN 71.

602 *Walker*, eR im Zivilprozess, RN 71.

603 in: eR und materiellrechtliche Selbsterfüllung, S. 42.

604 *Walker*, eR im Zivilprozess, RN 71.

605 in: eR und materiellrechtliche Selbsterfüllung, S. 42 unter Berufung auf *Hirte*.

606 *Saenger*, a.a.O.

wird, und auf den Antragsgegner, wenn dem Antrag stattgegeben wird.[607] Stehen sich also zwei Rechtspositionen gegenüber, gebietet das grundrechtsunmittelbare Gebot wirksamen Rechtsschutzes, dass diese beiden Rechtspositionen im einstweiligen Rechtsschutz auszugleichen und zur bestmöglichen Wirksamkeit zu führen sind; es besteht also im Bereich des einstweiligen Rechtsschutzes die Verpflichtung zu ausgewogenem Rechtsschutz. Ausgewogener Rechtsschutz besteht m.E. dann, wenn wie dargestellt beide Parteien unabhängig von der Rolle die Chance auf Erlass bzw. Zurückweisung des Antrags haben. Gäbe es keine Möglichkeit für die Arbeitgeberseite, Eilrechtsschutz zu erlangen, wäre die Gewerkschaft von vornherein schematisch bevorteilt. Dies entspräche nicht dem verfassungsrechtlichen Grundsatz ausgewogenen Rechtsschutzes, wonach eine solche schematische Bevorteilung ausgeschlossen ist. Kollidiert der Grundsatz der Vermeidung einer zeitweiligen Rechtsschutzverweigerung mit dem Verbot der Vorab-Befriedigung im Eilverfahren, so ist zugunsten der temporären Rechtsschutzverweigerung zu entscheiden. Es erscheint besser, eine einstweilige Entscheidung zu haben, als überhaupt keinen Rechtsschutz zu bieten.[608]

Der Frage der Statthaftigkeit der eV im Arbeitskampf kann sich auch verfassungsrechtlich über die Funktion des einstweiligen Rechtsschutzes angenähert werden. Diesem kommen derer zwei zu: Die Offenhaltefunktion und die Zwischenzeitüberbrückungsfunktion.[609] Daraus resultiert der Konflikt; eine Zwischenzeitregelung hindert teilweise das völlige Offenhalten der Streitigkeit.[610]

Wird der Unterlassungsanspruch des Arbeitgebers gesichert, führt dies während des zu regelnden Zwischenzeitraums zur faktischen Befriedigung des Antragstellers, wird er verweigert, so tritt bezogen auf den Zwischenzeitraum faktisch endgültiger Rechtsverlust ein. Das Vorwegnahmeverbot läuft also auf etwas rechtlich Unmögliches hinaus.[611] Das Vorwegnahmeverbot kann daher dort, wo die Garantie wirksamen Gerichtsschutzes die zeitweilige Befriedigung des Antragstellers erforderlich macht, nicht entgegenstehen.[612]

Der Missbrauchsgedanke vor dem Hintergrund der steigenden Frequenz der beantragten eVen im Arbeitskampf ist auch vor allem deshalb unangebracht, da

607 *Walker*, eR im Zivilprozess, RN 72.
608 *Iliakopoulos*, Grenzen der Befriedigungsverfügung, S. 27.
609 *Vogg*, NJW 93, 1357 (1364).
610 *Vogg*, Einstweiliger RS u. vorläufige Vollstreckbarkeit, S. 49 ff.; *ders*, NJW 93, 1357 (1364).
611 *Vogg*, NJW 93, 1357 (1364); *v. Gerkan*, ZGR 85, 167 (169).
612 *Vogg*, Einstweiliger RS u. vorläufige Vollstreckbarkeit, S. 125 ff.; *ders.*, NJW 93, 1357 (1364).

die Ursachen dafür nicht allein bei den Arbeitgebern zu suchen sind, sondern auch in dem teilweise maßlosen Vorgehen der Spartengewerkschaften, das über die eV versucht wird, abzuwehren. Es fragt sich vielmehr, ob diese nicht mitunter ihre Machtfülle mißbrauchen, um den Arbeitgeber unter Druck zu setzen, so dass die eV, wie eben gezeigt, nötig ist. Im Ergebnis bleibt festzuhalten, dass rechtswidrige Ausstände auch im Bereich des Arbeitskampfes unterbunden werden können müssen.[613] Dem Verfügungsgegner, in der Regel der Arbeitnehmerseite, wird dadurch kein Unrecht zuteil, sie wird nur angehalten, auf rechtswidrige Arbeitskämpfe zu verzichten.[614] Ein Recht auf einen rechtswidrigen Arbeitskampf lässt sich nicht aus Art. 9 Abs. 3 GG ableiten.[615]

Es kann sich daher nur die Frage stellen, wie inhaltlich mit einer „Kampfverfügung" umzugehen ist, sprich den Anforderungen an den Verfügungsanspruch und -grund.

5.2 Exkurs: Beschleunigtes Hauptverfahren statt Eilverfügung?

Ist die Grenzziehung für den Erlass einer e.V. im Arbeitskampf äußerst schwierig, könnte ein gesetzlicher Ausschluss und die gleichzeitige Anordnung, dass die betreffenden Arbeitskampfstreitigkeiten beschleunigt vor den zuständigen Gerichten nach den Verfahren in Arbeitssachen abzuhandeln sind, Abhilfe schaffen. Ungeachtet dessen, dass die Versagung des Eilrechtsschutzes als von der Rechtsschutzgarantie erfasste Rechtsform verfassungswidrig sein dürfte, ist dennoch nicht zu verkennen, dass eine solche Regelung auf den ersten Blick einen Vorteil böte: Die Entscheidung wäre äußerlich betrachtet immerhin mit den Garantien eines Hauptverfahrens[616] versehen. Erforderlich wäre dann aber aufgrund der Dringlichkeit die Bestimmung eines sehr zeitnahen Verhandlungstermins unter Abkürzung der Ladungsfristen innerhalb weniger Tage (gar innerhalb eines Tages!?). Ob unter diesen Umständen und der Kürze der Zeit unter Verzicht auf Einlassungsfristen etc. ein ordentliches Hauptverfahren durchgeführt werden kann, erscheint doch recht unrealistisch.

Die Garantien der Hauptsache kämen m.E. nicht voll zur Entfaltung, so dass das Urteil umgekehrt eher wieder einer Eilentscheidung ähneln würde und allein äußerlich das Siegel „Geprüft und für Recht erkannt im Hauptverfahren" trüge.

613 *Reichold* in: FS Buchner, S. 723.
614 *Reichold* in: FS Buchner, S. 723.
615 *Reichold* in: FS Buchner, S. 723.
616 *Leipold* meint damit z.B. die Durchführung einer mündlichen Verhandlung, die Beweiserhebung und die Gewährung rechtlichen Gehörs, Grundlagen, S. 13 f.

Wie denn anders als bei einer Eilentscheidung – unter dem gleichen Zeitdruck – die schwierigen materiellen Fragen hinsichtlich der festzustellenden Rechtswidrigkeit besser und umfassender gelöst werden sollen, ist mir nicht ersichtlich.

Eine mündliche Verhandlung wird ohnehin zumeist bei Unterlassungsverfügungen im Arbeitskampf durchgeführt.[617] Auch ein Hauptsacheverfahren sähe sich daher vor die gleichen Schwierigkeiten gestellt:

Nämlich innerhalb kürzester Zeit eine „richtige" Entscheidung herbeizuführen. Die Grundproblematik rührt nach wie vor daher, dass die Rechtmäßigkeitsvoraussetzungen eines Streiks nicht klar umrissen sind. Wäre dies der Fall, könnte wesentlich leichter eine Entscheidungsfindung erfolgen. Es wäre bekannt, was noch rechtmäßig ist, und was nicht. Dann wäre ein beschleunigtes Hauptsacheverfahren eher begrüßenswert, da dessen Garantien voll ausgespielt werden und zur Geltung kommen könnten. Das deutsche Arbeitskampf(richter)recht samt den schwierigen Verhältnismäßigkeits-, Abwägungs- und Prüfungsprozessen eignet sich aber nicht für ein „beschleunigtes" Hauptsacheverfahren.[618]

Fraglich erscheint auch, wie denn den vorhandenen Verschleppungsmöglichkeiten eines Hauptverfahrens entgegnet werden sollte. Das Erkenntnisverfahren dient der Verwirklichung der *materiellen Gerechtigkeit*, dazu muss der Sachverhalt vollständig aufgeklärt werden, um die „materielle Wahrheit" auch zu erkennen.[619] Für die Wahrheitsfindung stehen umfassende Mittel zur Verfügung.[620] Kann aber in der Kürze der Zeit eine vollständige Sachverhaltsaufklärung im ordentlichen Verfahren nicht gelingen, kann auch die materielle Gerechtigkeit – die im

---

617 Wird auf die mündliche Verhandlung mitunter verzichtet (insb. Wettbewerbsrecht), dürfte dies für Arbeitskampfverfügungen nicht (mehr) gelten. Kaum ein Richter wird sich noch – angesichts der weittragenden Konsequenzen und schwierigen Prüfungsthemen bei größeren Tarifstreitigkeiten – ohne die Möglichkeit zu nutzen, in einer mündlichen Verhandlung Informationen gewinnen zu können, eine Entscheidung abringen wollen, z.T. wird der Erlass einer eV von einer obligatorischen mündlichen Verhandlung abhängig gemacht, so *Otto*, Arbeitskampf- und Schlichtungsrecht, § 19 RN 34.

618 a.A. *Iliakopoulos*, der für die Möglichkeit einer sofortigen, beschleunigten Unterlassungsklage plädiert, Grenzen der Befriedigungsverfügung, S. 107; wohl auch *Faupel*, DB 71, 868 (870), es genüge allein die Bereitschaft des Gerichts, schnell zu entscheiden, wovon auszugehen sei; *Walker*, eR im Zivilprozess, RN 722 FN 309 hält dies zutreffend für nicht überzeugend.

619 *Iliakopoulos*, Grenzen der Befriedigungsverfügung, S. 19; *Schilken*, Befriedigungsverfügung, S. 103.

620 *Schilken*, Befriedigungsverfügung, S. 103; *Gaul*, AcP 168, 27 (49 ff.); *Iliakopoulos*, Grenzen der Befriedigungsverfügung, S. 19.

Übrigen auch der „Gläubiger" für sich beanspruchen kann – nicht mehr gewährleistet werden.

Deshalb weicht der Gesetzgeber vom ordentlichen Erkenntnisverfahren ab und schafft Maßnahmen, die die Sicherung des materiellen Rechts bezwecken.[621] Die materielle Gerechtigkeit bleibt dann aber keineswegs auf der Strecke: Das summarische Verfahren wird bei Unterlassungsverfügungen durch strengste Anforderungen an den Verfügungsanspruch an das ordentliche Verfahren angenähert.

5.3 Zwischenergebnis

1. Die Gerichte erlassen regelmäßig einstweilige Verfügungen gegen rechtswidrige Streikmaßnahmen. Der Frage, ob einstweilige Verfügungen überhaupt zulässig sind, wird in den Entscheidungsgründen keine Beachtung geschenkt.
2. Der Meinungsstand in der Literatur ist dagegen unverändert breit gefächert. Die Palette der Ansichten reicht von der grundsätzlichen Unzulässigkeit des Rechtsinstituts der einstweiligen Verfügung gegen Streiks bis hin zur genau gegenteiligen Ansicht, der generellen Zulässigkeit.
3. Die dazwischen vertretenen Abstufungen, die eine Erlasszulässigkeit der eV gegen Streiks von besonderen Voraussetzungen abhängig machen wollen, lassen sich auf zwei Kernkriterien reduzieren:
   Zum einen soll die Statthaftigkeit der einstweiligen Verfügung im Falle der offensichtlichen Rechtswidrigkeit des Streiks gegeben sein, zum anderen bei einer durch die Streikaktion bedingten Existenzgefährdung des Unternehmers, vereinzelt wird auch die kumulative Erfüllung der beiden Tatbestände gefordert.
4. Die vertretene Ansicht der generellen Unstatthaftigkeit des Verfügungsverfahrens ist eine Einzelmeinung geblieben und entspricht nicht der Praxis.
5. Die Ansichten, die den Erlass von eVen nur unter einschränkenden Voraussetzungen erlauben wollen, werden von ihren Vertretern teils auf materiellrechtliche, teils auf verfahrensrechtliche Fundamente gestellt: Prozessuale Bedenken werden auf die Endgültigkeit einer den Streik untersagenden eV gerichtet. Einen weiteren Grund für die Notwendigkeit der Einschränkung der eVen wird in der außerordentlichen Lösungsschwierigkeit der zu entscheidenden Rechtsfragen erkannt. Das Eilverfahren sei zudem für die Rechtsfortbildung ungeeignet, weil es im einstweiligen Verfahren nicht

---

621 *Iliakopoulos*, Grenzen der Befriedigungsverfügung, S. 19; *Schilken*, Befriedigungsverfügung, S. 103.

die Möglichkeit der Revision gebe und es kaum zur Durchführung eines Hauptverfahrens komme. Teilweise wird auch darauf abgestellt, dass die Gewerkschaften bei ihrer Aufgabe, die Arbeits- und Wirtschaftsbedingungen ihrer Mitglieder zu fördern, mitunter rechtlich nicht abgesichertes Neuland betreten können müssten.

6. Die wohl h.M. wendet auf den Erlass einstweiliger Streikverbote die allgemeinen Voraussetzungen an. Den eVen im Arbeitskampf wird danach keine Sonderstellung im Vergleich mit denjenigen auf anderen Rechtsgebieten eingeräumt.
7. Die vorgebrachten Einwände gegen die Zulässigkeit der einstweiligen Verfügung im Arbeitskampf überzeugen insgesamt nicht. Trotz des Konflikts mit der konzeptionellen Zielrichtung des einstweiligen Rechtsschutzes steht die grundsätzliche Zulässigkeit einer auf Befriedigung gerichteten eV außer Frage, was auch für das Arbeitskampfrecht gelten muss. Die Vorwegnahme der Hauptsache ist zu dulden, weil auch der Nichterlass endgültige Verhältnisse schaffen kann.
8. Es geht sachlich vielmehr darum, wie die Erlassanforderungen (insbesondere die Anforderungen an den Verfügungsgrund) zu gestalten sind.
9. Ein gesetzlicher Ausschluss und die gleichzeitige Anordnung, dass die betreffenden Arbeitskampfstreitigkeiten beschleunigt vor den zuständigen Gerichten nach den Verfahren in Arbeitssachen abzuhandeln sind, hilft nicht weiter. Das deutsche Arbeitskampf(richter)recht samt den schwierigen Verhältnismäßigkeits-, Abwägungs- und Prüfungsprozessen eignet sich nicht für ein „beschleunigtes" Hauptsacheverfahren. In der Kürze der Zeit ein ordentliches Hauptverfahren mit dessen Garantien durchzuführen, dass die schwierigen hiesigen materiell-rechtlichen Fragen mit allen Abwägungsproblemen zu lösen vermag, erscheint unrealistisch.
10. Durch strengste Anforderungen an den Verfügungsanspruch kann das Eilverfahren – was die Richtigkeitsgewähr betrifft – an das ordentliche Verfahren angenähert werden.

6 Verfügungsansprüche gegen Streiks

6.1 Verzicht auf Prüfung des Verfügungsanspruches?

Ist festgestellt[622] worden, dass die Rechtsgrundlage einer Befriedigungsverfügung dahinstehen kann, da es keine Rolle spielt, ob sich am Prüfungsmaßstab des § 940 ZPO direkt oder analog orientiert wird, so ergibt sich jedenfalls aus dem Wortlaut der Vorschrift lediglich, dass ein „streitiges Rechtsverhältnis“ Erlassvoraussetzung ist. Ein materiell-rechtlicher Anspruch wird dort nicht genannt.

Leipold[623] schlussfolgert daraus, dass eine Befriedigungsverfügung ohne Durchprüfung der materiellen Rechtslage aufgrund einer Interessenabwägung erfolgen kann. Die Auffassung *Leipolds* hat sich allerdings nicht durchgesetzt.[624]

Heckelmann[625] entgegnet, dass § 940 ZPO der Befriedigung diene, § 935 ZPO hingegen der Vollstreckungssicherung. Wenn aber schon die Sicherungsverfügung einen Individualanspruch voraussetze, so müsse dies erst recht für die Befriedigungsverfügung gelten.

Birk[626] tritt bei, wenn er feststellt, dass nur aufgrund einer nicht näher umgrenzten Interessenabwägung das Gericht nicht in die von der Verfassung protegierte Arbeitskampffreiheit eingreifen dürfe; die richterliche Interessenabwägung könne nicht ohne weitere Kautelen der grundrechtlichen Freiheitsausübung Schranken setzen.

Iliakopoulos[627] sieht zu Recht, dass die Befriedigungsverfügung einen starken Eingriff in die Sphäre des Antragsgegners darstellt und eine Verfügung, die ohne Prüfung des materiellen Rechts erlassen wird, mit erheblichstem Risiko behaftet sein kann. Daraus zog bereits *Bauer*[628] folgenden Schluss: *„Je schwerer der*

---

622 Siehe oben unter 4.2.

623 in: Grundlagen des einstweiligen Rechtsschutzes, S. 53 f. Dazu bereits oben unter 3.1.2.3.1.1.

624 vgl. *Bertzbach* in: Däubler, Arbeitskampfrecht, § 24 RN 11 (eingehend die Vorauflage RN 1314 ff.) und die Argumente von *Henniges*, Einstweiliger Rechtsschutz gegen gewerkschaftliche Streiks?, S. 20.

625 in: AuR 70, 166 (171). *„Dafür spricht auch die Ausgestaltung der §§ 935 ff. ZPO als eine Art Erkenntnisverfahren, dessen abschließende Entscheidung im Hauptprozess auf der Grundlage des materiellen Rechts überprüft wird“*, a.a.O.

626 in: AuR 74, 289 (291). *„Soll ein Arbeitskampf unterbunden werden, so müssen an den Erlass solcher Eilmaßnahmen schon höhere Anforderungen gestellt werden“*, a.a.O.

627 in: Grenzen der Befriedigungsverfügung, S. 16.

628 in: BB 64, 607 (608) zur Regelungsverfügung.

beantragte Eingriff in die Sphäre des Antragsgegners ist, je mehr insbesondere eine Erfüllung des geltend gemachten Anspruchs erstrebt wird, desto ***strengere*** *Anforderungen sind an die Prüfung der materiellen Rechtslage und an die Glaubhaftmachung der tatsächlichen Anspruchsgrundlage zu stellen."* Da aber eine Abstufung der Wahrscheinlichkeit in Bezug auf das Bestehen des Verfügungsanspruchs trotz der strengen Prüfung nicht exakt vorgenommen werden kann, soll die strenge Prüfung des Verfügungsanspruchs von weiteren Kriterien flankiert werden, um die Lage des Antragsgegners bei Erlass einer Befriedigungsverfügung so wenig wie möglich zu gefährden.[629] Diese Kriterien lauten je nach Vorschlag: Existenzgefährdung oder Notlage des Antragstellers, Abwehr eines unverhältnismäßig großen Vermögensschadens oder Verhinderung eines endgültigen Rechtsverlustes auf Seiten des Antragstellers.[630]

6.2 Anspruchsgrundlagen

Bei den regelmäßig gewerkschaftlich organisierten Streiks stehen einstweilige Verfügungen gegen die kampfführende Gewerkschaft und die lokal tätigen ausführenden Stellen im Vordergrund,[631] weniger der einzelne Arbeitnehmer. Die Verfügungsansprüche sind Gegenstand zahlreicher Abhandlungen, so dass ein Überblick genügen soll. Für die Beurteilung der Rechtmäßig- bzw. Rechtswidrigkeit ist zuvorderst das Recht der unerlaubten Handlungen maßgebend.

6.2.1 § 826 BGB

Zu Beginn des 20. Jahrhunderts beurteilten das Reichsgericht und das Reichsarbeitsgericht bis in die 50er Jahre hinein Arbeitskämpfe ausschließlich nach § 826 BGB.[632] Danach bildeten praktisch die *„guten Sitten"* den Maßstab für die zivilrechtliche Zulässigkeit des Streiks.[633] Die Wende brachte der sog. „Zeitungsstreik"

---

629 *Iliakopoulos*, Grenzen der Befriedigungsverfügung, S. 16; *Baur*, Studien zum einstweiligen Rechtsschutz, S. 34; *Grunsky*, JuS 76, 277 (282).

630 vgl. zu den Fallgruppen *Saenger*, eR und materiellrechtliche Selbsterfüllung, S. 40 ff. und hier unter 3.1.2.3.2. Eingehend zur Thematik endgültiger Rechtsverlust und Existenzgefährdung unter 7.1 f.

631 *Walker*, eR im Zivilprozess, RN 707.

632 *Söllner/Waltermann*, ArbR, RN 702 m.w.N. aus der Rspr; *Ramm*, AuR 64, 321; *Luckscheiter*, eR gegen Streiks, S. 65; *Sunnus*, AuR 08, 1; *Kreuz*, Verhältnismäßigkeit im Arbeitskampfrecht, S. 18 m.w.N. aus der Rspr; ausf. *Seiter*, Streikrecht, S. 443 ff.

633 *Begemann*, Streik und das Recht am Gewerbebetrieb, S. 9.

von 1952. *Hueck*[634] bezeichnete den Streik als „unmittelbaren Eingriff in den Gewerbebetrieb", da sein Zweck die Stilllegung des Betriebs sei. Im Anschluss ging *Nipperdey*[635] davon aus, dass der Streik dann eine Verletzung des Rechts am Gewerbebetrieb darstelle, wenn er „sozialinadäquat" sei.[636] Diesem Wandel schloss sich auch die Rechtsprechung an. Ausgangspunkt der Prüfung bildete nun § 823 Abs. 1 BGB, als Schutzgut zu sehen war (und ist seither) das Recht am eingerichteten und ausgeübten Gewerbebetrieb als „sonstiges Recht". Der Sache nach handelte es sich um die Ersetzung der Generalklausel der „Sittenwidrigkeit" durch die Prüfungsformel der „Sozialadäquanz", die nach *Nipperdey* als weiter gefasste Begrifflichkeit die zuvor geprüfte Sittenwidrigkeit als moralisches Vorwurfselement gleichsam mitumfasse.[637] Mit dem Tausch der Anspruchsgrundlagen wurden politische Streiks zu rechtswidrigen, unerlaubten Handlungen.[638]

Auf der Folgenseite bedeutete dies eine Haftungserweiterung:

Eingeführt wurden das Verbot von Kampfhandlungen, die nicht auf den Abschluss eines Kollektivvertrages zielten, der „ultima-ratio-Grundsatz in den Arbeitskampf und das Gebot der fairen Kampfführung.[639]

Zwischenzeitlich hat das BAG die „Sozialadäquanz" aufgegeben und vermeidet Bezugnahmen. Zur Ermittlung der Rechtswidrigkeit eines Arbeitskampfes stellt es seit der Grundsatzentscheidung vom 21.04.1971[640] auf das Gebot der Verhältnismäßigkeit ab. § 826 BGB selbst setzt voraus, dass die Arbeitskampfmaßnahme eine vorsätzliche sittenwidrige Schädigung des Kampfgegners darstellt. Liegt die vorsätzliche Schädigung regelmäßig vor – der Arbeitgeber soll schließlich unter dem Druck des entstehenden Schadens zum Abschluss bewegt werden - so ist dies hinsichtlich der Sittenwidrigkeit keineswegs der Fall.[641] Der Aufruf

---

634 *Forsthoff/Hueck*, Rechtsgutachten, S. 35 ff.

635 *Nipperdey*, Rechtsgutachten, passim.

636 *Nipperdey* übernahm den im Strafrecht von Welzel entwickelten Begriff. Ein Streik konnte – jetzt ohne dass er als sittenwidrig i.S.d. § 826 BGB erkannt wurde – als sozial inadäquater Eingriff in den Gewerbebetrieb gelten, *Begemann*, Streik und das Recht am Gewerbebetrieb, S. 9. Vgl. dazu bes. *Nipperdey/Säcker* in: Hueck/Nipperdey, Lehrbuch des Arbeitsrechts, S. 998 ff.; auch *Kreuz,* Verhältnismäßigkeit im Arbeitskampfrecht, S. 18; Die Konzentration auf den Begriff der Sozialadäquanz blieb bis BAG GS v. 21.04.1971 – GS 1/68 = NJW 1971, 1668 maßgebend, a.a.O.

637 *Ramm*, AuR 64, 321 (324).

638 *Wolfer*, AiB 86, 81 (84).

639 *Ramm*, AuR 64, 321 (324). Der Tatbestand des § 823 Abs. 1 BGB erfordert zudem im Gegensatz zu § 826 BGB eine nur fahrlässige Begehung, a.a.O.

640 GS 1/68 – AP Nr. 43 zu Art. 9 GG Arbeitskampf = NJW 71, 1668.

641 *Löwisch/Krauß* in: Löwisch, Schlichtungs- u. Arbeitskampfrecht, RN 696.

zu einem Streik verletzt nicht per se das „*Anstandsgefühl aller billig und gerecht Denkenden*".[642] Hinzu treten müssen weitere, besonders verwerfliche Umstände, wie etwa die Vernichtung des Gegners als Streikziel, die Verwendung strafbarer Hilfsmittel zur Arbeitskampfdurchführung oder ein krasses Missverhältnis zwischen Kampfziel und Kampfzweck.[643] § 826 BGB kommt im Bereich des Arbeitskampfes aufgrund der Verschiebung der Anspruchsgrundlage hin zu § 823 BGB heute jedoch kaum noch praktische Bedeutung zu.[644] Von daher ist das Augenmerk auf § 823 Abs. 1 BGB als Anspruchsgrundlage zu richten.

6.2.2 § 823 Abs. 1 BGB – Eingriff in den Gewerbebetrieb

Der von einem rechtswidrigen Arbeitskampf beschwerte Arbeitgeber kann nach ständiger Rechtsprechung von der streikführenden Gewerkschaft die Unterlassung der Arbeitskampfmaßnahmen verlangen.[645] Ein vorbeugender Unterlassungsanspruch nach § 823 Abs. 1 BGB ist möglich, wenngleich ein Unterlassungsanspruch als Rechtsfolge einer unerlaubten Handlung nach den Gesetzesmaterialien nicht ausdrücklich vorgesehen ist.[646] Unterlassungsansprüche müssen nach allg. Auffassung zugunsten eines jeden in § 823 Abs. 1 BGB geschützten absoluten Rechts bestehen.[647] Das BGB sieht an zahlreichen Stellen Unterlassungs- und

642 *Reinfelder* in: Däubler, Arbeitskampfrecht, § 15 RN 54; *Kissel*, Arbeitskampfrecht, § 47 RN 43; *Holzinger*, EVen gegen gewerkschaftliche Streiks, S. 56 FN 3.

643 BAG v. 22.09.2009 – 1 AZR 972/08 – AP Nr. 174 zu Art. 9 GG Arbeitskampf = NJW 2010, 631; *Reinfelder* in: Däubler, Arbeitskampfrecht, § 15 RN 54; *Löwisch/Krauß* in: Löwisch, Schlichtungs- u. Arbeitskampfrecht, RN 696. Dies ist nur sehr selten festzustellen, vgl. aber BGH v. 31.01.1978 – VI ZR 32/77 = NJW 1978, 816 ff. (Fluglotsen „*bummel*" streik), der eine Sittenwidrigkeit gesehen hatte, dazu a.A: *Löwisch/Krauß* in: Löwisch, Schlichtungs- u. Arbeitskampfrecht, RN 421; ebenso *Zöllner* in: FS Bötticher, S. 433 ff.

644 *Reinfelder* in: Däubler, Arbeitskampfrecht, § 15 RN 54.

645 BAG v. 27.06.1989 – 1 AZR 404/88 – AP Nr. 113 zu Art. 9 GG Arbeitskampf = DB 89, 2228; *Dieterich* in: ErfK, Art. 9 GG RN 224. Die durch Art. 9 Abs. 3 GG verfassungsrechtlich privilegierte Rechtsstellung der Koalitionen hat nach der neueren Auffassung des BAG Rechtsgutcharakter im Sinn von § 823 Abs. 1 BGB und begründet daher einen Anspruch, rechtswidrige Arbeitskämpfe zu unterlassen, *Söllner/Waltermann*, ArbR, RN 709; BAG v. 24.04.2007 – 1 AZR 252/06 – NZA 07, 987 (992).

646 *Luckscheiter*, eR gegen Streiks, S. 63 f. Das Recht der unerlaubten Handlungen zielt in erster Linie auf Schadensersatz ab.

647 *Baldus* in: MüKo-BGB, Band 6, § 1004 RN 35 (sog. „quasi-negatorischer Unterlassungsanspruch").

Beseitigungsansprüche vor.[648] Ihr Anwendungsbereich ist auf die in den §§ 823 ff. geschützten Rechte, Rechtsgüter oder rechtlichen Interessen zu erstrecken.[649] Einerseits bestehe ein vergleichbares Schutzbedürfnis, andererseits komme in den §§ 1004 Abs. 1, 12, 862 Abs. 1 BGB ein allgemeiner Rechtsgedanke zum Ausdruck, der es rechtfertige, die Gesetzeslücke durch eine Analogie zu schließen.[650] Erfordert der Unterlassungsanspruch i.d.R. eine Wiederholungsgefahr, genügt es auch, dass erstmalig eine Beeinträchtigung droht, so dass ebenso bei Erstbegehungsgefahr ein vorbeugender Unterlassungsanspruch in Betracht kommt.[651]

Voraussetzung eines Unterlassungs- bzw. Beseitigungsanspruchs ist übereinstimmend ein rechtswidriger Eingriff in eine durch die §§ 823 ff. geschützte Rechtsposition.[652] Ein nicht rechtmäßiger Streik stellt regelmäßig einen rechtswidrigen Eingriff in das *Recht am eingerichteten und ausgeübten Gewerbebetrieb* dar.[653] Dieses Recht ist auf die ungestörte Betätigung und Entfaltung des geführten Betriebs gerichtet und umfasst alles, was in seiner Gesamtheit den wirtschaftlichen Wert des Betriebs als bestehender Einheit ausmacht.[654]

6.2.2.1 Eingriff in den Gewerbebetrieb

Gegen das Recht am Gewerbebetrieb als sonstiges Recht im Sinne des § 823 Abs. 1 BGB und die Anwendung auf den Arbeitskampf sind in der Evolution des Tatbestandes stets erhebliche Bedenken erhoben worden, die sich bis heute nicht

---

648 Etwa §§ 12, 862 oder 1004 BGB.

649 h.M, statt vieler z.B. *Staudinger* in: Schulze, BGB, Vorb. § 823 RN 10.

650 *Staudinger* in: Schulze, BGB, Vorb. § 823 RN 10. Ein präventiver Schutz liegt nicht nur im alleinigen Interesse des Rechtsinhabers: Dem Täter bleibt die Inanspruchnahme auf Schadensersatz erspart, vgl. *Hager* in: Staudinger, BGB, Vorb. §§ 823 ff. RN 63. Schadensverhütung gehe der Schadensregulierung vor, ebenfalls *Hager* in: Staudinger, BGB, a.a.O.

651 BAG v. 08.11.94 - 1 AZR 417/86 - NJW 89, 1881; *Korinth*, eR im Arbeitsgerichtsverfahren, S. 317 RN 227; *Staudinger* in: Schulze, BGB, Vorb. § 823 RN 11; *Brox*, JA 82, 221 (226).

652 *Staudinger* in: Schulze, BGB, Vorb. § 823 RN 11; *Luckscheiter*, eR gegen Streiks, S. 64.

653 *Walker*, eR im Zivilprozess, RN 708; *K. Schmidt*, JuS 93, 985 (989); aus d. Rspr: BAG v. 21.12.1982 - AP Nr. 76 zu Art. 9 GG Arbeitskampf; BAG v. 12.09.1984 - AP Nr. 81 zu Art. 9 GG Arbeitskampf = NJW 85, 85; ArbG Chemnitz v. 05.10.2007 - 7 Ga 26/07 = AuR 07, 393; weitere Nachweise bei *Wagner* in: MüKo-BGB, Band 5, § 823 RN 284 FN 1264.

654 BAG v. 22.09.2009 - 1 AZR 972/08 - AP Nr. 174 zu Art. 9 GG Arbeitskampf = NJW 2010, 631; auch BAG v. 20.01.2009 - 1 AZR 515/08 - NJW 2009, 1990.

aufgelöst haben.[655] Die weitere Bearbeitung will auf eine Auseinandersetzung mit den grundsätzlichen Bedenken an dieser Stelle mangels Erkenntnisgewinns für die konkrete Thematik verzichten und nimmt das „Recht am Gewerbebetrieb“ als vorausgesetzt an.[656]

Nicht übergangen werden soll hingegen, dass gerade im Arbeitskampf – abgesehen von den grundsätzlichen Bedenken – ebenfalls starke Kritiken an dieser Rechtsfigur geäußert werden,[657] die im Ergebnis auf folgende Korrektive hinauslaufen: *Schwitanski*[658] plädiert dafür, einen rechtswidrigen Arbeitskampf im Ergebnis nicht als Eingriff in den Gewerbebetrieb zu klassifizieren, sondern den tatbestandlichen Ansatz bei einer Eigentumsverletzung an den Produktionsmitteln

---

655 *Söllner/Waltermann*, ArbR, RN 702; in neuerer Zeit insb. *Canaris*, VersR 05, 577 (582 ff.) u. *Sack*, VersR 06, 1001 (1003 ff. und hier FN 655). Das Recht am Gewerbebetrieb ersetze im deliktsrechtlichen Bereich reine Vermögensschäden, was den rechtspolitischen Absichten klar zuwiderliefe (hier: Bezogen auf den Arbeitskampf führt die kollektive Verweigerung der Arbeitsleistung in der Regel zu Produktionsausfall und damit zu „entgangenem Gewinn“. Dieser typische Streikschaden ist ein reiner Vermögensschaden). Vorzugswürdiger erscheine es, § 826 BGB zur *„Zentralnorm des deliktischen Vermögensschutzes auszubauen, anstatt in § 823 BGB eine Enklave der Haftung für reine Vermögensschäden zu schaffen“*, so *Wagner* in: MüKo-BGB, Band 5, § 823 RN 254.

656 Eine Ablehnung wäre wohl auch *„praxisfern“*, so schon *Holzinger*, EVen gegen gewerkschaftliche Streiks, S. 54. Das Recht am eingerichteten und ausgeübten Gewerbetrieb ist heute allgemein anerkannt, vgl. etwa nur: BAG v. 22.09.2009 – 1 AZR 972/08 - AP Nr. 174 zu Art. 9 GG Arbeitskampf = NJW 2010, 631; BGH v. 18.01.1983 - VI ZR 270/80 = NJW 83, 812. Auch ob die Konkretisierung des „Rahmenrechts“ über Kriterien wie der Unmittelbarkeit, der Betriebsbezogenheit oder über Fallgruppen erfolgen sollte, soll hier dahinstehen.

657 S. die Zusammenfassung bei *Wagner* in: MüKo-BGB, Band 5, § 823 RN 284; Überblick über die Kritik an der Rechtsprechung auch bei *Luckscheiter*, eR gegen Streiks, S. 67 ff.; vgl. daneben *Leinemann*, AuR 70, 289 (290); *Seiter*, Streikrecht, S. 443 ff. (bes. 464 ff.); *Hoffmann*, AuR 68, 33 (35 ff.); ideologisch *Wiethölter*, KJ 70, 121 (139). *Sack*, VersR 05, (FN 627) plädiert im Arbeitskampf für eine Anwendung des § 826 BGB: *„Auch Streikaufrufe, insbesondere von Gewerkschaften, lassen sich lückenlos mit § 826 BGB erfassen, wenn sie rechtswidrige Eingriffe in das Recht am Gewerbebetrieb darstellen. Denn es sind vorsätzliche Schädigungshandlungen, und ihre Sittenwidrigkeit nach § 826 BGB ist nach denselben Maßstäben durch eine Interessenabwägung festzustellen, wie ihre Rechtswidrigkeit nach § 823 Abs. 1 BGB unter dem Gesichtspunkt eines Eingriffs in das Recht am Gewerbebetrieb festzustellen wäre“*; a.A. *Reinfelder* in: Däubler, Arbeitskampfrecht, § 15 RN 55, der genau andersrum den Rückgriff auf § 826 BGB für nicht erforderlich hält.

658 in: Deliktsrecht, Unternehmensschutz und Arbeitskampfrecht, S. 328 ff.

zu suchen. Nach *Zöllner/Loritz/Hergenröder*[659] soll die Haftungsfrage bei einem rechtswidrigen Streik auf Basis von § 823 Abs. 2 BGB i.V.m. §§ 240, 253 StGB entschieden werden.[660] *Erman/Schiemann*[661] wollen einen Unterlassungsanspruch hingegen aus § 823 Abs. 2 BGB i.V.m. den richterrechtlichen Grundsätzen des Arbeitskampfrechts ableiten. *Wagner*[662] hat indes bereits nachgewiesen, dass jeder einzelne dieser Vorschläge erhebliche Schwächen aufweist, so dass eine Überlegenheit dieser Vorschläge gegenüber dem Ansatz des BAG nicht erkennbar ist. Insbesondere kann den arbeitskampfrechtlichen Grundsätzen wie der Friedenspflicht oder dem Verhältnismäßigkeitsgebot kein Schutznormcharakter zugesprochen werden, so dass speziell der Vorschlag von *Erman/Schiemann* hier abgelehnt wird:

Schutznormen verbieten ausgewählte Verhaltensmaßnahmen, insbesondere die Straftatbestände. Die tarifvertragliche Friedenspflicht bindet die Vertragsparteien, während der Geltungsdauer auf Arbeitskampfmaßnahmen zu verzichten; es handelt sich um *vertragliche* Friedenspflichten. Die Verletzung einer vertraglichen Pflicht kann indes nicht widerrechtlich sein. Einer vertraglichen Pflicht kommt kein Schutznormcharakter zu, weder im Verhältnis der Vertragsparteien zueinander, noch im Verhältnis zu Dritten.[663] *Widmer*[664] führt diesbezüglich zum schweizerischen Recht weiter aus, dass der Schutzgehalt der Friedenspflicht allein nicht genüge, aus einer vertraglichen Friedenspflicht eine deliktische Schutznorm abzuleiten. Auch außerhalb des Kollektivarbeitsrechts sei es denkbar, dass eine Partei sich verpflichte, im Interesse eines vertragsfremden Dritten tätig oder eben nicht tätig zu werden. Werde diese Verpflichtung verletzt, so stelle dies für sich alleine noch keine widerrechtliche Handlung dar. Gegen die Annahme der Friedenspflicht als deliktische Schutznorm spreche überdies, dass sie zu einer nicht gerechtfertigten Ungleichbehandlung jener Arbeitgeber führte, die nicht vom Tarifvertrag (und damit nicht in den Genuss der Friedenspflicht

---

659 in: Arbeitsrecht, § 42 IV 1 c.

660 Dagegen *Wagner* in: MüKo-BGB, Band 5, § 823 RN 284, der die strafrechtlichen Sanktionsnormen als viel zu „grobkörnig" erkennt, um Haftungsfragen bei rechtswidrigen Streiks über § 823 Abs. 2 BGB zu lösen.

661 in: BGB, § 823 RN 58. Ebenso *Loritz*, ZfA 85, 185 (194 f.); *Hromadka/Maschmann*, Arbeitsrecht Bd. 2, § 14 RN 130; *Seiter*, Streikrecht, S. 465 ff.

662 in: MüKo-BGB, Band 5, § 823 RN 284. Gleicher Ansicht: *Hager* in: Staudinger, BGB, § 823 RN D 47.

663 *Widmer*, ArbR 07, 66 (83).

664 a.a.O. (86), FN zuvor.

gelangten) erfasst würden.[665] Diese Argumentation *Widmers* lässt sich auf das deutsche Arbeitskampfrecht ohne weiteres übertragen.

Daneben bestehen starke Zweifel auch an der Eignung des Verhältnismäßigkeitsgrundsatzes als deliktische Schutznorm. Schutznormen müssen klar und unzweideutig dem Bürger das abgeforderte (oder zu unterlassende) Verhalten vor Augen führen. Lassen z.B. die Tatbestände des StGB erkennen, welches Verhalten sanktioniert wird, so ist dies bei der Frage nach der Verhältnismäßigkeit eines Arbeitskampfes nicht der Fall. Der Verhältnismäßigkeitsgrundsatz ist viel zu „schwammig", als dass er als echte Schutznorm Geltung erlangen könnte.[666]

Trotz der zahlreichen Urteile ist es außerordentlich schwierig, bereits im Vorfeld zu erkennen, ob ein Arbeitskampf verhältnismäßig ist oder nicht.[667] Es fehlen feste Kriterien[668], um im Voraus mit verlässlicher Sicherheit zu beurteilen, ob ein Arbeitskampf z.B. das mildeste mögliche Mittel darstellt, so dass es bedenklich wäre, aus dem Verhältnismäßigkeitsprinzip eine allgemeine Schutznorm abzuleiten.[669] Will man hingegen den herauskonkretisierten und dem Verhältnismäßigkeitsgebot mitunterfallenden Grundsätzen wie dem „Gebot fairer Kampfführung"[670] (u.a. Verbot des Vernichtungskampfes, Verbot von Gewalttaten) Schutzcharakter zusprechen, so ist dies nicht fernliegend, immerhin ist klar ersichtlich, welches Verhalten kampfrechtlich unerwünscht ist. Nur könnte eine solche Einstufung nicht darüber hinwegtäuschen, dass dadurch lediglich ein Teilbereich abgedeckt würde, die Masse der Arbeitskämpfe so aber nicht auf deren Widerrechtlichkeit einer Prüfung unterzogen werden könnte. Das Bewertungsnetz wäre viel zu grobmaschig. Ohnehin werden im Fall von Gewalttaten zumeist absolute Rechtsgüter verletzt.[671]

---

665 *„Wollte man aus der (absoluten) Friedenspflicht eine Schutznorm ableiten, hätte dies zur Folge, dass ein und derselbe Streik widerrechtlich oder rechtmäßig sein könnte, je nach Person des bestreikten Arbeitgebers. Deliktische Schutznormen sind jedoch allgemeine Verhaltensnormen, die nicht nur gegenüber bestimmten Personen zu beachten sind"*, *Widmer*, a.a.O. (87).

666 *Widmer*, ArbR 07, 66 (93).

667 *Widmer*, ArbR 07, 66 (92). Die Frage nach der Verhältnismäßigkeit ist insbesondere im Arbeitskampf der Spartengewerkschaften unvorhersehbar, extrem schwierig zu entscheiden und kann dabei von subjektiven Sichtweisen geprägt sein.

668 *Dazu Spickhoff* in: Soergel, BGB, § 823 RN 186 ff.

669 *Widmer*, a.a.O, (92 u. 93).

670 Das Gebot „fairer Kampfführung" ist im Rahmen der Proportionalitätsprüfung der Verhältnismäßigkeitsschau zu beachten.

671 *Widmer*, ArbR 07, 66 (94 FN 120).

Zusammenfassend ist daher festzuhalten, dass § 823 Abs. 1 – Eingriff in den eingerichteten und ausgeübten Gewerbebetrieb – als Anspruchsgrundlage für eine Unterlassungsverfügung herbeizitiert werden kann.

Die Mindermeinung, die eine Verletzung des Rechts am eingerichteten und ausgeübten Gewerbebetrieb im Arbeitskampf mit der Begründung ablehnte, dieses Recht schütze allein gegen Beeinträchtigungen von außen, nicht aber gegen Auseinandersetzungen unter den Mitgliedern der Produktionsgemeinschaft,[672] gilt mittlerweile als überwunden.

Loritz[673] begründet die Ablehnung der These damit, dass es keinen Unterschied machen könne, ob die Störung von „innen" oder von „außen" komme. Ein Arbeitnehmer, der das Recht am Gewerbebetrieb seines eigenen Unternehmens verletze, könne nicht anders zu behandeln sein, als einer, der Schäden bei einem fremden Betrieb verursache.

6.2.2.2 Rechtswidrigkeit

Nicht rechtswidrig sind Eingriffe in den Gewerbebetrieb, wenn sie als Arbeitskampfmaßnahmen zulässig sind.[674] Die Zulässigkeit eines konkret gewählten Arbeitskampfmittels richtet sich, wie bei sonstigen Kampfmitteln auch, nach dem Grundsatz der Verhältnismäßigkeit. Arbeitskampfmittel sind rechtswidrig, wenn sie zur Durchsetzung der – zwar rechtmäßig – erhobenen Forderungen offensichtlich ungeeignet oder nicht erforderlich oder wenn sie unangemessen sind.[675] Bei der vom Antragsteller[676] darzulegenden Rechtswidrigkeit liegt das Hauptproblem im Zusammenhang mit dem Verfügungsanspruch: Die Voraussetzungen für die

---

672 *Ramm*, AuR 64, 129 (132 ff.); *Hoffmann*, AuR 68, 33 (36 ff.), Die Arbeitnehmer griffen nicht von außen in eine funktionsfähige Organisation ein, sondern aktualisierten nur eine „immanente" Störungsquelle, a.a.O; *Hoeniger*, RdA 53, 204 (210 f.).

673 in: DB 87, 223 (227); auch *Luckscheiter*, eR gegen Streiks, S. 70; *Heckelmann*, AuR 70, 166 (173).

674 BAG v. 22.09.2009 – 1 AZR 972/08 – AP Nr. 174 zu Art. 9 GG Arbeitskampf = NJW 2010, 631.

675 BAG v. 22.09.2009 – 1 AZR 972/08 – AP Nr. 174 zu Art. 9 GG Arbeitskampf = NJW 2010, 631: *„Regelmäßig unangemessen sind Verletzungen der in § 823 Abs. 1 BGB ausdrücklich genannten Rechte wie Leben, Körper, Gesundheit, Freiheit und Eigentum. Dies gilt nicht in gleicher Weise für den arbeitskampfbedingten Eingriff in den eingerichteten und ausgeübten Gewerbebetrieb. Ob ein solcher angemessen ist, hängt wesentlich davon ab, ob das Kampfmittel den durch Richterrecht entwickelten Grundsätzen genügt."*

676 Der Erlass einer einstweiligen Verfügung setzt die substantiierte Darlegung und Glaubhaftmachung der erfüllten Voraussetzungen eines Verfügungsanspruches,

Rechtmäßigkeit des Streiks unter den Aspekten der Verhältnismäßigkeit, des ultima-ratio-Prinzips und der Reichweite der Friedenspflicht sind gesetzlich nicht geregelt.[677] Hier ist vieles noch ungeklärt und auch für die streikende Gewerkschaft bis zu einer höchstrichterlichen Entscheidung oft kaum vorhersehbar.[678]

Unter welchen Voraussetzungen ein Arbeitskampf überhaupt als rechtswidrig angesehen werden kann, ist schwer zu beschreiben. Dies liegt vor allem an dem unbestimmten Rechtsbegriff der Verhältnismäßigkeit, welche in neuerer Zeit im Rahmen der Spartenkämpfe häufig das „Zünglein an der Waage“ ist.

6.2.2.2.1 Exkurs: Umgrenzung des Verhältnismäßigkeitsmaßstabs

Ist eingangs der Arbeit festgestellt worden, dass sich das Tarif -und Arbeitskampfrecht in einer Umbruchsituation befindet, da mit „Schlüsselgewalt“ ausgestattete Sparten- und Spezialistengewerkschaften den Arbeitgebern zusetzen, ist zu überlegen, ob und wie die Verhältnismäßigkeit verbindlicher definiert werden könnte.[679] Richtig ist zunächst, dass auch ein Streik im Bereich der Daseinsvorsorge nicht unzulässig sein kann.[680] Ein solches Streikverbot wäre mit Art. 9 Abs. 3 GG nicht zu vereinbaren. Eine Verhältnismäßigkeitsprüfung mit „schärferem“ Abwägungspostulat ist indes überlegenswert: Hält man zunächst fest, dass Kleinstgewerkschaften in der Lage sind, Kollateralschäden in der Wirtschaftsordnung zu erzeugen, die mitunter die gesamte Republik betreffen,[681] kommt schnell die Frage auf, ob dies noch hinnehmbar sein kann.[682] Ging die frühere Rechtsprechung davon aus, dass die „Lohngewalt“ grundsätzlich beim Arbeitgeber zu liegen komme und daher eine Disparität zu Lasten des Arbeitnehmers vorläge, so

---

mithin die Darlegung der Rechtswidrigkeit der zu untersagenden Arbeitskampfmaßnahme voraus, *Germelmann* in: G/M/P/M-G, ArbGG, § 62 RN 91.

677 *Walker*, eR im Zivilprozess, RN 708.

678 *Dieterich* in: ErfK, Art. 9 GG RN 229.

679 Dazu *Weber*, Verhältnismäßigkeit der Arbeitskämpfe von Spartengewerkschaften, passim.

680 LAG Frankfurt v. 20.10.2014 – 9 Ta 573/14; LAG Frankfurt v. 07.11.2014 – 9 SaGa 1496/14 m.w.N.

681 Aufgrund der größeren „Hebelwirkung“, vgl. *Bayreuther*, NZA 08, 12 (15); *Feudner*, BB 07, 2459 (2461); *Sunnus*, AuR 08, 1 (6).

682 Auch wenn es gerade dem Wesen des Streiks entspreche, dass der Gegenseite wirtschaftliche Schäden zugefügt würden, BAG v. 19.06.2007 – 1 AZR 396/06 – AP Nr. 173 zu Art. 9 GG Arbeitskampf = DB 07, 2038; BAG v. 22.09.2009 – 1 AZR 972/08 – AP Nr. 174 zu Art. 9 GG Arbeitskampf = NJW 2010, 631.

könnte dies heuer aufgrund der Effizienz der Spartengewerkschaft wieder der Fall sein, nun aber zu Lasten des Arbeitgebers.[683]

Ob ein aufgrund dieser Ausgangslage geschlossener Tarifvertrag noch auf einem angemessenen Interessenausgleich der Parteien beruht, erscheint zumindest zweifelhaft.[684] Für den Arbeitgeber besteht zudem die Gefahr, dass er sich permanenten Arbeitskämpfen ausgesetzt sieht, wenn mehrere konkurrierende Gewerkschaften in seinem Betrieb eigenständige Tarifverträge durchzusetzen versuchten.[685] Dabei kann es zwischen den Gewerkschaften auch zu einem fragwürdigen Überbietungswettbewerb kommen,[686] da hohe Abschlüsse geeignet sind, Begehrlichkeiten zu wecken. Das bisher vor allem durch Richterrecht geprägte Streikrecht scheint der veränderten Arbeitswelt und der wachsenden Anzahl von Gewerkschaften nicht mehr gerecht werden zu können.[687] Verlässlichkeit und Vorhersehbarkeit sind mit Einzelfall-Entscheidungen der Instanzen jedenfalls nicht gegeben. Die Entwicklung in der Gewerkschaftslandschaft ist nicht unbedenklich.[688] Ein für gewöhnliche, bisher bestehende Streikmaßnahmen entwickeltes Arbeitskampfrecht, kann aber nicht ohne Modifikationen auf den Spartenstreik angewendet werden.[689] *Jacobs*[690] schlägt dazu vor, anhand

---

683 *Weber*, Verhältnismäßigkeit der Arbeitskämpfe von Spartengewerkschaften, S. 51 f.; *Feudner*, BB 07, 2459 (2460); *Steinau-Steinrück/Brugger*, NZA 2010, Beil., 127 (129); *Franzen*, RdA 08, 193 (203); *Jacobs*, NZA 08, 325 (329); *Meyer*, DB 06, 1271 (1272); vgl. auch *Kamanabrou*, ZfA 08, 241 (262 ff.); *Sittard*, ZTR 08, 178 (183).

684 Fragt auch: *Weber*, Verhältnismäßigkeit der Arbeitskämpfe von Spartengewerkschaften, S. 52.

685 *Weber*, Verhältnismäßigkeit der Arbeitskämpfe von Spartengewerkschaften, S. 58 u. 82 ff.; *Giesen*, NZA 09, 11 (16); *Steinau-Steinrück/Brugger*, NZA 2010, Beil., 127 (129); *Kamanabrou*, ZfA 08, 241 (263); *Meyer*, NZA 06, 1387 (1390); *Greiner*, NZA 07, 1023 (1024); nach *Schliemann* sog. „Streikkaskaden", in: FS Bauer, S. 923 ff.; *Brocker*, NZA 2010, Beil., 121 (122 f.).

686 *Bayreuther*, NZA 08, 12 (15); *ders.*, BB 05, 2633 (2640); *Giesen*, NZA 09, 11 (13, 15); *Weber*, Verhältnismäßigkeit der Arbeitskämpfe von Spartengewerkschaften, S. 83 m.w.N; *Sittard*, ZTR 08, 178 (183).

687 *Goebel* fordert z.B, der Gesetzgeber müsse deutlich regeln, dass die verschiedenen Gewerkschaften in den Unternehmen nicht permanent streiken dürften, in: „Die Familienunternehmer" vom 29.02.2012; abzurufen unter: www.wir-familienunternehmer.eu/archiv/politik; *v. Steinau-Steinrück/Glanz*, NZA 09, 113 (115). *„Im Rahmen der Verhältnismäßigkeit sind keine greifbaren Kampfgrenzen mehr erkennbar."*

688 Fordert auch *Goebel* in: „Die Familienunternehmer" v. 29.02.2012, abzurufen unter: www.wir-familienunternehmer.eu/archiv/politik.

689 *Weber*, Verhältnismäßigkeit der Arbeitskämpfe von Spartengewerkschaften, S. 122.

690 in: NZA 08, 325 (331).

eines *Stufenmodells* die Verhältnismäßigkeitsgrenzen zu reformieren. Danach soll die Verhältnismäßigkeit nur gewahrt bleiben, wenn die Kampfmittel zunächst zahlenmäßig, zeitlich und räumlich begrenzt eingesetzt werden und mit einigem Vorlauf avisiert worden sind.[691]

Dieser Maßnahmenkatalog würde den Verhältnismäßigkeitsgrundsatz in ein etwas engeres Korsett schnüren. *Bayreuther*[692] hält eine Pflicht zur Vorankündigung wie in Italien und Frankreich ebenfalls für überlegenswert. Bei Arbeitskämpfen von Spartengewerkschaften wird zudem zur Wahrung der Verhältnismäßigkeit ein zeitlich vorgelagertes obligatorisches Schlichtungsverfahren (ohne Zwangsschlichtung) gefordert.[693] Durch die durchzuführenden Zwangsverhandlungen würden Arbeitskämpfe zwar nicht verhindert, aber wenigstens unwahrscheinlicher.[694] Einem derartigen Verfahren wohne ein „Cool-down-Effekt"[695] inne, welcher der Situation den nötigen Raum verschaffe, um auf sachlicher Ebene diskutieren zu können.[696] Da den Tarifvertragsparteien die Freiheit zur Bestimmung des Tarifinhalts sowie die Freiheit, nach Scheitern der Schlichtung doch in den Kampf zu treten, uneingeschränkt verbliebe, kann in einem obligatorischen Schlichtungsverfahren kein Eingriff in die Tarifautonomie oder Koalitionsfreiheit gesehen werden.[697] Ist die Schlichtung im Ergebnis unverbindlich, so besteht in

691 *Jacobs*, NZA 08, 325 (331), bevor der Streik in einer zweiten Phase ausgeweitet werden dürfte; ebenso *v. Steinau-Steinrück/Glanz*, NZA 09, 113 (115).

692 *Bayreuther*, NZA 08, 12 (17); zur Vorankündigung auch *Sittard*, ZTR 08, 178 (182); LAG Sachsen v. 02.11.2007 – 7 SaGa 19/07 = NZA 08, 59.

693 *Jacobs*, NZA 08, 325 (331); *Bayreuther*, NZA 08, 12 (16); *Lieb/Jacobs*, Arbeitsrecht, RN 603; *Konzen* in: FS 50 Jahre BAG, S. 548; *Hanau/Thüsing* in: Thüsing, Tarifautonomie im Wandel, S. 35 ff.; *Steinau-Steinrück/Glanz*, NZA 09, 113 (115) weisen darauf hin, dass dies nach der derzeitigen Gesetzeslage durch eine Neuinterpretation des Verhältnismäßigkeitsgrundsatzes bereits umsetzbar wäre; *Kamanabrou*, ZfA 08, 241 (276 ff.); *Buchner*, BB 07, 2520 (2521); LAG Frankfurt v. 07.11.2014 – 7 SaGa 1496/14: Durchführung eines Schlichtungsverfahren könne nicht im Wege der Rechtsfortbildung ohne gesetzliche Grundlage verlangt werden.

694 *Steinau-Steinrück/Glanz*, NZA 09, 113 (115).

695 Sog. „Abkühlungsphase".

696 *Weber*, Verhältnismäßigkeit der Arbeitskämpfe von Spartengewerkschaften, S. 140; hinzu kommt noch der öffentliche Rechtfertigungsdruck, *Bayreuther*, NZA 08, 12 (16).

697 *Weber*, Verhältnismäßigkeit der Arbeitskämpfe von Spartengewerkschaften, S. 139. Anders wenn das Tarifergebnis verbindlich festgelegt würde. Darin wäre eine unzulässige staatliche Zwangsschlichtung zu sehen, die der Tarifautonomie entgegenstünde, BVerfG v. 06.05.1964 – 1 BvR 79/62 = NJW 64, 1267; dazu *Reinfelder* in: Däubler, Arbeitskampfrecht, § 15 RN 27; *Otto* in: MüKo-ArbR, § 296 RN 14;

der Tat natürlich die Gefahr, dass letztlich keine Einigung erzielt und doch in den Arbeitskampf eingetreten wird.[698]

Nur die verbindliche Schlichtung garantiert, dass weitere Arbeitskämpfe vermieden werden.[699] Die verfassungsrechtlichen Bedenken, Zweifel an der Akzeptanz eines oktroyierten Schlichterspruches und die Abgabe der Initiative und Verantwortung durch die Tarifparteien an den Staat sprechen aber deutlich gegen eine „echte" Zwangsschlichtung.[700]

Der Ansicht *Webers'*[701], dass eine obligatorische Schlichtung nicht geeignet sei, die bestehenden Konflikte aufzulösen, weil sich die Tarifparteien kaum durch einen Schlichtungsversuch von Arbeitskampfmaßnahmen abhalten ließen und eine Einigung nicht zu erreichen sei, wird hier nicht gefolgt.

Bei einem verbindlichen Schlichtungsverfahren geht es darum, die Tarifparteien zunächst zu einem Zusammentreffen zu zwingen. Immerhin stellt die Schlichtung so eine zusätzliche Chance dar, einen Abschluss zu erreichen, die nicht von vornherein generalisierend als unergiebig abgetan werden sollte. Genausogut kann es sein, dass die eingeleitete Schlichtung doch erfolgreich ist. Dass ein Schlichtungsverfahren zum Erfolg führt, ist im Übrigen nichts Ungewöhnliches[702], so dass der pauschale Hinweis, zum Kampf entschlossene Parteien würden sich davon nicht von Kampfmaßnahmen abhalten lassen, nicht verfängt. Dies liest sich

---

Löwisch/Krauß in: Löwisch, Schlichtungs- u. Arbeitskampfrecht, RN 336; *Kissel*, Arbeitskampfrecht, § 69 RN 22, 50; *Dieterich* in: ErfK, Art. 9 GG RN 70, 286; *Kamanabrou*, ZfA 08, 241 (277).

698 *Kamanabrou*, ZfA 08, 241 (278). „*Da den Spartengewerkschaften eine effektive Interessenvertretung nicht abgesprochen werden kann, wäre es zu weitgehend, ihr bei gescheitertem Vermittlungsversuch Arbeitskampfmittel zu verwehren*", a.a.O. Ein verbindlicher Schlichterspruch ist aber nicht erforderlich, um die Verhältnismäßigkeit des Arbeitskampfes zu wahren, a.a.O.

699 *Kamanabrou*, ZfA 08, 241 (277).

700 *Kamanabrou*, ZfA 08, 241 (277).

701 *Weber*, Verhältnismäßigkeit der Arbeitskämpfe von Spartengewerkschaften, S. 140. *Weber* stellt dabei auf den Bahn-Konflikt 2007 ab, bei dem es in der Tat nicht gelungen ist, eine vernünftige Verhandlungsatmosphäre zu schaffen, geschweige denn überhaupt in Verhandlungen einzutreten. Selbst der neutrale Beobachter erkannte allerdings, dass dieser beispiellose Konflikt, den *Reichold*, NZA 07, 1262 (1263) als „einen von der Bahn initiierten, von Zermürbungstaktik und Nicht-Verhandlungs-Willen gekennzeichneten Prozess beschreibt" (und der Bahn das Fehlen von Verhandlungskultur attestiert), keinesfalls den Normallfall darstellt. Es ist daher nicht richtig, aus diesem Einzelfall darauf zu schließen, dass Schlichtungsverfahren generell nicht geeignet sind, Tarifparteien zu einer Einigung zu verhelfen.

702 So bildet die „Mediation" mittlerweile einen eigenen Fachbereich.

in etwa so, als ob es Gewerkschaften gar nicht auf Abschlüsse ankäme, sondern vorderstes Ansinnen die Führung von Arbeitskämpfen als Selbstzweck sei. Warum zwei Kampfparteien, die eigentlich zum Kampf entschlossen sind (möchte dies der Arbeitsgeber überhaupt jemals wirklich?), diese Haltung durch ein professionell geführtes Schlichtungsverfahren nicht aufgeben können sollen, erschließt sich nicht.

Die Vorsehung einer Pflicht zur Durchführung eines Schlichtungsverfahrens als erste Maßnahme, ist nach diesseitiger Auffassung entgegen *Weber* tatsächlich anzuempfehlen, auch unter dem Bewusstsein, dass dies kein Allheilmittel[703] zur Lösung der Verhältnismäßigkeitsfragen ist. Die Einführung eines Schlichtungsverfahrens könnte jedenfalls ohne viel Aufwand zeitnah umgesetzt werden und in das Tarifvertragsgesetz Einzug halten. Der Vorschlag wurde auch in dem Gesetzesentwurf[704] der Professoreninitiative zu Arbeitskämpfen in der Daseinsvorsorge berücksichtigt. Danach kann nach Scheitern der Tarifvertragsverhandlungen das staatliche Schlichtungsverfahren eingeleitet werden, welches sodann bei der neu zu bildenden Bundesschlichtungsstelle geführt würde, § 6 des Gesetzesentwurfs. Klingt der Vorschlag insgesamt opportun, so wird nach hier vertretener Auffassung dennoch eine obligatorische Schlichtung bevorzugt, so dass das staatliche Schlichtungsverfahren unabhängig eines Kampfparteiantrages anläuft, d.h. nicht eingeleitet werden „kann", sondern einzuleiten „ist". Da keinesfalls die Unverhältnismäßigkeit eines Streiks einfach mit volkswirtschaftlichen Schäden[705]

---

703 Dies zeigen die Erfahrungen aus dem Bahnstreik 2007, gibt *Bayreuther*, NZA 08, 12 (17), zu Bedenken.

704 „Arbeitskampf in der Daseinsvorsorge", von *Franzen/Thüsing/Waldhoff*, abzurufen unter: http://www.cfvw.org/stiftung/projektbereich-zukunft-der-arbeit/arbeitskampf/gesetzentwurf.

705 Inwieweit Streiks im Hinblick auf das Gemeinwohl und die Daseinsvorsorge unverhältnismäßig sein können, ist bislang höchstrichterlich nicht entschieden, *Sächsisches LAG* v. 02.11.07 – 7 SaGa 19/07 = LAGE Art. 9 GG Arbeitskampf Nr. 80 S. 37. Es gehört zum Wesen eines Streiks, durch Zufügung wirtschaftlicher Nachteile Druck zur Erreichung eines legitimen Ziels auszuüben, statt vieler *Jacobs*, NZA 08, 325 (330); *Bayreuther*, NZA 08, 12 (13): „*Ein Arbeitskampf darf und soll wirtschaftliche Schäden anrichten*" (unzutreffend ArbG Nürnberg v. 08.08.2007 – 13 Ga 65/07 = AuR 07, 320). Ob sich ein Streik auf Dritte auswirkt ist zunächst irrelevant, ebenso ob die Konjunktur darunter leidet, *Bayreuther*, a.a.O. Sicher wird man davon ausgehen können, dass in „lebensnotwendigen" Bereichen während eines Streiks ein hinreichender Notdienst gewährleistet sein muss, *Sächsisches LAG*, a.a.O; *Kamanabrou*, ZfA 08, 241 (278) m.w.N; *Bayreuther*, a.a.O. Die bedrohte Prosperität der wirtschaftlichen Entwicklung ***ist aber kein Verfassungsgut, das gegen das Streikrecht in Stellung***

begründet werden kann, Streiks von Sparten- und Spezialisten auch weder von vornherein unverhältnismäßig, noch gemeinwohlschädlich sind,[706] die Arbeitsteilung und hohe Technologisierung unserer Volkswirtschaft das komplette System aber anfällig machen für Störungen durch den Ausfall einzelner Glieder,[707] wird an dieser Stelle ergänzend der Vorschlag von *Franz*[708] für sinnvoll gehalten:

Danach sei eine Möglichkeit zu schaffen, einen Streik nach dem US-amerikanischen Vorbild kurzfristig für einen bestimmten Zeitraum unterbrechen zu können und die Tarifparteien in diesem „Freeze-out" erneut an den Verhandlungstisch zu bewegen bzw. zu zwingen.[709] Damit könnten in Ausnahmefällen – z.B. wenn die Parteien zerstritten sind und den Disput absehbar nicht beilegen werden – zur Vermeidung von eklatanten Schäden für die Wirtschaft die Arbeitnehmer vorübergehend zur Rückkehr an den Arbeitsplatz verpflichtet werden, um so Zeit für Gespräche zu gewinnen und die verhärteten Fronten aufzubrechen.

Mancherorts wird schließlich auch über eine Anwendung der „lösenden"[710] Aussperrung nachgedacht,[711] da die suspendierende Aussperrung aufgrund

---

gebracht werden könnte, *Greiner*, NZA 07, 1023 (1028). *„Ein von verfassungsrechtlichen Gewährleistungen abgekoppelter Gemeinwohlbegriff kann angesichts der vorbehaltlosen Grundrechtskonzeption von Art. 9 Abs. 3 GG der Arbeitskampffreiheit keine Grenzen setzen.* ***Jeder Arbeitskampf ist mit kurzfristigen volkswirtschaftlichen Schäden verbunden.*** *Sollen diese eingedämmt werden, muss politisch über andere Wege nachgedacht werden […], Greiner,* a.a.O.

706 *Jacobs*, NZA 08, 325 (330); *Sittard*, ZTR 08, 178 (180).

707 *Hromadka*, NZA 08, 384.

708 Vorsitzender des Sachverständigenrats zur Begutachtung der gesamtwirtschaftlichen Entwicklung (Wirtschaftsweise) gegenüber der Wirtschaftswoche v. 13.11.2011.

709 Alle 29 Häfen an der Westküste der USA waren im Jahre 2002 für zwei Wochen lahm gelegt. Der Streik kostete die amerikanische Wirtschaft täglich etwa zwei Milliarden Euro. Auf Antrag des damaligen Präsidenten Bush verordnete ein Bundesrichter eine 80-tägige Zwangspause. Basis für den Antrag der Bush-Regierung war das so genannte *Taft-Hartley-Gesetz*. Dazu unter 9.1.

710 Die „lösende" Aussperrung führt ohne Kündigung zum Verlust des Arbeitsplatzes, hat also ein hohes Abschreckungspotential. Die lösende Aussperrung wurde vom BAG als „ultima-ratio" als grundsätzlich zulässig erachtet, Urt. v. 21.04.1971 – GS 1/68 – AP Nr. 43 zu Art. 9 GG Arbeitskampf = NJW 71, 1668; krit. *Otto*, Arbeitskampf- und Schlichtungsrecht, § 8 RN 16.

711 *Greiner*, NZA 07, 1023 (1027); zweifelnd *Bayreuther*, NZA 08, 12 (16 u. 17); *Steinau-Steinrück/Brugger*, NZA 2010, Beil., 127 (132); offen *Franzen*, RdA 08, 193 (202 f.); abl. *Weber*, Verhältnismäßigkeit der Arbeitskämpfe von Spartengewerkschaften, S. 129 ff.; *Jacobs*, NZA 08, 325 (331 FN 95).

ihrer Wirkungslosigkeit nicht in der Lage sei, die Verhandlungsparität wiederherzustellen.[712]

Für die Wiederherstellung der Kampfparität durch lösende Aussperrungen spreche nach *Weber*[713] der hohe psychologische Druck, der auf die Arbeitnehmer und die Gewerkschaften ausgeübt werde.

Nicht übersehen werden darf allerdings, dass die lösende Aussperrung ebenso wie eine suspendierende Aussperrung zur wirtschaftlichen Eigenschädigung des Arbeitgebers führen dürfte (wenn er verdiente Mitarbeiter freisetzt und so den Betriebsablauf stört), so dass es ausgeschlossen erscheint, dass dieses Mittel angemessen und geeignet ist, die Kampfparität wiederherzustellen.[714] Dies wird insbesondere dann ruinös, wenn in einen andauernden Reigen aus Streiks und Aussperrungen eingestiegen wird.[715] Die von den Spartengewerkschaften vertretenen Spezialisten können arbeitgeberseitig nicht umgehend ersetzt werden.[716]

Schließlich werden noch weitere Ansätze vertreten, die kurz benannt werden sollen, aber an dieser Stelle nicht erschöpfend abgearbeitet werden können:[717]

So schlägt *Meyer*[718] etwa vor, die Friedenspflicht aus einem bestehenden Tarifvertrag auch auf solche Gewerkschaften auszudehnen, die unmittelbar gar nicht an diesem Abschluss beteiligt waren.[719]

---

712 vgl. *Steinau-Steinrück/Glanz*, NZA 09, 113 (115 f.); *Jacobs*, NZA 08, 325 (331): *„faktisch unmöglich"*; a.A. *Pflüger*, RdA 08, 185 ff.

713 in: Verhältnismäßigkeit der Arbeitskämpfe von Spartengewerkschaften, S. 129 f.; *Bayreuther*, NZA 08, 12 (16); *Steinau-Steinrück/Glanz*, NZA 09, 113 (116): *„geeignete Drohkulisse"*.

714 *Kamanabrou*, ZfA 08, 241 (264); *Weber*, Verhältnismäßigkeit der Arbeitskämpfe von Spartengewerkschaften, S. 131; *Steinau-Steinrück/Brugger*, NZA 2010, Beil., 127 (132); *Sittard*, ZTR 08, 178 (183).

715 *Kamanabrou*, ZfA 08, 241 (264).

716 *Feudner*, BB 07, 2459 (2460 f.); *Steinau-Steinrück/Glanz*, NZA 09, 113 (116); *Steinau-Steinrück/Brugger*, NZA 2010, Beil., 127 (132).

717 vgl. insg. *Weber*, Verhältnismäßigkeit der Arbeitskämpfe von Spartengewerkschaften, S. 134 ff.; *Jacobs*, NZA 08, 325 (330 m.w.N.); *Lehmann*, BB 2010, 2237 (2243).

718 in: DB 06, 1271 (1272); vgl. auch *Bayreuther*, BB 2005, 2633 (2641); *Rieth*, NZA 1986, 697 (699). Während der Laufzeit eines bereits abgeschlossenen Tarifvertrages dürften danach keine weiteren Tarifverhandlungen und Arbeitskampfmaßnahmen für Tarifverträge anderer Gewerkschaften ausgetragen werden.

719 *Jacobs* wendet ein, dass bestehende Tarifverträge nur „inter partes" wirkten, alles andere einen unzulässigen Vertrag zu Lasten Dritter bedeute, NZA 08, 325 (330); *Franzen*, RdA 08, 193 (204); a.A. auch *Giesen*, NZA 09, 11 (14);). Ein Ausschluss vom Tarifgeschehen würde zudem einen drastischen Eingriff in Art. 9 Abs. 3 GG bedeuten, *Sunnus*, AuR 08, 1 (7).

Ein zweiter Vorschlag geht dahin, mit Abschluss des ersten Tarifvertrages dessen Inhalt auf andere Gruppen der Belegschaft und andere Gewerkschaftsmitglieder zu erstrecken.[720]

Ein weiterer Gedanke geht in die Richtung, dass der Streik solange unzulässig ist, wie der Arbeitgeber mit einer anderen Gewerkschaft in Verhandlungen steht oder solche anbietet.[721]

Kamanabrou[722] will die – durch aufeinanderfolgende, unkoordinierte Arbeitskämpfe von Sparten – in Schieflage geratene Kampfparität durch einen Gleichlauf[723] der Tarifverhandlungen und im Falle deren Fruchtlosigkeit durch koordinierte Arbeitskämpfe[724] wiederherstellen.

Mit all jenen Korrekturvorschlägen wird allerdings eine gegenseitige Abhängigkeit der Tarifparteien bewirkt, welche dann ihrerseits wieder eigene Tarifverträge unterbindet; die aufgezählten Korrektive würden durch die durch die Aufgabe des Grundsatzes der Tarifeinheit erlangte Abschlussvielfalt wieder

720 *Bayreuther*, BB 05, 2633 (2641); *Meyer*, NZA 06, 1387 (1390); *Weber*, Verhältnismäßigkeit der Arbeitskämpfe von Spartengewerkschaften, S. 136. Dagegen spricht, dass mit Art. 9 Abs. 3 GG nicht in Einklang zu bringen ist, Tarifverträge unterschiedlicher Gewerkschaften miteinander zu verquicken, *Jacobs*, NZA 08, 325 (330). Es bestünde die Gefahr, dass sich die konkurrierende Gewerkschaften in einen Wettlauf um den ersten Tarifabschluss begäben, *Weber*, Verhältnismäßigkeit der Arbeitskämpfe von Spartengewerkschaften, S. 136.

721 *Meyer*, DB 06, 1271 (1272); *ders*, NZA 06, 1387 (1390). Dieser Vorschlag laufe im Ergebnis ebenfalls auf einen Vertrag zu Lasten Dritter hinaus, weil eine Gewerkschaft auf diese Weise Verhandlungen und Streiks anderer blockieren könnte, *Jacobs*, NZA 08, 1325 (1330).

722 *Kamanabrou*, ZfA 08, 241 (271 ff.); zum Koordinationsansatz auch *Franzen*, RdA 2008, S. 193, 203 f.; *Thüsing/von Medem*, ZIP 07, 510 (515); *Sittard*, ZTR 08, 178 (183); ähnl. *Meyer*, der die Erforderlichkeit einer Kampfmaßnahme solange verneint, wie die Möglichkeit besteht, eine Verhandlungs- oder Tarifgemeinschaft zu bilden, NZA 06, 1387 (1390).

723 *Kamanabrou*, ZfA 08, 241 (271). In Betracht kämen dazu entweder Verhandlungen aller an „einem Tisch“ oder alternativ zumindest zeitlich parallele Verhandlungen. Der Arbeitgeber wäre davor geschützt, sich hintereinander mit mehreren Verhandlungspartnern auseinanderzusetzen, a.a.O; vgl. auch *Franzen*, RdA 08, 193 (204). Dazu ausf. *Weber*, Verhältnismäßigkeit der Arbeitskämpfe von Spartengewerkschaften, S. 141 ff.

724 *Kamanabrou*, ZfA 08, 241 (273). Ein unkoordiniertes Nebeneinander von Streiks könnte dazu führen, dass jeder einzelne zwar verhältnismäßig wäre, in der Summe aber die Schwelle des Verhältnismäßigen überschritten würde, a.a.O.

eindampfen.[725] Die Vorschläge zielen auf eine einheitliche Behandlung der Belegschaften durch den Arbeitgeber und liefern indirekt die Rechtfertigung für die Tarifeinheit im Betrieb, die gerade erst aufgebeben wurde.[726] Insgesamt lässt der vorhandene allgemeine Verhältnismäßigkeitsgrundsatz zwar Raum für sämtliche Umstände des Einzelfalls, dies führt aber zugleich zu seiner Konturenlosigkeit. Eine Angleichung an mittlerweile gegebene Verhältnisse könnte zumindest über eine Pflicht zur Vorankündigung und ein Schlichtungserfordernis geschaffen werden.

6.2.2.2.2 Indizierung der Rechtswidrigkeit

Bis heute gehen die Meinungen auseinander, ob der Lehre vom Erfolgsunrecht oder der Lehre vom Handlungsunrecht der Vorzug zu geben ist.[727]

Im Bereich der sog. „offenen Verletzungstatbestände", zu denen vor allem der „Eingriff in den eingerichteten und ausgeübten Gewerbebetrieb" und die Verletzung des Persönlichkeitsrechts gehören, besteht zwischen der die Rechtsprechung noch beherrschende Vorstellung des Erfolgsunrechts und der in der Wissenschaft heute überwiegend vertretenen Meinung, dass sich das Unrechtsurteil auf die Wertung des Verhaltens stützen müsse, aber übereinstimmend kein Widerspruch:[728]

Die Rechtswidrigkeit eines betriebsbezogenen Eingriffs in das Recht am Gewerbebetrieb ist positiv durch eine Interessenabwägung festzustellen.[729] Nach

---

725 *Giesen*, NZA 09, 11 (17). Obwohl die Tarifeinheit überwunden wurde, sollen die Gewerkschaften als Einheit füreinander einstehen und ihre Abschlüsse aufeinander abstimmen.

726 *Giesen*, NZA 09, 11 (18). Beachte aber das „Tarifeinheitsgesetz", dass in 2015 verabschiedet werden und den Aktionsradius der Gewerkschaften wieder einschränken soll.

727 *Lange/Schmidbauer* in: jurisPK-BGB, § 823 RN 59. Die Lehre vom Erfolgsunrecht besagt, dass die Verletzung eines der Rechts-/Lebensgüter oder Rechte des § 823 Abs. 1 BGB – mit Ausnahme der so genannten Rahmenrechte – die Rechtswidrigkeit indiziere. Dagegen geht die Lehre vom Handlungsunrecht davon aus, dass alleine der Erfolgseintritt den Schluss auf die Rechtswidrigkeit einer erfolgskausalen Handlung nicht zulasse, sondern dass vielmehr Grundlage des Unwerturteils alleine der jeweils positiv festzustellende Verstoß gegen ein Verhaltensgebot/-verbot sein könne. Eine vermittelnde Ansicht, sog. „Kombinationslehre" will zwischen mittelbaren und unmittelbaren Rechtsgutsverletzungen unterscheiden, *Lange/Schmidbauer*, a.a.O.

728 BGH v. 13.03.1979 – VI ZR 117/77 – NJW 79, 1351; *Lange/Schmidbauer* in: jurisPK-BGB, § 823 RN 59.

729 BGH v. 21.06.1966 – VI ZR 261/64 – NJW 1966, 1617; BGH v. 30.05.1972 – VI ZR 6/71 - NJW 72, 1366; BGH v. 09.12.1975 – VI ZR 157/73 – NJW 76, 620;

gefestigter Rechtsprechung kommt es für das Urteil der Rechtswidrigkeit danach nur auf die gegebenenfalls zur Beweislast des Klägers stehende Frage an, ob das schadensursächliche Verhalten als solches gegen Gebote der gesellschaftlichen Rücksichtnahme verstößt.[730]

Dies gilt auch für den Arbeitskampf.

Nach herrschender Auffassung indiziert die Beeinträchtigung dieses Rechts durch einen Arbeitskampf ebenfalls nicht die Widerrechtlichkeit.[731] Es handelt sich bei dem Recht am eingerichteten und ausgeübten Gewerbetrieb um einen „offenen Tatbestand", *„dessen Inhalt und Grenzen sich erst aus einer Interessen- und Güterabwägung mit der im Einzelfall konkret kollidierenden Interessenssphäre ergeben"*, so wiederholt das BAG.[732] Erst von der Rechtswidrigkeit eines Verhaltens kann auf die Tatbestandsmäßigkeit als Eingriff in den Gewerbebetrieb geschlossen werden.[733] Die weite Fassung des geschützten Rechtsguts bedarf, um eine uferlose Ausweitung des § 823 Abs. 1 BGB zu verhindern, einer Einschränkung nicht nur im Tatbestand, sondern auch bei der Rechtswidrigkeit.[734]

6.2.2.3 *Eigentumsverletzung*

Eine tatbestandliche Eigentumsverletzung kann eintreten oder drohen, wenn Notstands- und Erhaltungsarbeiten nicht durchgeführt werden oder gar dann, wenn die Arbeitnehmer im Rahmen der Streikaktionen die Betriebsmittel beschädigen oder zerstören.

BGH v. 14.01.1969 - VI ZR 196/67 – WM 1969, 173; BGH v. 20.06.1969 – VI ZR 234/67 - VersR 69, 851; BGH v. 21.04.1998 – VI ZR 196/97 – NJW 98, 2141. Bei einem offenen Verletzungstatbestand ist die strikte Trennung zwischen Tatbestand und Rechtswidrigkeit nicht möglich.

730 BGH v. 13.03.1979 – VI ZR 117/77 – NJW 79, 1351.

731 BAG v. 21.06.1988 – AZR 653/86 – NJW 89, 61; BAG v. 20.01.2009 – 1 AZR 515/08 – NJW 2009, 1990; *Wolfer*, AiB 86, 81 (84); *Brox*, JA 82, 221 (225); *Birk*, AuR 74, 289 (293); *Söllner/Waltermann*, ArbR, RN 702 u. 703 (a.A. *Luckscheiter*, eR gegen Streiks, S. 75 f.). Es ist daher grundsätzlich nicht Sache des Eingreifenden, einen Rechtfertigungsgrund darzutun, *Widmer*, ArbR 2007, 66 (98) unter Verweis auf *Hager* in: Staudinger, BGB, § 823 RN D 4; *Heckelmann*, AuR 70, 166 (173).

732 z.B. mit Urteil v. 22.09.2009 – 1 AZR 972/08 – AP Nr. 174 zu Art. 9 GG Arbeitskampf = NJW 2010, 631. Bei einem Streik ist in der Regel auch die Koalitionsbetätigungsfreiheit tangiert, der sich seinerseits auf Art. 9 Abs. 3 GG berufen kann, BAG v. 19.06.2007 – 1 AZR 396/06 – AP Nr. 173 zu Art. 9 GG Arbeitskampf = DB 07, 2038.

733 *Söllner/Waltermann*, ArbR, RN 703.

734 *Heckelmann*, AuR 70, 166 (173).

Die Sicherstellung des Notdienstes stellt nach einhelliger Meinung eine Rechtmäßigkeitsvoraussetzung für den Streik dar.[735] Das Streikrecht aus Art. 9 Abs. 3 GG gerät auch hier in Konflikt mit dem Eigentumsrecht aus Art. 14 GG.

Die Erhaltungsarbeiten sollen verhindern, dass die Betriebsmittel beschädigt werden, so dass nach Beendigung des temporären Streikzustands die Arbeit nicht fortgeführt werden kann.[736] Die kollektivrechtliche Pflicht, Schäden des Arbeitgebers zu vermeiden, und damit Erhaltungsarbeiten durchzuführen, folgt aus dem - aus dem Verhältnismäßigkeitsprinzip abgeleiteten Verbot – der übermäßigen Schädigung des Kampfgegners.[737]

6.2.3 § 823 Abs. 2 BGB i.V.m. Schutzgesetz

Kampfverbote sind dann als Schutzgesetze i.S.d. § 823 Abs. 2 BGB anzusehen, wenn sie gerade den Schutz des Arbeitgebers bezwecken. Dies ist der z.B. der Fall bei dem Straftatbestand des § 240 StGB, weiter bei den Arbeitskampfverboten des Betriebsverfassungsgesetzes (§ 74 Abs. 2 BetrVG) und der Personalvertretungsgesetze.[738] Keine Schutzgesetze im Sinne der Norm stellen die von der Rechtsprechung entwickelten Arbeitskampfregeln dar, wie etwa der Grundsatz der Verhältnismäßigkeit.[739] Diese sind in der Regel zu vage und lassen das abgeforderte Verhalten nicht klar genug erkennen, um als Schutzgesetz dienen zu können.[740]

6.2.4 § 862 Abs. 1 BGB bei Betriebsbesetzungen

Betriebsbesetzungen können als Entzug der Verfügungsmacht des Arbeitgebers über die Betriebs- und Produktionsmittel verstanden werden.[741]

---

735 Grundlegend BAG v. 30.03.1982 – 1 AZR 265/80 – AP Nr. 74 zu Art. 9 GG Arbeitskampf = NJW 82, 2835; *Reinfelder* in: Däubler, Arbeitskampfrecht, § 15 RN 36 u. die dortigen Nachweise.

736 *Reinfelder* in: Däubler, Arbeitskampfrecht, § 15 RN 37.

737 *Reinfelder* in: Däubler, Arbeitskampfrecht, § 15 RN 37; *Dieterich* in: ErfK, Art. 9 GG RN 180; *Seiter*, Streikrecht, S. 533.

738 *Löwisch/Krauß* in: Löwisch, Schlichtungs- u. Arbeitskampfrecht, RN 693.

739 *Löwisch/Krauß* in: Löwisch, Schlichtungs- u. Arbeitskampfrecht, RN 693, dies führe zu einer Ausuferung des Tatbestandes; a.A. *Seiter*, Streikrecht, S. 465 ff., der dies genau anders sieht. Ebenso *Luckscheiter*, eR gegen Streiks, S. 95.

740 Dazu eingehend oben unter 6.2.2.1.

741 *Loritz*, DB 87, 223 (224). Arbeitnehmer besetzen den Betrieb, in dem sie gegen den Willen des Arbeitgebers in Betriebe eindringen, am Arbeitsplatz verweilen und faktisch die Herrschaft über den Betrieb übernehmen, a.a.O.

Betriebsbesetzungen sind unzulässig und daher rechtswidrig.[742] Ein Anspruch auf Unterlassung ergibt sich dann auch aus § 862 Abs. 1 BGB.[743] § 855 BGB hat die Besitzfrage im Verhältnis zwischen Arbeitgeber und Arbeitnehmer dahingehend entschieden, dass Besitzer ausschließlich der Arbeitgeber ist.[744] Nach § 858 Abs. 1 BGB handelt derjenige, der dem Besitzer ohne dessen Willen den Besitz entzieht oder in seinem Besitz stört, widerrechtlich, sofern nicht das Gesetz die Entziehung oder die Störung gestattet. Gegen eine Betriebsbesetzung, die tatbestandsmäßige „verbotene Eigenmacht" im Sinne von § 858 Abs. 1 BGB ist, darf sich der Besitzer - der Unternehmer - mit Gewalt wehren, § 859 Abs. 1 BGB, und die Besetzer entfernen lassen.[745] Die Wiedereinräumung des Besitzes bzw. die Beseitigung der Störung kann der Arbeitgeber im Wege des einstweiligen Rechtsschutzes verlangen und den Antrag auf §§ 861 Abs. 1 BGB bzw. 862 Abs. 1 BGB stützen.[746] Die Besitzschutzansprüche versprechen aufgrund ihres possessorischen Charakters

---

742 *Loritz*, DB 87, 223 (228); *Korinth*, eR im Arbeitsgerichtsverfahren, S. 314 RN 214; *Rudolphi*, RdA 87, 160 ff. Ebenso verhält es sich hinsichtlich Betriebsblockaden, die jedweden Zugang zum Betrieb unterbinden. Der Antrag des Arbeitgebers richtet sich dann jedoch nicht gegen den Streik als solchen, sondern gegen die konkret zu bezeichnende Arbeitskampfmaßnahme, *Korinth*, a.a.O, RN 215.

743 *Walker*, ZfA 95, 195 (200); *Bertzbach* in: Däubler, Arbeitskampfrecht, § 24 RN 20. Betriebsbesetzungen führen daneben zu einer Haftung aus unerlaubter Handlung, § 823 Abs. 2 BGB i.V.m. § 123 oder § 240 StGB sowie § 826 BGB, sofern Betriebsbesetzungen vorsätzlich als rechtswidriges Kampfmittel eingesetzt werden, *Loritz*, DB 87, 223 (227).

744 *Löwisch/Krauß* in: Löwisch, Schlichtungs- u. Arbeitskampfrecht, RN 728.

745 *Loritz*, DB 87, 223 (228); *Löwisch/Krauß* in: Löwisch, Schlichtungs- u. Arbeitskampfrecht, RN 731; *Löwisch*, RdA 87, 219 (223); a.A. *Derleder*, BB 87, 818 ff.

746 Diese Ansprüche kann der Arbeitgeber auch dann durchsetzen, wenn er zuvor die Belegschaft seinerseits rechtswidrig ausgesperrt hatte, denn gem. § 863 BGB sind gegenüber dem possessorischen Besitzschutzanspruch eventuelle petitorische Einwendungen aus dem materiellen Recht ausgeschlossen, so *Loritz*, DB 87, 223 (228); vgl. auch BGH v. 21.02.1979 - VIII ZR 124/78 = NJW 79, 1358: „*Sinn dieser Einwendungsbeschränkung ist es, dem Besitzer die rasche Wiederherstellung seines durch verbotene Eigenmacht beeinträchtigten Besitzstandes zu ermöglichen; die gerichtliche Durchsetzung der Besitzschutzansprüche soll nicht dadurch verzögert werden können, dass zunächst über ein vom Beklagten geltend gemachtes Recht zum Besitz verhandelt und in einem möglicherweise langwierigen Verfahren Beweis erhoben wird*" (unter Verweis auf BGH v. 23.01.1970 - V ZR 2/67 = BGHZ 53, 166 (169) m.w.N.); a.A. *Luckscheiter*, eR gegen Streiks, S. 91, wonach zwar ein Unterlassungsanspruch bestehe, wenn der Betrieb ruhe, aber kein Verfügungsgrund vorliege. Das bloße Verweilen im Betrieb stelle noch keinen wesentlichen Nachteil dar.

effektiveren Rechtsschutz als die petitorischen Ansprüche wegen des Eingriffs in das Eigentum oder den Gewerbebetrieb.

Mit arbeitskampfrechtlichen Einwendungen, insbesondere aus Paritätsgesichtspunkten, kann der Arbeitnehmer per se nicht gehört werden; Einwendungen, die sich nicht auf die besitzrechtliche Situation selbst beziehen, sind unzulässig.[747] Der Grundsatz der Kampfmittelfreiheit kann die zivil- und strafrechtlichen Verbotstatbestände nicht außer Kraft setzen.[748] Da Besitzstörer nicht nur derjenige ist, der den Besitz in eigener Person stört, sondern auch derjenige, der die Besitzstörung durch andere veranlasst hat, kann Adressat des Unterlassungsanspruches auch eine streikführende Gewerkschaft sein, sofern sie die Betriebsbesetzung organisiert und daran mitwirkt.[749] Werden an die Erlassvoraussetzungen an eine einstweilige Verfügung im Arbeitskampf erhöhte und zusätzliche Anforderungen gestellt, kann eine solche Vorgehensweise hinsichtlich Betriebsbesetzungen nicht in Betracht kommen. Es handelt sich um ein offensichtlich und unstreitig rechtswidriges Kampfmittel, so dass die sonst schwierige Bestimmung der Rechtswidrigkeit entfällt und kein Anlass besteht, die Entscheidungssicherheit über flankierende Prüfungsmechanismen zu erhöhen.[750] In jüngster Zeit ist der Besitzschutz als Teil des Hausrechts im Rahmen der sog. „Flash-Mobs" aktuell geworden. Erlässt das betroffene Unternehmen Hausverbote, kann sich der Unternehmer gegen dennoch stattfindende oder drohende „Flash-Mob"-Aktionen mit einer auf § 862 Abs. 1 i.V.m. § 858 Abs. 1 BGB gestützten einstweiligen Verfügung wehren.[751] Ein Unterlassungsanspruch besteht wie bei Betriebsbesetzungen auch gegen die Gewerkschaft, die zu den Aktionen aufruft oder den organisatorischen Weg ebnet. Dies ist insofern von Bedeutung, als dass es kaum jemals gelingen wird, die einzelnen Störer der überfallartig stattfindenden Aktionen namentlich zu benennen und einen entsprechenden Unterlassungsantrag zu formulieren.[752]

747 *Löwisch/Krauß* in: Löwisch, Schlichtungs- u. Arbeitskampfrecht, RN 733; *Löwisch*, RdA 87, 219 (223 f.).

748 *Löwisch*, NZA 2010, 209 (210); BAG v. 14.02.1978 - 1 AZR 76/76 - AP Nr. 58 zu Art 9 GG Arbeitskampf = NJW 79, 236 (239).

749 Der Unterlassungsantrag richtet sich in diesem Fall gegen den „mittelbaren Störer" auf die Unterlassung des Aufrufs und Organisation der Besetzung.

750 So auch *Loritz*, DB 87, 223 (229). Die teilweise verlangte „Offenkundigkeit" der Rechtswidrigkeit liegt ohnehin vor.

751 *Löwisch*, NZA 2010, 209 (211).

752 vgl. *Löwisch*, NZA 2010, 209 (211).

Für den Unterlassungsanspruch genügt bereits eine lediglich drohende Störung („Erstbegehungsgefahr").[753]

6.2.5 Unterlassungsanspruch aus tarifvertraglicher Friedenspflicht

Ruft eine Gewerkschaft während eines laufenden Tarifvertrags zu einem Streik auf, so ist dieser wegen einer Verletzung der tarifvertraglichen Friedenspflicht ohne weiteres rechtswidrig.[754] Die Friedenspflicht ist eine vertragliche Verpflichtung der Tarifparteien mit Schutzwirkung zugunsten Dritter, die den einzelnen Arbeitgeber einschließt.[755] Daraus ergibt sich ein vertraglicher Unterlassungsanspruch gegen die Gewerkschaft. Steht ein Streik unmittelbar bevor, kann die Tarifpartei auf Arbeitgeberseite gegen die Gewerkschaft Ansprüche aus der negativen[756] oder der positiven[757] Friedenspflicht geltend machen. Es handelt sich nämlich auch dann um selbständig einklagbare Hauptverbindlichkeiten, als lediglich Unterlassungspflichten geltend gemacht werden.[758]

6.2.6 § 1004 BGB

Die Vorschrift schützt über das „Eigentum" hinausgehend auch alle „sonstigen absoluten Rechte". § 1004 BGB wird analog auf die von § 823 BGB erfassten Rechte angewandt.[759] Daraus ergibt sich, dass der Unternehmer wie nach § 823 BGB auch nach dieser Norm Unterlassung eines rechtswidrigen Arbeitskampfes verlangen kann.

6.2.7 Anspruchsgegner

Bei den regelmäßig gewerkschaftlich organisierten Streiks zielt die Anspruchsverwirklichung gegen die kampfführende Gewerkschaft und gegen die ausführenden

---

753 *Löwisch*, NZA 2010, 209 (210).

754 Statt vieler z.B. *Loritz*, DB 87, 223 (228).

755 *Loritz*, DB 87, 223 (228); LAG Baden-Württemberg v. 31.03.2009 – 2 SaGa 1/09 = NZA 09, 631; *Bertzbach* in: Däubler, Arbeitskampfrecht, § 24 RN 20.

756 Danach haben es die Tarifvertragsparteien zu unterlassen, Kampfhandlungen anzudrohen oder einzuleiten, zu ihnen anzustiften, aufzurufen oder zu unterstützen.

757 Die positive Friedenspflicht hält die Vertragsparteien dazu an, den Arbeitsfrieden zu fördern, den Arbeitskampf der Mitglieder zu verhindern und auf diese einzuwirken.

758 *Holzinger*, EVen gegen gewerkschaftliche Streiks, S. 52.

759 BGH v. 13.3.1998 – V ZR 190 – 97 – NJW 98, 2058; statt vieler z.B: *Berger* in: Jauernig, BGB, § 1004 RN 2.

Stellen vor Ort.[760] Soll der gesamte Arbeitskampf untersagt werden, ist gegen den Dachverband vorzugehen, stehen einzelne Arbeitskampfmaßnahmen im Mittelpunkt des Unterlassungsbegehrens, sind Antragsgegner die Personen, welche die Maßnahmen ausführen bzw. organisieren.[761] Soll die Gewerkschaft in Anspruch genommen werden, muss ihr der Arbeitskampf natürlich zugerechnet werden können.[762] Ein Unterlassungsanspruch hat nur dann Erfolg, wenn die handelnden Personen zeigen, dass die Gewerkschaft die rechtswidrigen Handlungen geplant oder gewollt hat.[763]

6.3 Prüfungsmaßstab an die Rechtswidrigkeit

Sind die relativ einfach aufzuarbeitenden Anspruchsgrundlagen geklärt, stellt sich die weitaus interessantere Frage, welcher Überzeugungsmaßstab an die Rechtswidrigkeit des Arbeitskampfes anzulegen ist.

Die Problematiken und grundsätzlich Standpunkte sind überwiegend bereits in der Statthaftigkeit[764] angesprochen worden, so dass an dieser Stelle daran angeknüpft werden kann.

6.3.1 Bloße Wahrscheinlichkeit

Die Bejahung des Verfügungsanspruchs setzt gegen die Ansicht einiger Stimmen voraus, dass das Gericht die Rechtswidrigkeit positiv feststellt und nicht lediglich für wahrscheinlich gegeben hält.[765] Der Erlass einer eV kann nämlich nicht allein

760 Statt vieler z.B. *Walker*, ZfA 95, 195 (197).

761 Statt vieler z.B. *Walker*, ZfA 95, 195 (197).

762 In Betracht kommt z.B. eine Haftung der Gewerkschaft für unerlaubte Handlungen der Streikleitung analog § 31 BGB oder für unerlaubte Handlungen von Streikposten nach § 831 BGB. Dazu BAG v. 21.06.1988 – 1 AZR 651/86 = NJW 89, 57 u. BAG v. 08.11.1988 – 1 AZR 417/86 = NJW 89, 1881; vgl. auch *Baur* in: Dunkl/Moeller/Baur/Feldmeier, Handbuch einstweiliger Rechtsschutz, B RN 214 und oben unter 2.5.5.2.2. FN 195.

763 *Isenhardt* in: FS Stahlhacke, S. 195 (210).

764 Unter 5.1.2.1 bis 5.1.2.4.

765 *Wank*, RdA 09, 1 (10); *Otto,* Arbeitskampf- und Schlichtungsrecht, § 19 RN 31; *ders.* in: MüKo-ArbR, Bd. 3, § 293 RN 31; *Korinth*, eR im Arbeitsgerichtsverfahren, S. 311 RN 199; *Bertzbach* in: Däubler, Arbeitskampfrecht, § 24 RN 26; *Preis*, Kollektives Arbeitsrecht, § 113, S. 363 f.; *Kissel*, Arbeitskampfrecht, § 65 RN 30.

auf die Prognose, wer wahrscheinlich im Recht ist, gestützt werden.[766] Ausschlaggebend muss sein, dass das Gericht nach seiner ureigenen Überzeugung zum Schluss kommt, dass der Anspruch tatsächlich gegeben ist.[767] Die Bejahung eines Verfügungsanspruches setzt eine entsprechende Rechtsüberzeugung voraus. Die zahlreichen Unsicherheiten[768] im sensiblen Bereich der Arbeitskampfverfügung verbieten eine Entscheidung aufgrund zweifelhafter Tatsachen. Ohne Überzeugung von einem Vorliegen eines Verfügungsanspruches kann nicht in eine Interessenabwägung beim Verfügungsgrund eingestiegen werden.[769]

Solange das Gericht die rechtlichen Voraussetzungen nicht für gegeben hält, kommt ein Erlass der Verfügung daher nicht in Betracht.[770] Jeglicher Zweifel an der Rechtswidrigkeit führt im einstweiligen Verfügungsverfahren dazu, dass die

---

766 Einige Autoren wollen noch weitergehender insgesamt auf die Prüfung des Verfügungsgrundes verzichten, sofern der Verfügungsanspruch des Antragstellers *wahrscheinlich* besteht, so *Grunsky*, JuS 76, 277 (284); *Dütz*, BB 80, 533 (537 f.); *Piehler*, eR und materielles Recht, S. 254 ff.; a.A. *Iliakopoulos*, Grenzen der Befriedigungsverfügung, S. 104; vgl. dazu auch *Dorndorf* in: Dorndorf/Weiss, Warnstreiks und vorbeugender Rechtsschutz, S. 32 ff. Bei zeitgebundenen Unterlassungsansprüchen - wie hier – hänge der Erlass dann allein vom Bestand des Verfügungsanspruches ab. Es erscheint m.E. nicht richtig, den Erlass einer Kampfverfügung vom Verfügungsgrund abzulösen bzw. diesen stets zu vermuten. Die „Notwendigkeit“ ist vielmehr im jeweiligen Einzelfall gesondert festzustellen; eine Interessenabwägung im Rahmen des Verfügungsgrundes ist geboten, da beiden Parteien aus dem Erlass bzw. Nichterlass der eV erhebliche Nachteile erwachsen können. Der Verfügungsgrund ist dogmatisch der richtige Ansatz, um die Interessenabwägung aufzunehmen, nur dort können die Parteiinteressen einfließen, *Walker*, eR im Zivilprozess, RN 260 m.w.N. Das alleinige Abstellen auf den Verfügungsanspruch würde den Erlass der Arbeitskampfverfügung zwar erheblich erleichtern, *Dorndorf* in: Dorndorf/Weiss, Warnstreiks und vorbeugender Rechtsschutz, S. 33. Dies ist zum einen aber überhaupt nicht wünschenswert, da die Qualität der Entscheidung so nicht stiege. Zum anderen würde die Vorgabe aus § 940 ZPO umgangen, wonach der Antragsteller den wesentlichen Nachteil behaupten und glaubhaft machen muss, *Dorndorf* in: Dorndorf/Weiss, Warnstreiks und vorbeugender Rechtsschutz, S. 33.

767 *Isenhardt* in: FS Stahlhacke, S. 195 (204); *Preis*, Kollektives Arbeitsrecht, § 113, S. 363 f.

768 Gemeint ist die Fehleranfälligkeit des Verfügungsverfahrens aufgrund der verminderten Richtigkeitsgewähr gegenüber einem Hauptsacheverfahren, dazu *Korinth*, eR im Arbeitsgerichtsverfahren, S. 311 RN 198.

769 Dazu unter 7.2.1.

770 *Walker*, eR im Zivilprozess, RN 718; *Heinze*, RdA 86, 273 (284).

eV nicht erlassen werden kann.[771] Ist die Glaubhaftmachung eines Verfügungsanspruches danach grundsätzlich Voraussetzung für den Erlass einer Kampfverfügung, stellt sich aber die Frage, ob in praxi die Frage nach der materiellen Rechtswidrigkeit überhaupt losgelöst vom Verfügungsgrund und damit von den drohenden wirtschaftlichen Folgen summarisch entschieden werden kann.[772]

Isenhardt[773] überlegt, Verfügungsanspruch und Verfügungsgrund nicht isoliert zu betrachten, sondern den Prüfungsvorgang als materiell-rechtlichen und prozessualen „Mischtatbestand" aufzufassen. Bei der Interessenabwägung im Rahmen des Verfügungsgrundes sei ein Faktor auch die materiell-rechtliche Prüfung des Verfügungsanspruches, wobei eine schwierige und ungeklärte Rechtsfrage die Anforderungen an den Verfügungsgrund erhöhe.[774] Auch *Korinth*[775] und *Otto*[776] erkennen, dass zwischen dem Verfügungsanspruch und dem Verfügungsgrund eine Wechselwirkung bzw. ein Wertungszusammenhang besteht. Verfügungsanspruch und Verfügungsgrund werden bei der Interessenabwägung quasi „zusammengeführt".[777] *Reichold*[778] räumt dazu ein, dass die Sicht des „Mischtatbestandes" wohl der pragmatischen richterlichen Arbeitsweise entspreche, doch dürfe die gesetzliche Systematik der Verfügungsprüfung nicht vernachlässigt werden.

Zunächst sei der voraussichtliche Ausgang des Hauptsacheverfahrens nach dem glaubhaft gemachten Parteivorbringen zu antizipieren, erst danach könnten sich die Fragen der Folgenabschätzung stellen.[779] Scheitert die einstweilige Anordnung bereits bei der summarischen materiell-rechtlichen Prüfung, ist für Folgeabwägungen daher denknotwendig kein Raum.[780] Bleiben hingegen echte

---

771 *Bertzbach* in: Däubler, Arbeitskampfrecht, § 24 RN 26. „*Eine Streikmaßnahme kann im einstweiligen Verfügungsverfahren nur dann untersagt werden, wenn sie eindeutig rechtswidrig ist und dies glaubhaft gemacht ist*", so LAG Köln, Beschl. v. 12.12.2005 – 2 Ta 457/05 = NZA 2006, 62.

772 Fragt auch: *Reichold*, FA 08, 98 (99); *ders.* in: FS Buchner, S. 726.

773 in: FS Stahlhacke, S. 195 (204); vgl. auch *Reichold*, FA 08, 98 (99); a.A. *Kissel*, Arbeitskampfrecht, § 65 RN 22.

774 *Isenhardt* in: FS Stahlhacke, S. 195 (204) unter Verweis auf *Heinze*, RdA 86, 273 (284).

775 *Korinth*, eR im Arbeitsgerichtsverfahren, S. 311 RN 199.

776 *Otto*, Arbeitskampf- und Schlichtungsrecht, § 19 RN 33.

777 *Bertzbach* in: Däubler, Arbeitskampfrecht, § 24 RN 23.

778 in: FA 08, 98 (99) u. FS Buchner, S. 726.

779 Wohl h.M, so auch *Walker*, ZfA 05, 45 (67 f.); *Hergenröder* in: H/W/K, Art. 9 GG RN 352; *Otto*, Arbeitskampf- und Schlichtungsrecht, § 19 RN 33.

780 *Reichold*, FA 08, 98 (99); *ders.* in: FS Buchner, S. 729; *Korinth*, eR im Arbeitsgerichtsverfahren, S. 311 RN 201.

Zweifel an der Rechtmäßigkeit des Arbeitskampfes nach Prüfung des Verfügungsanspruches, was aufgrund schwieriger Verhältnismäßigkeitsprüfungen an der Tagesordnung sein dürfte, so ist dann die Entscheidung im Rahmen des zweiten Schritts beim Verfügungsgrund zu treffen.[781]

Die Frage nach dem Verfügungsgrund setzt demzufolge einen zumindest offenen Ausgang bei der Frage nach dem Verfügungsanspruch voraus. Im Idealfall vermag der Antragsteller also Tatsachen vorzulegen, die eine Rechtswidrigkeit klar erkennen lassen, so dass es auf Folgenerwägungen des Antragstellers nicht mehr ankommt.[782] Die bloße Wahrscheinlichkeit, dass der Arbeitgeber materiell im Recht ist, kann jedenfalls nicht ausreichen, um ohne weiteres den Erlass der eV zu erwirken.[783]

6.3.2 Offensichtliche Rechtswidrigkeit

Etliche Stimmen verlangen nach einer *„offensichtlichen Rechtswidrigkeit"*.[784]

Von dieser sei dann auszugehen, wenn die Rechtswidrigkeit aufgrund einer eindeutigen Rechtsprechung und Meinung im Schrifttum festgestellt werden könne.[785] Ergo sollen alle Tatbestände, die noch wesentlich umstritten sind, nicht als Erlassbegründung herangezogen werden dürfen.[786]

---

781 *Reichold*, FA 08, 98 (100); *Isenhardt* in: FS Stahlhacke, S. 195 (206 f., insb. 207 unten).

782 Für eine Interessenabwägung auf der Rechtsfolgenseite ist im Fall der eindeutigen Feststellung der Rechtswidrigkeit kein Raum, so *Korinth*, eR im Arbeitsgerichtsverfahren, S. 311 RN 201.

783 *Korinth*, eR im Arbeitsgerichtsverfahren, S. 311 RN 199.

784 *Reichold*, FA 08, 98 (99), Auffassung aber korrigiert in: FS Buchner, S. 726 FN 41; *Zeuner*, RdA 71, 1 (7); *Jacobs*, NZA 08, 325 (331); *Bertzbach* in: Däubler, Arbeitskampfrecht, § 24 RN 21; *Hessel*, DB 67, 2071 (2072); *Däubler*, Arbeitsrecht 1, RN 643; *Iliakopoulos*, Grenzen der Befriedigungsverfügung, S. 105; *Reuß* in: FS 150 Jahre Carl Heymanns-Verlag, S. 253 (268); vgl. auch die w.N. bei *Otto*, Arbeitskampf- und Schlichtungsrecht, § 19 RN 31 FN 75. Aus d. Rspr. LAG Köln, Beschl. v. 19.03.2007 - 12 Ta 41/07; Sächsisches LAG v. 02.11.07 - 7 SaGa 19/07 = NZA 08, 59.

785 *Hessel*, DB 67, 2071 (2072). Also dann, wenn keine rechtsfortbildenden Überlegungen angestellt werden müssen, *Däubler*, Arbeitskampfrecht, § 24 RN 21; vgl. auch *Dorndorf* in: Dorndorf/Weiss, Warnstreiks und vorbeugender Rechtsschutz, S. 30 unten.

786 *Hessel*, DB 67, 2071 (2072); *Hergenröder* in: H/W/K, Art. 9 GG RN 352; *Dieterich* in: ErfK, Art. 9 GG RN 229; *Bertzbach* in: Däubler, Arbeitskampfrecht, § 24 RN 26: *„Kann die Rechtswidrigkeit nur durch rechtsfortbildende Erörterungen festgestellt werden, ist äußerste Zurückhaltung geboten, in der Regel darf die eV nicht erlassen werden."*

Wird dieser Standpunkt vertreten, so wird er zum Teil auf verfahrenstechnische Probleme gestützt. *Hessel*[787] sah vor geraumer Zeit, dass in dringenden Fällen – und bei Arbeitskämpfen handele es sich in aller Regel um einen dringlichen Fall – die eV ohne mündliche Verhandlung erlassen werden könne. Für diese Auffassung spreche zudem auch die verminderte Richtigkeitsgarantie des Eilverfahrens.[788] Nach *Scholz/Konzen*[789] muss die Zulässigkeit des einstweiligen Rechtsschutzes auf die Fälle „offensichtlicher Rechtswidrigkeit" beschränkt bleiben, um Grenzinitiativen der Gewerkschaften nicht vorzeitig abzuschneiden.[790] *Bertzbach*[791] ergänzt zum anderen, dass das Streikrecht durch Art. 9 gewährleistet werde und sichergestellt werden müsse, dass keine irreparablen Grundrechtsverletzungen einträten.

Eine besondere Notwendigkeit, die Kampfmaßnahme als offensichtlich rechtswidrig zu identifizieren, ist indes nicht ersichtlich.[792]

Die Tatsache, dass im nicht kodifizierten Arbeitskampfrecht typischerweise eine Rechtsfortbildung nötig wird, rechtfertigt keine Einschränkungen, nur weil der Gesetzgeber die Voraussetzungen für die Wahrung der Rechtseinheit nicht geschaffen hat und die Rechtsfortbildung deshalb den Instanzgerichten obliegt.[793]

---

787 in: DB 67, 2071 (2072). Dies dürfte mit der heutigen Praxis nicht mehr konform gehen, da soweit möglich, auf eine mündliche Verhandlung nicht verzichtet wird.

788 *Bertzbach* in: Däubler, Arbeitskampfrecht, § 24 RN 21. Dazu bereits der Problemkreis 5.1.2.2: „Schwierigkeit der zu lösenden Rechtsfragen".

789 *Scholz/Konzen*, Die Aussperrung, S. 230; auch *Jacobs*, NZA 08, 325 (332).

790 Dazu oben unter 5.2.1.4.

791 in: Däubler, Arbeitskampfrecht, § 24 RN 21.

792 Mit LAG Schleswig-Holstein v. 10.12.1996 – 6 Sa 577/96 = AuR 97, 420: „*Die verfassungsrechtlich garantierte Arbeitskampffreiheit schließt einstweilige Anordnungen nicht aus und macht sie auch nicht davon abhängig, dass die angegriffene Kampfmaßnahme* ***offensichtlich unzulässig sein*** *[…] muss. Die Anforderungen an den Erlass einer einstweiligen Verfügung richten sich vielmehr nach den auch für sonstige Unterlassungsverfügungen entwickelten Grundsätzen.*" Vgl. auch *Otto* in: MüKo-ArbR, § 293 RN 31 m.w.N.

793 *Walker*, eR im Zivilprozess, RN 717. Ist eine höchstrichterliche Rspr. vorhanden, ist eine Abweichung zum Nachteil der streikführenden Gewerkschaft wegen des Vertrauensgrundsatzes ausgeschlossen, a.a.O. Darauf wird man sich verständigen können. Ebenso *Otto*, Arbeitskampf- und Schlichtungsrecht, § 19 RN 31; *Germelmann* in: G/M/P/M-G, ArbGG, § 62 RN 92; *Walker*, eR im Zivilprozess, RN 717; *Kentner*, Arbeitskampfmittel der Arbeitgeber, S. 240 m.w.N.

Der Erlass einer eV kann nicht daran scheitern, dass divergierende Rechtsauffassungen vertreten werden.[794] Ein Verbot eines Arbeitskampfes, zu dem es noch keine BAG-Rechtsprechung gibt und unterschiedliche Auffassungen vertreten werden, wäre sonst unmöglich.[795]

Nach geltendem Recht steht der Aspekt der Rechtsfortbildung im einstweiligen Rechtsschutz im Arbeitskampf der Zulässigkeit desselben nicht entgegen.[796] Die Forderung, der Anspruch müsse „offensichtlich" bestehen, ist nicht mit der Gesetzeslage vereinbar, die Materialien geben dafür nichts her.[797] Es gibt kein besonderes Arbeitskampfverfügungsrecht.[798]

Bei vernünftiger Umgrenzung, des Bereichs, innerhalb dessen ein Streik rechtmäßig ist bzw. sein soll, besteht kein Anlass für das Verfahren der einstweiligen Verfügung Besonderheiten anzunehmen.[799]

Wer anders entscheidet, nimmt in Kauf, dass sich materiell-rechtliche Zweifelsfragen zugunsten des rechtswidrig Handelnden auswirken und dieser unter Umständen dazu motiviert wird, seine Arbeitskampftaktik in rechtliche Grauzonen zu verlagern.[800] Sie kann auch rechtspolitisch nicht begründet werden, weil eine derartige Ungleichbehandlung gegenüber Verfügungsansprüchen auf anderem (Rechts-)Parkett sachlich nicht zu rechtfertigen ist.[801] Das Argument, hier seien die Ausmaße und Folgen sehr viel bedeutender und weitreichender, kann nicht zählen: Allein aufgrund der möglichen Folgen von vornherein abweichende Beurteilungsvoraussetzungen zu schaffen, ist ohne gesetzlichen Niederschlag

---

794 *Kissel*, Arbeitskampfrecht, § 65 RN 28; *Otto*, Arbeitskampf- und Schlichtungsrecht, § 19 RN 31; *ders.* in: MüKo-ArbR, Bd. 3, § 293 RN 31; *Hergenröder* in: H/W/K, Art. 9 GG RN 354: „*Eine solche Einschränkung ist im Interesse effektiven Rechtsschutzes zu verneinen*".

795 *Reichold* in: FS Buchner, S. 726. Insofern korrigiert er seine Auffassung, die er in FA 08, 98 (99 f.) vertreten hatte.

796 *Walker*, eR im Zivilprozess, RN 717; *Grunsky* in: Stein/Jonas, ZPO, vor § 935 RN 72; a.A. *Krause*, Jahrbuch des Arbeitsrechts, Bd. 45, 2008, 23 (32 f.); *Wank*, RdA 09, 1 (11); *Reichold* in: FS Buchner, S. 726. Das summarische Verfahren stehe der Regelbildung nicht zur Verfügung, lediglich der Regelanwendung.

797 *Wank*, RdA 09, 1 (10) m.w.N; *Walker*, eR im Zivilprozess, RN 718 m.w.N; *Isenhardt* in: FS Stahlhacke, S. 195 (202); *Germelmann in: G/M/P/M-G, ArbGG, § 62 RN 113; Luckscheiter*, eR gegen Streiks, S. 146; *Faupel*, DB 71, 816 (821 f.).

798 *Walker* in: Schwab/Weth, ArbGG, § 62 RN 142.

799 *Grunsky* in: Stein/Jonas, ZPO, vor § 935 RN 70. Es ist also daran, die Kriterien der Rechtmäßigkeit klarer zu umreißen, anstatt das Verfahren der eV zu „verbiegen".

800 *Kentner*, Arbeitskampfmittel der Arbeitgeber, S. 240.

801 *Walker*, eR im Zivilprozess, RN 718; *Isenhardt* in: FS Stahlhacke, S. 195 (202).

nicht zu akzeptieren. Dies verhielte sich in etwa so, als würden z.B. im Zivilprozess angesichts einer sehr hohen Klageforderung plötzlich die Anspruchsvoraussetzungen abgeändert. Das Merkmal der „offensichtlichen Rechtswidrigkeit" wirft zudem eine weitere Frage auf, die zunächst simpel erscheint:

Wann genau ist die Rechtswidrigkeit „offensichtlich"?

Mag die oben genannte Definition vordergründig die Frage beantworten, scheint sie in der Wirklichkeit trotzdem Probleme zu bereiten. Die Fülle der Entscheidungen der Instanzgerichte, die nahezu unerschöpfliche Flut an Kasuistik und die Komplexität lassen nur seltenst eine Rechtswidrigkeit offenkundig zu Tage treten.[802] Das Merkmal ist seinerseits unbestimmt, so dass es nicht sonderlich hilfreich erscheint. Es ist daher kein Grund ersichtlich, die eV gegen einen Streik anderen Voraussetzungen zu unterwerfen als auf anderen Rechtsgebieten. Das Gericht muss, ebenso wie bei allen anderen einstweiligen Verfügungen, auch die Frage der Rechtswidrigkeit nach den allgemein gültigen Kriterien prüfen.[803] Mit der häufig geforderten „offensichtlichen Rechtswidrigkeit" darf zuletzt aber nicht die nach eigener Überzeugung des Gerichts getroffene eindeutige Feststellung der Rechtswidrigkeit verwechselt werden.

Es geht diesbezüglich darum, dass das Gericht ungeachtet von Rechtsfortbildung bzw. Regelbildung nach Prüfung des materiellen Rechts nach seiner Überzeugung zu dem Schluss kommt, dass der Arbeitskampf ohne durchdringende Zweifel rechtswidrig ist. Dann ist er nicht von Art. 9 Abs. 3 GG gedeckt; der Arbeitgeber hat einen Abwehranspruch.[804]

6.3.3 Einfache Rechtswidrigkeit

Andere verzichten auf eine offensichtliche Rechtswidrigkeit, eine „*einfache Rechtswidrigkeit*" genüge.[805]

---

802 vgl. *Reichold* in: FS Buchner, S. 729; *Walker*, eR im Zivilprozess, RN 724; *Birk*, AuR 74, 289 (293).

803 *Dunkl* in: Dunkl/Moeller/Baur/Feldmeier, Handbuch einstweiliger Rechtsschutz, B 208 m.w.N; *Germelmann* in: G/M/P/M-G, ArbGG, § 62 RN 113 m.w.N.

804 *Reichold* in: FS Buchner, S. 729.

805 z.B. *Dunkl* in: Dunkl/Moeller/Baur/Feldmeier, Handbuch einstweiliger Rechtsschutz, B 208 m.w.N; *Germelmann* in: G/M/P/M-G, ArbGG, § 62 RN 113; *Otto*, Arbeitskampf- und Schlichtungsrecht, § 19 RN 31; *Kissel*, Arbeitskampfrecht, § 65 RN 26 f.; *Grunsky* in: Stein/Jonas, ZPO, vor § 935 RN 72; Hessisches LAG v. 22.07.2004 – 9 SaGa 593/04 = NZA-RR 05, 262.

Danach ist eine Entscheidung erst im Rahmen des Verfügungsgrundes bei der Interessenabwägung zu treffen.[806] Je eindeutiger sich die Rechtswidrigkeit der Kampfaktionen darstellt, desto eher muss der kämpfenden Arbeitnehmerseite das Unterlassungsgebot auferlegt werden; je unsicherer die Rechtslage, desto intensiver muss die Interessenabwägung ausfallen und insbesondere sind hier dann die Folgen für den Antragsgegner bei Erlass und die Folgen für den Antragsteller bei Nichterlass gegeneinander abzuwägen.[807]

Da keine durchgreifenden Gründe, die nicht widerlegbar wären, von der Gegenmeinung genannt werden können, wird vorliegend davon ausgegangen, dass eine „einfache Rechtswidrigkeit" ausreichend ist, auch wenn dann mit *Bertzbach*[808] gefolgert werden mag, dass dann der Interessenabwägung eine ganz besondere Bedeutung zukomme.

Am Ende kommt es darauf an, ob das Gericht von der Rechtswidrigkeit überzeugt ist, nicht ob diese sofort offensichtlich war.[809] Dass die Interessenabwägung sorgfältig durchzuführen ist, dürfte ohnehin selbstverständlich sein.

6.4 Zwischenergebnis

1. Auf die Prüfung des Verfügungsanspruches kann entgegen vereinzelter Stimmen nicht verzichtet werden.
2. Bei den Streiks stehen regelmäßig einstweilige Verfügungen gegen die kampfführende Gewerkschaft und die lokal tätigen ausführenden Stellen im Vordergrund, weniger der einzelne Arbeitnehmer.
3. Der von einem rechtswidrigen Arbeitskampf beschwerte Arbeitgeber kann nach ständiger Rechtsprechung von der streikführenden Gewerkschaft die Unterlassung der Arbeitskampfmaßnahmen verlangen. Der Antragsteller kann sein Unterlassungsbegehren situationsabhängig auf verschiedene Anspruchsgrundlagen stützen. Zumeist wird es sich um § 823 Abs. 1 BGB handeln. Ein nicht rechtmäßiger Streik stellt regelmäßig einen rechtswidrigen Eingriff in das *Recht am eingerichteten und ausgeübten Gewerbebetrieb* dar. Die Mindermeinung, die eine Verletzung des Rechts am eingerichteten und ausgeübten Gewerbebetrieb im Arbeitskampf ablehnte, gilt als überwunden.

---

806 *Korinth*, eR im Arbeitsgerichtsverfahren, S. 311 RN 199.
807 *Korinth*, eR im Arbeitsgerichtsverfahren, S. 311 RN 199.
808 *Bertzbach* in: Däubler, Arbeitskampfrecht, § 24 RN 23.
809 Siehe dazu unter 6.3.2; a.A. *Bertzbach* in: Däubler, Arbeitskampfrecht, § 24 RN 26.

4. Nicht rechtswidrig sind Eingriffe in den Gewerbebetrieb, wenn sie als Arbeitskampfmaßnahmen zulässig sind. Bei der vom Antragsteller darzulegenden Rechtswidrigkeit liegt das Hauptproblem im Zusammenhang mit dem Verfügungsanspruch, da die Voraussetzungen für die Rechtmäßigkeit des Streiks unter den Aspekten der Verhältnismäßigkeit, des ultima-ratio-Prinzips und der Reichweite der Friedenspflicht gesetzlich nicht geregelt sind. Unter welchen Voraussetzungen ein Arbeitskampf überhaupt als rechtswidrig angesehen werden kann, ist schwer zu beschreiben, was vor allem an dem unbestimmten Rechtsbegriff der Verhältnismäßigkeit liegt.
5. Der Verhältnismäßigkeitsmaßstab muss angesichts der hiesigen Gewerkschaftslandschaft überdacht werden. Es erscheint angemessen, ein zeitlich vorgelagertes obligatorisches Schlichtungsverfahren (ohne „Ergebnis"-zwangsschlichtung) einzuführen. Dies könnte ohne viel Aufwand zeitnah umgesetzt werden und in das Tarifvertragsgesetz Einzug halten. Da keinesfalls die Unverhältnismäßigkeit eines Streiks einfach mit volkswirtschaftlichen Schäden begründet werden kann, die Arbeitsteilung und hohe Technologisierung unserer Volkswirtschaft das komplette System aber anfällig machen für Störungen durch den Ausfall einzelner Glieder, wird ergänzend der Vorschlag für sinnvoll gehalten, eine Möglichkeit zu schaffen, einen Streik nach dem US-amerikanischen Vorbild kurzfristig für einen bestimmten Zeitraum unterbrechen zu können und die Tarifparteien in dieser Abkühlungsphase erneut an den Verhandlungstisch zu bewegen bzw. zu zwingen. Damit könnten in Ausnahmefällen – die Arbeitnehmer vorübergehend zur Rückkehr an den Arbeitsplatz verpflichtet werden, um so Zeit für Verhandlungen zu gewinnen und die verhärteten Fronten aufzubrechen. Eine lösende Aussperrung ist dagegen nicht angezeigt.
6. Nach herrschender Auffassung indiziert die Beeinträchtigung des Rechts am Gewerbebetrieb durch einen Arbeitskampf nicht die Widerrechtlichkeit. Es handelt sich bei dem Recht am eingerichteten und ausgeübten Gewerbetrieb um einen „offenen Tatbestand", „*dessen Inhalt und Grenzen sich erst aus einer Interessen- und Güterabwägung mit der im Einzelfall konkret kollidierenden Interessenssphäre ergeben*".
7. Weitere Unterlassungsansprüche können sich aus § 823 Abs. 2 BGB i.V.m. einem Schutzgesetz, § 862 Abs. 1 BGB oder der tarifvertraglichen Friedenspflicht ergeben.
8. Bei den regelmäßig gewerkschaftlich organisierten Streiks zielt die Anspruchsverwirklichung gegen die kampfführende Gewerkschaft und gegen die ausführenden Stellen vor Ort. Soll die Gewerkschaft in Anspruch

genommen werden, muss ihr der Arbeitskampf natürlich über §§ 31, 831 BGB zugerechnet werden können.

9. Die Bejahung des Verfügungsanspruchs setzt zumindest voraus, dass das Gericht die Rechtswidrigkeit positiv feststellt und nicht lediglich für wahrscheinlich gegeben hält.
10. Der Erlass einer eV kann nicht allein auf die Prognose, wer wahrscheinlich im Recht ist, gestützt werden. Die bloße Wahrscheinlichkeit, dass der Arbeitgeber materiell im Recht ist, reicht nicht aus, um den Erlass der eV zu erwirken.
11. Die Frage, ob in praxi die Frage nach der materiellen Rechtswidrigkeit überhaupt losgelöst vom Verfügungsgrund entschieden werden kann, muss bejaht werden. Auch wenn zwischen dem Verfügungsanspruch und dem Verfügungsgrund eine Wechselwirkung bzw. ein Wertungszusammenhang besteht, so dass die Sicht des „Mischtatbestandes" wohl auch der pragmatischen richterlichen Arbeitsweise entspricht, ist zunächst der voraussichtliche Ausgang des Hauptsacheverfahrens nach dem glaubhaft gemachten Parteivorbringen zu antizipieren. Erst danach können sich die Fragen der Folgenabschätzung stellen. Scheitert die einstweilige Anordnung bereits bei der summarischen materiell-rechtlichen Prüfung, ist für Folgeabwägungen kein Raum. Die Frage nach dem Verfügungsgrund setzt demzufolge einen zumindest offenen Ausgang bei der Frage nach dem Verfügungsanspruch voraus.
12. Eine besondere Notwendigkeit, die Kampfmaßnahme als „offensichtlich" rechtswidrig zu identifizieren, ist nicht ersichtlich. Der Erlass einer eV kann nicht daran scheitern, dass divergierende Rechtsauffassungen vertreten werden. Ein Verbot eines Arbeitskampfes, zu dem es noch keine BAG-Rechtsprechung gibt und unterschiedliche Auffassungen vertreten werden, wäre sonst unmöglich. Die Forderung, der Anspruch müsse offensichtlich bestehen, ist nicht mit der Gesetzeslage vereinbar, die Materialien geben dafür nichts her.
13. Daher genügt nach hier vertretener Ansicht eine „einfache" Rechtswidrigkeit; eine Entscheidung ist zumeist erst im Rahmen des Verfügungsgrundes bei der Interessenabwägung zu treffen. Je eindeutiger sich dabei die Rechtswidrigkeit der Kampfaktionen darstellt, desto eher muss der kämpfenden Arbeitnehmerseite das Unterlassungsgebot auferlegt werden; je unsicherer die Rechtslage, desto intensiver muss die Interessenabwägung ausfallen. Am Ende kommt es darauf an, ob das Gericht von der Rechtswidrigkeit überzeugt ist, nicht ob diese sofort offensichtlich war.

7 Der Verfügungsgrund

Bestehen Zweifel an der Rechtmäßigkeit des Streiks – weil der Verfügungsanspruch nicht klar herauszuarbeiten ist – kann eine Arbeitskampfverfügung nur dann erlassen werden, wenn ein Verfügungsgrund besteht. Es ist zu prüfen, ob die Verfügung *„zur Abwehr wesentlicher Nachteile notwendig"* ist, um dem Antragsteller effektiven Rechtsschutz zu verleihen.[810] Der Verfügungsgrund wird vielfach zum entscheidenden Kriterium für den zulässigen Inhalt der einstweiligen Verfügung.[811] Die Formel wird allerdings unterschiedlich ausgelegt, wie sogleich zu zeigen ist.

7.1 Existenzgefährdung

Die Notwendigkeit der Kampfverfügung wird teilweise nur dann bejaht, wenn der Arbeitskampf ansonsten zu einer Existenzgefährdung des Arbeitsgebers führt.[812]

Bei der Entscheidung der Frage, ob ein Arbeitskampf durch gerichtliches Einschreiten gestoppt werden soll, gibt es nur zwei Möglichkeiten: Verneint man generell den Erlass einer eV, so stellt man den Antragsteller schutzlos; anderenfalls müsste in Kauf genommen werden, dass eine Kampfunterlassungsanordnung immer zu einer vorläufigen Befriedigung führt.[813]

Dieses starre „Alles oder Nichts" könne nach *Gattung*[814] durch eine Grenzziehung der Erfüllungswirkung, z.B. durch eine Beschränkung auf Notsituationen und Existenzgefährdungen, vermieden werden. Aber ist eine solche Grenzziehung tatsächlich angezeigt, oder ist Verfügungsgrund nicht eher bereits die Gefahr des endgültigen Rechtsverlustes?

---

810 *Walker*, eR im Zivilprozess, RN 719; *Brox*, JA 82, 221 (225).

811 *Saenger*, eR und materiellrechtliche Selbsterfüllung, S. 42; *Damm*, ZHR 154, 413 (422). Umso erstaunlicher ist es, dass in den Entscheidungen vielfach Ausführungen zum Verfügungsgrund fehlen oder lediglich oberflächlich angebracht werden, *Walker*, eR im Zivilprozess, RN 719 m.w.N.

812 *Henniges*, Einstweiliger Rechtsschutz gegen gewerkschaftliche Streiks?, S. 5; *Steinbrück*, Streikposten und einstweiliger Rechtsschutz, S. 86; *Heckelmann*, AuR 70, 166 (177); *Faupel*, DB 71, 868 f.; *Bertzbach* in: Däubler, Arbeitskampfrecht, § 24 RN 25; *Gattung*, Einstweiliger Rechtsschutz gegen Streiks?, S. 127; *Zeuner*, RdA 71, 1 (7); *Dorndorf* in: Dorndorf/Weiss, Warnstreiks und vorbeugender Rechtsschutz, S. 56; *Löwisch/Krauß* in: Löwisch, Schlichtungs- u. ArbeitskampfR, RN 1037 jeweils m.w.N.

813 *Gattung*, Einstweiliger Rechtsschutz gegen Streiks?, S. 31.

814 in: Einstweiliger Rechtsschutz gegen Streiks?, S. 31.

7.2 Gefahr des endgültigen Rechtsverlustes

Bei Unterlassungsansprüchen ist zu berücksichtigen, dass diese meist so eng mit dem Zeitfaktor verknüpft sind, dass eine Entscheidung im einstweiligen Verfügungsverfahren endgültige Verhältnisse schafft, unabhängig davon, ob der begehrte Unterlassungsausspruch ergeht oder nicht.[815]

Nicht die sich aus dem Hauptanspruch ergebende Rechtsfolge, sondern die dem Gläubiger drohende Gefahr, der mit der einstweiligen Verfügung begegnet werden soll, ist Maßstab für die Zulässigkeit der einstweiligen Verfügung.[816] Es nützt dem Arbeitgeber nichts, wenn sich im Hauptsacheverfahren die Rechtswidrigkeit herausstellt, denn sein auf Unterlassung gerichteter Verfügungsanspruch ist endgültig nicht mehr durchsetzbar.[817]

Allein aus dieser Gefahr dieses endgültigen Rechtsverlustes folgt bereits die Notwendigkeit einer Kampfverfügung, ohne dass es noch auf Existenzgefährdung oder einen unverhältnismäßig hohen Schaden ankäme.[818]

Ließe man die Entscheidung nur dann zu Gunsten des Antragstellers ausfallen, wenn eine Existenzgefährdung vorliegt, würde der endgültige Rechtsverlust, den er zu erleiden hätte, übergangen, nur der große materielle Schaden gäbe den Ausschlag.[819] Dies bedeutete, dass die Existenzbedrohung den alleinigen Verfügungsgrund darstellte, von einer offenen Interessenabwägung kann dann keine Rede mehr sein.[820] Kurze Warnstreiks könnten überhaupt nicht durch eine Kampfverfügung untersagt werden, diese bedrohen aufgrund der Kürze nicht die Unternehmensexistenz.[821] Dies wäre mit dem verfassungsrechtlichen Gebot effektiven Rechtsschutzes nicht vereinbar.[822] Insgesamt hängt eine „Existenzgefährdung"

815 *Dunkl* in: Dunkl/Moeller/Baur/Feldmeier, Handbuch einstweiliger Rechtsschutz, A RN 507; *Grunsky*, RdA 86, 196 (202). Denn wird die Verfügung erlassen, ist der Arbeitskampf beendet, wird sie nicht erlassen, so tritt für den Antragsteller ein irreparabler Zustand ein, a.a.O.

816 *Saenger*, eR und materiellrechtliche Selbsterfüllung, S. 42; *Reichold* in: FS Buchner, S. 729; a.A. *Wolfer*, AiB 86, 81 (83).

817 *Grunsky*, RdA 86, 196 (202); *Walker*, eR im Zivilprozess, RN 721.

818 *Walker*, eR im Zivilprozess, RN 721; *ders.* in: Schwab/Weth, ArbGG, § 62 RN 170; ähnl. *Germelmann* in: G/M/P/M-G, ArbGG, § 62 RN 91; *Brox*, JA 82, 221 (225); *Baur* in: Dunkl/Moeller/Baur/Feldmeier, Handbuch einstweiliger Rechtsschutz, B RN 241; *Reichold* in: FS Buchner, S. 729.

819 *Luckscheiter*, eR gegen Streiks, S. 147.

820 *Luckscheiter*, eR gegen Streiks, S. 147.

821 *Walker*, eR im Zivilprozess, RN 720; *ders.* in: Schwab/Weth, ArbGG, § 62 RN 170.

822 *Walker* in: Schwab/Weth, ArbGG, § 62 RN 170.

wohl vorwiegend von der Dauer der Kampfmaßnahme ab, welche sich im Vorfeld gar nicht präzise vorhersehen lässt.[823] Zudem ergibt sich eine solche Einschränkung nicht aus dem Recht der einstweiligen Verfügungen.[824] Ausreichend ist ein *„wesentlicher"* Nachteil auf Seiten des Antragstellers, dieser liegt im drohenden Rechtsverlust. Nochmals an dieser Stelle: *„In einem Rechtsstaat, in dem das Selbsthilferecht grundsätzlich ausgeschlossen ist, gibt es keinen größeren Nachteil, als den endgültigen Rechtsverlust."*[825] Eine existenzielle Notlage ist nicht erforderlich.[826] Plakativ *Kessel/Koch*[827]: *„Der aus dem rechtsstaatlichen Justizgewährungsanspruch folgende drohende „endgültige Rechtsverlust", zu dessen Konkretisierung die Interessen beider Parteien abzuwägen sind, wird von dem Begriff des „wesentlichen Nachteils" als dem schwersten denkbaren rechtlichen Nachteil so hinreichend erfasst, dass für das Erfordernis eines weiteren zusätzlichen Nachteils im Sinne einer Existenzbedrohung kein Raum mehr ist."*

Für den Verfügungsgrund kann es aber nicht alleine darauf ankommen, ob der Unterlassungsanspruch endgültig vereitelt wird. Es geht nicht um die Durchsetzung eines Rechts seiner selbst willen, sondern um die Abwehr von Schäden, die durch ein späteres Hauptverfahren wegen der verstrichenen Zeit nicht mehr verhindert werden können.[828] Die Notwendigkeit betrifft nur den formalen Aspekt, ob dem Antragsteller außerhalb des summarischen Verfahrens noch andere Instrumente zu Gebote stehen, um den drohenden Nachteil zu verhindern.[829] Hier ist daher zusätzlich eine Interessenabwägung vorzunehmen, in die sämtliche in Betracht kommenden materiell-rechtlichen und vollstreckungsrechtlichen Erwägungen sowie die wirtschaftlichen Auswirkungen für beide Parteien

823 vgl. *Birk*, AuR 74, 289 (292).

824 *Germelmann* in: G/M/P/M-G, ArbGG, § 62 RN 113.

825 vgl. LAG München v. 19.12.1979 – 9 Sa 1015/79 = EzA Nr. 35 zu Art. 9 GG Arbeitskampf = NJW 80, 957 (958); auch LAG München v. 01.12.2004 – 5 Sa 913/04 = NZA-RR 2005, 354.

826 *Kessel/Koch*, BB 09, 1032 (1036). Wesentliche Nachteile können auch dann vorliegen, wenn dem Antragsteller Umsatzausfälle und Kundenverluste nicht zuzumuten sind, a.a.O.

827 in: BB 09, 1032 (1036), zu Leistungsverfügungen auf Belieferung bei Lieferstopps, die hinsichtlich der Konsequenzen von Streiks der Sache nach gar nicht so weit entfernt liegen.

828 *Krause*, Jahrbuch des Arbeitsrechts, Bd. 45, 2008, 23 (42 u. 43); vgl. auch *Isenhardt* in: FS Stahlhacke, S. 195 (204).

829 *Krause*, Jahrbuch des Arbeitsrechts, Bd. 45, 2008, 23 (42); *Walker*, ZfA 95, 185 (202 f.).

einzubeziehen sind.[830] Der Verfügungsgrund setzt sich zu beiden Teilen aus der Notwendigkeit der einstweiligen Verfügung und der umfassenden Interessenabwägung zusammen.[831]

7.2.1 Interessenabwägung

Für das Verfahren der Unterlassungsverfügung gewinnen nach den gewonnenen Erkenntnissen also zwei Elemente Bedeutung: Die materielle Rechtslage, die zuerst zu prüfen ist, und danach eine Interessenabwägung.[832]

Die Frage nach der grundsätzlichen Zulässigkeit der eVen entscheidet sich heuer im Wesentlichen bei der Interessenabwägung im Rahmen des Verfügungsgrundes.[833] Kann bei Unterlassungsverfügungen für die abgelaufene Zeit die unterlassene Handlung nicht mehr nachgeholt werden, muss konsequenterweise der Verfügungsanspruch streng geprüft und das Verfahren an das einer Hauptsache angenähert werden, um so wenig wie möglich die Rechtsstellung des Antragsgegners zu tangieren. Eine ausführliche Prüfung der materiellen Rechtslage ist aber gerade bei Arbeitskämpfen häufig außerordentlich schwierig; eine langwierige Prüfung wird der Aufgabe des einstweiligen Verfügungsverfahrens hingegen nicht gerecht, die in einer raschen Entscheidung liegt.

Ist in schwierigen Fällen die materielle Rechtslage also nicht eindeutig, so bietet die Interessenabwägung die Möglichkeit, die Rechtsposition des Antragsgegners zu

---

830 *Germelmann* in: G/M/P/M-G, ArbGG, § 62 RN 113; h.M, ebenfalls z.B. *Wank*, RdA 09, 1 (10); *Kentner*, Arbeitskampfmittel der Arbeitgeber, S. 242 m.w.N; *Bertzbach* in: Däubler, Arbeitskampfrecht, § 24 RN 23; *Korinth*, eR im Arbeitsgerichtsverfahren, S. 311 RN 199; *Otto*, Arbeitskampf- und Schlichtungsrecht, § 19 RN 32 m.N. aus d. Rspr.; *Heinze*, RdA 86, 277 (284); *ders*, RdA 86, 196 (202); *Walker*, ZfA 95, 185 (204 ff.); *Iliakopoulos*, Grenzen der Befriedigungsverfügung, S. 14; *Isenhardt* in: FS Stahlhacke, S. 195 (202) m.w.N; *Grunsky*, RdA 86, 196 (202); *Dütz*, BB 80, 533 (538 f.); *Baur* in: Dunkl/Moeller/Baur/Feldmeier, Handbuch einstweiliger Rechtsschutz, B RN 241 m.w.N; *Brox*, JA 82, 221 (225); aus der Rspr.: LAG München v. 19.12.1979 – 9 Sa 1015/79 – EzA Nr. 35 zu Art. 9 GG Arbeitskampf = NJW 80, 957; LAG Rheinland-Pfalz, Beschl. v. 05.03.1986 – 1 Ta 50/86 – EzA Nr. 62 zu Art. 9 GG Arbeitskampf = NZA 86, 264 (265); LAG Köln, Beschl. v. 12.12.2005 – 2 Ta 457/05 = NZA 2006, 62; LAG Frankfurt v. 07.11.2014 – 9 SaGa 1496/14 m.w.N.

831 *Krause*, Jahrbuch des Arbeitsrechts, Bd. 45, 2008, 23 (42).

832 *Iliakopoulos*, Grenzen der Befriedigungsverfügung, S. 14; *Schilken*, S. 127 ff.; *Grunsky*, JuS 76, 282; *Reichold*, FA 08, 98 (99) u. FS Buchner, S. 726; *Walker*, ZfA 05, 45 (67 f.); *Hergenröder* in: H/W/K, Art. 9 GG RN 352.

833 *Walker* in: Schwab/Weth, ArbGG, § 62 RN 171; *ders.*, eR im Zivilprozess, RN 722; *Krause*, Jahrbuch des Arbeitsrechts, Bd. 45, 2008, 23 (42).

berücksichtigen und den Eingriff möglichst gering zu halten.[834] Materielle Prüfung und Interessenabwägung schließen sich demzufolge nicht aus, sondern ergänzen sich.[835] Die Probleme fangen aber da an, wo zu klären ist, welche Gesichtspunkte überhaupt zu berücksichtigen sind und wie die Gewichtung im Rahmen dieser Interessenabwägung zu setzen ist.[836]

Einige Stimmen[837] in der Lit. gehen davon aus, dass das Interesse der Gewerkschaft am Unterbleiben der einstweiligen Verfügung grundsätzlich stärker sei, als dasjenige des Arbeitgebers an dem Erlass der Verfügung.[838] Daher könne ein Verfügungsgrund nur vorliegen, wenn der Streik offenkundig rechtswidrig wäre oder eine Existenzgefährdung vorliege.[839]

Isenhardt[840] sieht hingegen richtig, dass eine ungezwungene Betrachtungsweise dazu führen müsse, dass die Interessen beider Seiten an der Durchführung oder Verhinderung des Arbeitskampfes in der Regel gleichgewichtig seien.[841] Kriterien für eine unterschiedliche Gewichtung seien nämlich kaum erkennbar. Dies ergebe nach *Isenhardt* folgendes Ergebnismuster:

Bei gleichgewichtiger Interessenlage und offener Hauptsacheprognose scheide eine Kampfverfügung aus, weil sie voraussetze, dass die Interessen des Antragstellers überwögen.[842] Ist die Rechtslage dagegen klar und die Tatsachen unstreitig, so brauche der Verfügungsgrund nicht von besonderem Gewicht zu

834 *Iliakopoulos*, Grenzen der Befriedigungsverfügung, S. 23, 25.

835 *Iliakopoulos*, Grenzen der Befriedigungsverfügung, S. 37.

836 *Isenhardt* in: FS Stahlhacke, S. 195 (202).

837 *Henniges*, Einstweiliger Rechtsschutz gegen gewerkschaftliche Streiks?, S. 73 ff.; *Dorndorf* in: Dorndorf/Weiß, Warnstreiks und vorbeugender Rechtsschutz, S. 43 ff.; a.A. überzeugend *Walker*, ZfA 95, 185 (209).

838 vgl. *Krause*, Jahrbuch des Arbeitsrechts, Bd. 45, 2008, 23 (42).

839 Gegen diese Vorschläge siehe schon oben.

840 in: FS Stahlhacke, S. 195 (203 u. 204). Deshalb kann auch *Dütz* nicht gefolgt werden, der die Interessen der Gewerkschaften – zumindest bei Warnstreiks – niedriger ansetzt, als die der Arbeitgeber, BB 80, 533 (540).

841 So auch *Walker*, ZfA 95, 185 (205); *Germelmann* in: G/M/P/M-G, ArbGG, § 62 RN 113; Kissel, Arbeitskampfrecht, § 65 RN 34.

842 *Isenhardt* in: FS Stahlhacke, S. 195 (205); ebenso *Baur* in: Dunkl/Moeller/Baur/Feldmeier, Handbuch einstweiliger Rechtsschutz, B RN 241. Drohen allerdings schwere Schäden, könne dieses Gewicht des Verfügungsgrundes bei offener Prognose in der Hauptsache die Entscheidung zugunsten des Antragstellers ausfallen lassen, *Isenhardt*, a.a.O.

sein.[843] Selbst dann könne aber dennoch nicht gänzlich auf die Prüfung des Verfügungsgrundes verzichtet werden.[844] Das Vorliegen eines Verfügungsanspruches lasse nicht zwingend auf einen Verfügungsgrund schließen.

Luckscheiter[845] kommt im Ergebnis dazu, dass auch bei Bestehen des Verfügungsgrundes trotzdem noch der Schaden auf beiden Seiten abgewogen werden müsse, wobei letztlich der Schaden am Gewerbebetrieb dem Streikrecht gegenüberzustellen sei. Dies hätte allerdings ebenfalls zur Folge, dass im Falle von geringen Schäden, etwa bei Warnstreiks, der Verfügungsgrund abzulehnen wäre. Gerade bei kurzen Warnstreiks ohne größeren Produktionsausfall liefe dies auf eine Rechtsverweigerung hinaus.[846]

Deshalb sollte mit *Isenhardt*[847] die eV bei solchen minimalen Beeinträchtigungen dessen unbeachtet ergehen, wenn ansonsten an der Rechtslage kein Zweifel besteht. Bei nicht eindeutiger Rechtslage wird die Untersagung eines Warnstreiks hingegen seltener in Betracht kommen als bei großen Erzwingungsstreiks.[848]

7.2.1.1 Aspekte der Interessenabwägung

Noch nicht geklärt ist damit bis hierher aber, welche Gesichtspunkte für die Interessenabwägung im Einzelnen eine Rolle spielen können.

7.2.1.1.1 Eindeutigkeit der Sach- und Rechtslage

Zunächst muss ins Gewicht fallen, ob die Sach- und Rechtslage eindeutig ist. Je eindeutiger die Rechtslage zugunsten des Anspruchsstellers zu qualifizieren ist, umso weniger schutzwürdig ist der Antragsgegner und umso geringer sind folglich die Anforderungen an die dem Antragsteller entstehenden Nachteile.[849] Auf die Höhe des zu erwartenden Schadens kommt es erst in zweiter Linie an;[850] der

---

843 *Isenhardt* in: FS Stahlhacke, S. 195 (205); vgl. *Baur* in: Dunkl/Moeller/Baur/Feldmeier, Handbuch einstweiliger Rechtsschutz, B RN 241.

844 a.A. *Colneric* in: Däubler, Arbeitskampfrecht (Vorauflage), RN 1332, bei klarer Rechtslage finde eine Interessenabwägung überhaupt nicht statt.

845 *Luckscheiter*, eR gegen Streiks, S. 153.

846 *Löwisch/Krauß* in: Löwisch, Schlichtungs- u. ArbeitskampfR, RN 1036 ff. (1040).

847 in: FS Stahlhacke, S. 195 (205); ähnl. *Löwisch/Krauß* in: Löwisch, Schlichtungs- u. ArbeitskampfR, RN 1036 ff. (1040); *Walker*, eR im Zivilprozess, RN 723 FN.

848 *Walker*, eR im Zivilprozess, RN 724.

849 LAG München v. 19.12.1979 – 9 Sa 1015/79 – EzA Nr. 35 zu Art. 9 GG Arbeitskampf = NJW 80, 957; *Kessel/Koch*, BB 09, 1032 (1035); *Kentner*, Arbeitskampfmittel der Arbeitgeber, S. 242.

850 *Walker*, eR im Zivilprozess, RN 723; *ders.* in: Schwab/Weth, ArbGG, § 62 RN 171.

einstweilige Rechtsschutz dient letztlich der Verwirklichung materiellen Rechts, so dass der erwartete Ausgang der Hauptsache vordergründig eine Rolle spielen muss.[851] Bestehen für das Gericht bei unstreitigem Sachverhalt aufgrund gefestigter Rechtsprechung an der Rechtswidrigkeit also keine Zweifel, ist dieser selbst dann zu untersagen, wenn er beim betroffenen Unternehmen keinen unverhältnismäßigen Schaden befürchten lässt.[852]

Stellt sich andersherum der geplante Streik als offenkundig rechtmäßig dar, so ist der Antrag selbst bei einem zu erwartenden hohen Schaden abzuweisen.[853]

7.2.1.1.2 Schutzbedürftigkeit

Ist die Rechtslage nicht eindeutig zu beurteilen, kommt es auf die Schutzbedürftigkeit der Parteien an. Soll es in der praktischen Handhabe auf die konkrete Abwägung der einander widerstreitenden Belange und gegenüberstehenden Güter ankommen,[854] erscheine es nach mancher Meinung angemessen, zugunsten derjenigen Seite zu entscheiden, die „*wahrscheinlich*" im Recht sei.[855] Dies sei aufgrund der gleichwertigen Interessenlage der Parteien und des daher gleich verteilten Fehlentscheidungsrisikos gerechtfertigt.[856] Dagegen spricht, dass die Feststellung des Verfügungsanspruches eine entsprechende Überzeugung voraussetzt; auch

---

851 *Walker*, ZfA 95, 185 (206).

852 *Baur* in: Dunkl/Moeller/Baur/Feldmeier, Handbuch einstweiliger Rechtsschutz, B RN 241; *Walker*, eR im Zivilprozess, RN 723; *ders.*, ZfA 95, 185 (207 m.w.N.).

853 *Baur* in: Dunkl/Moeller/Baur/Feldmeier, Handbuch einstweiliger Rechtsschutz, B RN 241; *Isenhardt* in: FS Stahlhacke, S. 195 (206); *Walker* in: Schwab/Weth, ArbGG, § 62 RN 171 m.w.N; *ders.*, ZfA 95, 185 (208).

854 *Dütz*, BB 80, 533 (539); *Henniges*, Einstweiliger Rechtsschutz gegen gewerkschaftliche Streiks?, S. 5; *Brox*, JA 82, 221 (225); siehe auch die w. N. bei *Steinbrück*, Streikposten und einstweiliger Rechtsschutz, S. 87 FN 54; aus der Rspr.: LAG München v. 19.12.1979 - 9 Sa 1015/79 - EzA Nr. 35 zu Art. 9 GG Arbeitskampf = NJW 80, 957; LAG Rheinland-Pfalz, Beschl. v. 05.03.1986 - 1 Ta 50/86 - EzA Nr. 62 zu Art. 9 GG Arbeitskampf = NZA 86, 264 (265).

855 So *Dütz*, BB 80, 533 (539); *Grunsky*, ArbGG, § 62 RN 2; *ders.* in: Stein/Jonas, ZPO, vor § 935 RN 70; *Schäuble*, Widerrechtlicher Streik und Abwehraussperrung, S. 60 f.; *Luckscheiter*, eR gegen Streiks, S. 149 f.; *Henniges*, Einstweiliger Rechtsschutz gegen gewerkschaftliche Streiks?, S. 5 m.w.N; *Steinbrück*, Streikposten und einstweiliger Rechtsschutz, S. 87. Siehe dazu auch schon oben unter 6.3.1.

856 *Henniges*, Einstweiliger Rechtsschutz gegen gewerkschaftliche Streiks?, S. 5; *Schäuble*, Widerrechtlicher Streik und Abwehraussperrung, S. 60 f.; *Dütz*, BB 80, 533 (539); *Grunsky* in: Stein/Jonas, ZPO, vor § 935 RN 71; LAG München v. 19.12.1979 - 9 Sa 1015/79 - EzA Nr. 35 zu Art. 9 GG Arbeitskampf = NJW 80, 957; *Luckscheiter*, eR gegen Streiks, S. 8 m.w.N.

werden sich in tatsächlicher Hinsicht gegenüber dem Sachvortrag im Eilverfahren keine großen Änderungen und Ergänzungen mehr ergeben.[857] Zu folgen wird nach hier vertretener Auffassung deshalb dem Vorschlag sein, dann auf das größere Schutzbedürfnis der Parteien abzustellen:[858]

Welche Folgen treten für den Antragsgegner bei Erlass der Verfügung ein, welche für den Antragsteller bei Abweisung des Antrags?[859]

Insoweit lassen sich keine allgemeingültigen Kriterien nennen, in jedem konkreten Einzelfall ist das Maß der Betroffenheit gegenüberzustellen.[860] Die Gefahr des endgültigen Rechtsverlustes ist dabei umso eher hinzunehmen, je geringer der zu befürchtende Schaden ist.[861] Da die Schutzbedürftigkeit der Gewerkschaft an einem bestimmten Tarifvertrag stets gleich ist, ist der einzige variable Parameter die dem Arbeitgeber drohenden Schäden.[862] Weiß man, dass eine Befriedigungsverfügung zudem nur ergehen kann, wenn die Interessen des Antragstellers überwiegen, so muss man zu dem Schluss kommen, dass bei offener Prognose ein Streikverbot nur ergehen darf, wenn nicht unerhebliche wirtschaftliche Schäden drohen,[863] die aber nicht bis zur Existenzgefährdung reichen müssen. Zu beachten ist nämlich auch, dass es gerade das Wesen des Arbeitskampfes ist, durch Ausübung wirtschaftlichen Drucks auf den Gegenspieler einzuwirken, so dass nicht jedwede Schädigung die durch den Kampf eintritt, den Erlass einer eV zu rechtfertigen vermag.[864]

---

857 *Otto*, Arbeitskampf- und Schlichtungsrecht, § 19 RN 33.

858 *Otto*, Arbeitskampf- und Schlichtungsrecht, § 19 RN 33; *Kissel*, Arbeitskampfrecht, § 65 RN 37; *Walker*, eR im Zivilprozess, RN 724; *Krause*, Jahrbuch des Arbeitsrechts, Bd. 45, 2008, 23 (44).

859 *Korinth*, eR im Arbeitsgerichtsverfahren, S. 311 RN 199; *Walker*, eR im Zivilprozess, RN 263; *ders.*, ZfA 95, 185 (208). 724. LAG Hamm v. 17.03.1987 – 8 Sa 484/87 = LAGE Art. 9 GG Arbeitskampf Nr. 31 und LAG Hamburg v. 24.03.1987 – 8 Sa 25/87 = LAGE Art. 9 GG Arbeitskampf Nr. 33 begutachteten den Sachverhalt danach, ob bei Ablehnung der eV dem Antragsteller größere Nachteile erwachsen wären als dem Antragsgegner im Fall des Erlasses.

860 *Walker*, ZfA 95, 185 (208).

861 *Walker*, eR im Zivilprozess, RN 724; *ders.* in: Schwab/Weth, ArbGG, § 62 RN 171.

862 *Krause*, Jahrbuch des Arbeitsrechts, Bd. 45, 2008, 23 (44).

863 *Krause*, Jahrbuch des Arbeitsrechts, Bd. 45, 2008, 23 (44), welche nicht die Schwelle der Existenzgefährdung erreichen müssen.

864 *Germelmann* in: G/M/P/M-G, ArbGG, § 62 RN 114; *Bertzbach* in: Däubler, Arbeitskampfrecht, § 24 RN 26: „*Maßnahme muss weh tun*“.

7.2.1.1.3 Schadensersatzansprüche

Daneben soll zu berücksichtigen sein, dass ein Schadensersatzanspruch gem. § 945 ZPO bei einem Erfolg des Verfügungsgegners im Hauptsacheprozess nicht in der Lage wäre, den entstandenen Schaden auszugleichen.[865]

Bertzbach[866] meint, dass der Arbeitgeber dann, wenn die beantragte Verfügung nicht erlassen werde und er später in der Hauptsache obsiege, bei Verschulden des Gegners Schadensersatz verlangen könne und die Schwierigkeiten der Bezifferung über § 287 ZPO anhand einer Schätzung gelöst werden könnten.[867] Der Schadensersatzanspruch für den Arbeitnehmer hingegen gehe ins Leere; die verlorengegangene sozialpolitische Chance lasse sich nicht in Geld messen. Die betroffene Gewerkschaft könne kaum einen ersatzfähigen Vollziehungsschaden nachweisen.[868] Die gesetzliche Sanktion greife realiter nicht. Es sei für den Arbeitgeber ziemlich risikolos, den Arbeitskampf „abzublasen".[869] Dieser Vorteil des Arbeitgebers auf der Folgenseite müsse berücksichtigt werden.

Diese Sicht wird hier nicht geteilt. Auch der Arbeitgeber sieht sich trotz § 287 ZPO vor Probleme gestellt, einen Schadensersatzanspruch zu quantifizieren und durchzusetzen.[870]

Kentner[871] geht davon aus, dass in der Praxis der Nachweis des Schadens kaum gelingt. In den allermeisten Fällen wird es zudem stets am Verschulden mangeln,[872] so dass gleichermaßen auch der theoretische Schadensersatzanspruch des Arbeitgebers praktisch ins Leere geht. Es mutete auch merkwürdig an, Kampfverfügungen nur dann für zulässig zu erachten, wenn ihre Vollziehung einen hohen, nach § 945 ZPO ersatzfähigen Schaden verursachte.[873]

---

865 *Germelmann* in: G/M/P/M-G, ArbGG, § 62 RN 114; *Dütz*, BB 80, 533 (539).

866 in: Däubler, Arbeitskampfrecht, § 24 RN 25.

867 *Wolfer*, AiB 86, 81 (83).

868 *Hoffmann*, AuR 68, 33 (45); *Dorndorf* in: Dorndorf/Weiß, Warnstreiks und vorbeugender Rechtsschutz, S. 52; *Wolfer*, AiB 86, 81 (83); *Hessel*, DB 67, 2071 (2072); *Henniges*, Einstweiliger Rechtsschutz gegen gewerkschaftliche Streiks?, S. 80 f.; *Walker*, eR im Zivilprozess, RN 726; *Otto* in: MüKo-ArbR, § 293 RN 27; *Birk*, AuR 74, 289 (292).

869 *Birk*, AuR 74, 289 (295); *Holzinger*, EVen gegen gewerkschaftliche Streiks, S. 67.

870 *Otto*, Arbeitskampf- u. SchlichtungsR, § 19 RN 28; *ders.* in: MüKo-ArbR, Bd. 3, § 293 RN 28; *Iliakopoulos*, Grenzen der Befriedigungsverfügung, S. 41.

871 in: Arbeitskampfmittel der Arbeitgeber, S. 244. Die erheblichen Durchsetzungsschwierigkeiten seien auf eine großzügige Rechtsprechungspraxis zugunsten der Arbeitnehmerseite zurückzuführen, a.a.O; vgl. dazu schon FN 186.

872 *Scholz/Konzen*, Die Aussperrung, S. 230.

873 *Walker*, eR im Zivilprozess, RN 726.

Dem Schadensersatzanspruch kommt daher bei den Erwägungen keine Bedeutung zu.[874]

7.2.1.1.4 Drittinteressen

Schließlich ist fraglich, ob in die Abwägung auch die Interessen Dritter oder der Allgemeinheit eingestellt werden dürfen.

Mit *Krause*[875] muss gesehen werden, dass es die tatsächlichen Auswirkungen der Arbeitskämpfe gebieten, die drohenden Schäden für die Rechtsgüter *Dritter* im Rahmen der Interessenabwägung des Verfügungsgrundes zugunsten des Arbeitgebers zu werten. Insbesondere im Bereich der Daseinsvorsorge können leicht Grundrechte Dritter tangiert werden und aufgrund der komplexen Verzahnung des Wirtschaftslebens große Schäden in der Volkswirtschaft entstehen.

Kollidierende Drittinteressen – das Gemeinwohl – werden allerdings ohnehin zuvor im Zuge der Verhältnismäßigkeitsprüfung im Rahmen des Verfügungsanspruches berücksichtigt.[876] Kommt es dort zu keiner eindeutigen Entscheidung, ist dann erst in die Interessenabwägung einzusteigen. Wie aber kann die Berücksichtigung der Gemeinwohlinteressen, die im Rahmen der Verhältnismäßigkeitsprüfung keine eindeutige Entscheidung ausgeworfen hat, nun im Rahmen der Abwägung den Ausschlag geben? Es wäre in der Tat merkwürdig, den Ausschlag zu einem Verfügungserlass zu geben, wenn jetzt beim Verfügungsgrund einzig und allein auf Drittinteressen abgestellt würde. Es spricht aber nichts dagegen, Gemeinwohlinteressen bei der Interessenabwägung nochmals zumindest als weiteren Faktor mit zu begutachten. Dies kann zusätzliche Argumente liefern, die zuvor allein nicht ausgereicht haben, den Arbeitskampf klar als rechtswidrig erscheinen zu lassen. Der Umstand, dass es hier zu einer quasi „doppelten Berücksichtigung“ kommt, muss wohl mit bedacht werden, kann aber eine Doppelbetrachtung nicht gänzlich unzulässig machen.

Zwischen dem Verfügungsanspruch und dem Verfügungsgrund besteht ohnehin eine Wechselwirkung bzw. ein Wertungszusammenhang.[877] Auch wenn der Rechtsstreit nur zwischen den Parteien geführt wird, so kann ein betroffener Arbeitgeber durchaus zugleich „Wahrer von Drittinteressen“ sein,[878] so dass an dieser Stelle nochmals auf die kollidierenden Rechtsgüter Dritter zu schauen ist,

---

874 Wie hier *Walker*, ZfA 95, 185 (209).

875 *Krause*, Jahrbuch des Arbeitsrechts, Bd. 45, 2008, 23 (44); ähnl. *Buchner*, BB 03, 2121 (2129 f.).

876 *Sittard*, ZTR 08, 178 (180 f.).

877 vgl. oben unter 6.3.1, S. 152.

878 *Krause*, Jahrbuch des Arbeitsrechts, Bd. 45, 2008, 23 (44).

um im Zusammenspiel mit anderen Abwägungsergebnissen eine Entscheidung herbeiführen zu können.

7.2.1.2 Unentschiedener Ausgang der Abwägung

Im Falle einer Gleichwertigkeit der Nachteile, die eine Partei bei einer Fehlentscheidung erleiden würde, ist sich der Auffassung von *Korinth*[879] anzuschließen, wonach es die überragende Bedeutung der Streikfreiheit gem. Art. 9 Abs. 3 GG gebiete, dass der Antrag zurückzuweisen ist, sofern nicht besondere Umstände ein solches Ergebnis unerträglich machen. Sollte also eine gründliche Interessenabwägung mit unentschiedenem Ausgang enden, d.h. die Interessen beider Parteien sind bei offener Hauptsacheprognose von gleichem Gewicht, kann eine Kampfverfügung nicht ergehen.[880] Die Interessen des Antragstellers am Erlass haben zu überwiegen.

7.3 Zwischenergebnis

1. Bestehen Zweifel an der Rechtmäßigkeit des Streiks – weil der Verfügungsanspruch nicht klar herauszuarbeiten ist – kann eine Arbeitskampfverfügung nur dann erlassen werden, wenn ein Verfügungsgrund besteht.
2. Die Notwendigkeit der Kampfverfügung wird dabei teilweise nur dann bejaht, wenn der Arbeitskampf ansonsten zu einer Existenzgefährdung des Arbeitsgebers führt. Eine solche Grenzziehung ist allerdings nicht angezeigt, Verfügungsgrund ist bereits die Gefahr des endgültigen Rechtsverlustes. Ließe man die Entscheidung nur dann zu Gunsten des Antragstellers ausfallen, wenn eine Existenzgefährdung vorliegt, würde der endgültige Rechtsverlust, den er zu erleiden hätte, übergangen, nur der große materielle Schaden gäbe den Ausschlag.
3. Hier ist daher eine Interessenabwägung vorzunehmen, in die sämtliche in Betracht kommenden materiell-rechtlichen und vollstreckungsrechtlichen Erwägungen sowie die wirtschaftlichen Auswirkungen für beide Parteien einzubeziehen sind. Ist in schwierigen Fällen die materielle Rechtslage nicht eindeutig, so bietet die Interessenabwägung die Möglichkeit, die Rechtsposition des Antragsgegners zu berücksichtigen und den Eingriff möglichst gering zu halten. Materielle Prüfung und Interessenabwägung schließen sich also nicht aus, sondern ergänzen sich.

879 *Korinth*, eR im Arbeitsgerichtsverfahren, S. 311 RN 200.
880 LAG Hamburg v. 24.03.1987 – 8 Sa 25/87 = NZA 88, Beil., 27 (28); *Luckscheiter*, eR gegen Streiks, S. 57; *Walker*, eR im Zivilprozess, RN 264 m.w.N.

4. Leitender Grundgedanke einer Interessenabwägung ist, welcher Partei eine falsche Entscheidung am ehesten zugemutet werden kann. Bei gleichgewichtiger Interessenlage und offener Hauptsacheprognose scheidet eine Kampfverfügung aus, weil sie voraussetzt, dass die Interessen des Antragstellers überwiegen. Ist die Rechtslage dagegen klar und die Tatsachen unstreitig, so braucht der Verfügungsgrund nicht von besonderem Gewicht zu sein.
5. Bei der Abwägung muss zuvorderst ins Gewicht fallen, ob die Sach- und Rechtslage eindeutig ist. Je eindeutiger die Rechtslage zugunsten des Anspruchstellers zu qualifizieren ist, umso weniger schutzwürdig ist der Antragsgegner und umso geringer sind folglich die Anforderungen an die dem Antragsteller entstehenden Nachteile. Bestehen für das Gericht bei unstreitigem Sachverhalt an der Rechtswidrigkeit also keine Zweifel, ist der Streik selbst dann zu untersagen, wenn er beim betroffenen Unternehmen keinen unverhältnismäßigen Schaden befürchten lässt.
6. Ist die Rechtmäßigkeit nicht klar festzustellen, kommt es auf die Schutzbedürftigkeit der Parteien an.

   Es ist zu fragen, welche Folgen für den Antragsgegner bei Erlass der Verfügung eintreten, welche für den Antragsteller bei Abweisung des Antrags. Insoweit lassen sich allerdings keine allgemeingültigen Kriterien nennen, in jedem konkreten Einzelfall ist das Maß der Betroffenheit gegenüberzustellen. Die Gefahr des endgültigen Rechtsverlustes ist dabei umso eher hinzunehmen, je geringer der zu befürchtende Schaden ist. Da die Schutzbedürftigkeit der Gewerkschaft an einem bestimmten Tarifvertrag stets gleich ist, ist der einzige variable Parameter im Einzelfall die dem Arbeitgeber drohenden Schäden. Haben die Interessen des Antragstellers aber zu überwiegen, so darf bei offener Prognose ein Streikverbot nur ergehen, wenn nicht vollkommen unerhebliche wirtschaftliche Schäden drohen.
7. Schadensersatzansprüchen kommt bei den Erwägungen keine Bedeutung zu.
8. Auch wenn der Rechtsstreit nur zwischen den Parteien geführt wird, so kann ein betroffener Arbeitgeber durchaus zugleich „Wahrer von Drittinteressen“ sein. Die tatsächlichen Auswirkungen der Arbeitskämpfe gebieten es, die drohenden Schäden für die Rechtsgüter Dritter zugunsten des Arbeitgebers zu werten.
9. Bei einem unentschiedenen Ausgang der Abwägung gebietet es die überragende Bedeutung der Streikfreiheit gem. Art. 9 Abs. 3 GG, dass der Antrag zurückzuweisen ist, sofern nicht besondere Umstände ein solches Ergebnis unerträglich machen. Sollte also eine gründliche Interessenabwägung mit unentschiedenem Ausgang enden, d.h. die Interessen beider Parteien sind bei offener Hauptsacheprognose von gleichem Gewicht, kann eine Kampfverfügung nicht ergehen.

8 Sonderfragen des Verfahrens

8.1 Schutzschriften

Schutzschriften dienen der vorbeugenden Darlegung der eigenen Rechtsauffassung und können vorab, also vor einem drohenden Verfahren, bei Gericht hinterlegt werden.[881]

Schutzschriften sind im Rahmen von arbeitskampfbezogenen einstweiligen Verfügungen ein in der Praxis geübtes und bewährtes Mittel,[882] um den Antragsgegner seine Glaubhaftmachung zu erschweren und dem Gericht die Notwendigkeit einer mündlichen Verhandlung nochmals aufzudrängen.[883] In der Prozessordnung sind Schutzschriften nicht vorgesehen, so dass die Gerichte sie eigentlich nicht beachten müssten.[884] Schutzschriften können beim Erlass einstweiliger Verfügungen jedoch Berücksichtigung finden, da im Arbeitskampfrecht stets Eile geboten ist.[885] Die Auffassung, allenfalls die Eigenarten des wettbewerbsrechtlichen Verfügungsverfahrens[886] könnten die Beachtlichkeit von Schutzschriften rechtfertigen, hat sich nicht durchgesetzt.[887]

---

881 *Steinau-Steinrück/Brugger*, NZA 2010, Beil., 127 (134); *Walker*, ZfA 95, 185 (217); *Teplitzky*, NJW 80, 1667. Es handelt sich dabei um ein Verteidigungsmittel, wenn der Antrag auf Erlass einer eV vermutet wird, *Seiler* in: Thomas/Putzo, ZPO, § 935 RN 9.

882 *Koch* in: ErfK, ArbGG, § 62 RN 21; *Steinau-Steinrück/Brugger*, NZA 2010, Beil., 127 (134); *Walker* in: GS Heinze, 1009 (1018) m.w.N; *ders.*, ZfA 95, 185 (216 m.w.N.); krit. *Leipold*, RdA 83, 164 ff.

883 *Grunsky* in: Stein/Jonas, ZPO, § 937 RN 7; *Luckscheiter*, eR gegen Streiks, S. 59; *May*, Die Schutzschrift, S. 11; *Walker* in: GS Heinze, 1009 (1018) m.w.N; *ders.*, ZfA 95, 185 (216); *Wehlau/Kalbfus*, WRP 2012, 395; *Drescher* in: MüKo-ZPO, § 937 RN 9 m.w.N.

884 *Wank*, RdA 09, 1 (10); *Steinau-Steinrück/Brugger*, NZA 2010, Beil., 127 (134); *Germelmann* in: G/M/P/M-G, ArbGG, § 62 RN 115.

885 *Steinau-Steinrück/Brugger*, NZA 2010, Beil., 127 (134) unter Verweis auf BGH, Beschl. v. 13.02.2003 – I ZB 23/02 = NJW 03, 1257. Ebenso dafür: *Steinbrück*, AuR 87, 161 (167); *Faecks*, NZA 85, Beil., 6 (17); *Germelmann* in: G/M/P/M-G, ArbGG, § 62 RN 115; *May*, Die Schutzschrift, S. 93.

886 Vermutung des Verfügungsgrundes und der häufige Verzicht auf eine mündliche Verhandlung.

887 *Marly*, BB 89, 770 FN 2; *Teplitzky*, NJW 80, 1667; *Walker*, ZfA 95, 185 (217); *ders.*, eR im Zivilprozess, RN 608: *„Allein die quantitativ geringere Bedeutung in anderen*

Obwohl die Einreichung einer Schutzschrift als bedingte Prozesshandlung[888] zu sehen ist, verpflichtet der Grundsatz auf rechtliches Gehör aus Art. 103 Abs. 1 GG zu deren Beachtung.[889] Schutzschriften spielen nämlich nur anstelle einer mündlichen Verhandlung eine Rolle, und in dem Verzicht auf eine mündliche Verhandlung liegt eine Einschränkung des Grundrechts auf vorheriges rechtliches Gehör; eine solche Einschränkung darf aber nicht weiter gehen, als es zum Schutz eines anderen Rechts mit Verfassungsrang unbedingt notwendig ist.[890] Die Gesichtspunkte der Verfahrensbeschleunigung und der Gegnerüberraschung stehen dem nicht entgegen: Der Gegner erfährt vor Anberaumung einer mündlichen Verhandlung nicht, ob ein Eilverfahren gegen ihn anhängig ist und seine Schutzschrift berücksichtigt wird.[891] Auch der Einwand, die Beachtung der Schutzschrift könnte den Zweck des Eilverfahrens vereiteln, überzeugt nicht: Sie kann umgekehrt gerade auch zur beschleunigten Zurückweisung des Gesuchs führen, wenn die Glaubhaftmachung nicht gelingt.[892] Dennoch gibt es eine Einschränkung, die denklogisch erscheint: Hält das Gericht den Antrag des Anspruchsstellers schon für unschlüssig, so gibt es für die Beachtung

Rechtsgebieten kann nicht dazu führen, dass Schutzschriften unbeachtlich sind, wenn für den Antragsgegner das gleiche Interesse daran besteht, wie im Wettbewerbsrecht".

888 Nur für den Fall dass ein Verfügungsantrag eingereicht wird, soll die Schutzschrift beachtet werden. Sie stellt daher eine aufschiebend bedingte Prozesshandlung dar, die ihre Wirkung erst mit Eingang des Antrags erlangt, *Reichold*, RdA 83, 164 (168); *Luckscheiter*, eR gegen Streiks, S. 165. *Walker* erklärt, dass die aufschiebende Bedingung, dass der Antragsteller auch tatsächlich den Antrag stelle, einen leicht feststellbaren innerprozessualen Vorgang betreffe und weder zu einer unzulässig bedingten Rechtshängigkeit, noch zu einer für die Gegenseite oder das Gericht unzumutbare Unsicherheit führe, weshalb sie selbst unter der Berücksichtigung der weitgehenden Bedingungsfeindlichkeit von Prozesshandlungen zulässig sei, in: GS Heinze, 1009 (1018); *ders.*, ZfA 95, 185 (218).

889 *Walker*, eR im Zivilprozess, RN 613; *ders.* in: GS Heinze, 1009 (1019) m.w.N; *ders.*, ZfA 95, 185 (218); *ders.* in: Schuschke/Walker, Vollstreckung und vorläufiger Rechtsschutz, vor § 916–945 RN 51; *Teplitzky*, NJW 80, 1667; *Germelmann* in: G/M/P/M-G, ArbGG, § 62 RN 115; BGH, Beschl. v. 13.02.2003 – I ZB 23/02 = NJW 03, 1257.

890 *Walker* in: GS Heinze, 1009 (1019) m.w.N; *ders.*, ZfA 95, 185 (219 f.). Die Nichtbeachtung sei aber nicht notwendig. Zudem verstieße sie gegen das rechtsstaatliche Gebot ausgewogenen Rechtsschutzes. Es wäre nicht zu rechtfertigen, wenn das Gericht trotz Schutzschrift sehenden Auges eine Fehlentscheidung träfe, a.a.O.

891 *Walker* in: Schuschke/Walker, Vollstreckung und vorläufiger Rechtsschutz, vor § 916–945 RN 51; *ders.* ausf. in: eR im Zivilprozess, RN 612 m.w.N.

892 *Walker*, eR im Zivilprozess, RN 611 m.w.N.

der Schutzschrift keine Notwendigkeit,[893] das Gesuch ist durch Beschluss zurückzuweisen.

Ein Recht auf Einsicht des Inhalts einer Schutzschrift besteht erst nach Anhängigkeit des Verfahrens, da sie erst dann Teil der Prozessakte geworden ist.[894] Der Antragsteller kann nicht vorab Einsicht in Schutzschriften nehmen, weil sich § 299 ZPO nur auf einen anhängigen Rechtsstreit bezieht.[895] Hat der Antragsteller seinen Antrag noch nicht gestellt, besteht zwischen ihm und dem Schutzschrifteinreicher noch kein Prozessrechtsverhältnis, da dieses allein durch die Einreichung einer Schutzschrift nicht begründet wird.[896] Bis dahin kann lediglich das Register eingesehen werden um in Erfahrung zu bringen, ob das Vorliegen einer Schutzschrift eingetragen wurde.[897] Umstritten ist, ob auch Schutzschriften eingereicht werden können, bei denen der potentielle Gesuchsteller unbekannt oder nicht eindeutig bestimmbar ist,[898] weil man z.B. noch gar nicht weiß, wer einen Antrag auf Erlass einer eV stellen wird. Im arbeitsgerichtlichen Verfahren wird dies dann für möglich gehalten, wenn besondere Umstände die Kennzeichnung des Antragstellers nicht erlauben, spätestens jedoch bei Einreichung des Verfügungsantrags eindeutig bestimmt (und zugeordnet) werden kann.[899] Abschließend ist die Schutzschrift im Gesamtbild ein wichtiges Korrelat zu der aus Gründen des effektiven Rechtsschutzes erforderlichen Möglichkeit, einstweilige

893 *May*, Die Schutzschrift, S. 86.

894 *May*, Die Schutzschrift, S. 100; *Walker*, ZfA 95, 185 (222); *Drescher* in: MüKo-ZPO, § 937 RN 10; a.A. *Marly*, BB 89, 770 (773).

895 *Drescher* in: MüKo-ZPO, § 937 RN 10. Erst mit Einreichung seines Antrags entsteht das Prozessverhältnis, so dass ihm dann die Schutzschrift mitzuteilen ist.

896 *Marly*, BB 89, 770.

897 *Walker*, ZfA 95, 185 (222). Es entspricht allg. Ansicht, dass Schutzschriften vor Anhängigkeit des Verfahrens im Allgemeinen Register zu führen sind, *May*, Die Schutzschrift, S. 23; *Leipold*, RdA 83, 164 (169).

898 *Baur* in: Dunkl/Moeller/Baur/Feldmeier, Handbuch einstweiliger Rechtsschutz, B RN 246; dafür auch *Marly*, BB 89, 770; *Willikonsky*, BB 87, 2013. *Leipold* verlangt, dass mit der Einreichung der Schutzschrift so lange zugewartet wird, bis Gegner und konkreter Streit bezeichnet werden können, so lange sei für eine Schutzschrift noch kein Raum und deshalb zurückzuweisen, RdA 83, 164 (169). *Walker* verlangt die Bezeichnung des Antragstellers und das Ziel, auch wenn geringe Abweichungen unschädlich seien, ZfA 95, 185 (218).

899 *Baur* in: Dunkl/Moeller/Baur/Feldmeier, Handbuch einstweiliger Rechtsschutz, B RN 246; a.A. *Luckscheiter*, eR gegen Streiks, S. 166, „*bei nicht genauer Bezeichnung zurückzuweisen*“.

Verfügungen auch ohne vorherige Anhörung des Gegners zu erlassen.[900] Sie ermöglicht es, die besonderen Härten solcher Maßnahmen zumindest teilweise abzuschwächen.[901]

8.2 Gerichtsstandproblematik – „forum (s)hopping“

Nach derzeitiger Rechtslage ist es der streikenden Gewerkschaft erlaubt, bei jedem Arbeitsgericht eine einstweilige Verfügung zu beantragen, in dessen Bezirk gestreikt wurde.[902] Dieser Umstand wurde sowohl von der Deutschen Bundespost 1994 als auch von der Deutschen Bahn 2007 ausgenutzt, indem die Anträge über die Republik gestreut und bei verschiedenen Arbeitsgerichten anhängig gemacht wurden.[903] Durch die Antragsstreuung soll(te) die Auffassung der Instanzgerichte „angetestet“ werden, um das vermeintlich „günstigste“ Gericht auszuwählen.[904] Auf diese Weise konnte es im Rahmen der Bahnstreiks 2007 zu der Vielzahl an divergierenden Entscheidungen kommen.[905] Die Ereignisse haben jedenfalls einmal mehr gezeigt, dass eine Regelungslücke bezüglich des Gerichtsstandes im Arbeitskampf besteht. Die sachliche und örtliche Zuständigkeit für den einstweiligen Rechtsschutz im Arbeitskampf liegt bei dem Gericht der Hauptsache, § 62 Abs. 2 Satz 1 ArbGG, i.V.m. § 937 Abs. 1 ZPO. Zuständig für den Erlass der einstweiligen Verfügung sind die Gerichte für Arbeitssachen, die im Urteilsverfahren zu entscheiden haben. Gem. § 46 Abs. 2 ArbGG richtet sich die örtliche Zuständigkeit im Hauptsacheverfahren dann nach §§ 12 ff. ZPO. Bei bundesweiten Streikaufrufen hat das zur Folge, dass die örtliche Zuständigkeit nahezu unbegrenzt ist.[906] Welche der Vorschriften anzuwenden ist, ist umstritten.

Eine Meinung sieht den Gerichtsstand des Erfüllungsortes überall dort, wo der Tarifvertrag gilt.[907]

---

900 *Wehlau/Kalbfus*, WRP 2012, 395 (401).

901 *Wehlau/Kalbfus*, WRP 2012, 395 (401).

902 *Isenhardt* in: FS Stahlhacke, S. 195 (210).

903 vgl. *Bepler* in: FS Loschelder, S. 15 (17 f.).

904 *Isenhardt* in: FS Stahlhacke, S. 195 (196). Der Antrag wird bei den Gerichten, bei denen keine Aussicht auf Erfolg besteht, dann zurückgenommen, *Walker* in: Schwab/Weth, ArbGG, § 62 RN 173; *Fischer*, FA 08, 1 (3).

905 vgl. FN 6; Stellungnahme DAV, S. 7.

906 vgl. §§ 12, 17, 21, 22, 29, 32 ZPO, Wahlmöglichkeit aus § 35 ZPO.

907 *Baur* in: Dunkl/Moeller/Baur/Feldmeier, Handbuch einstweiliger Rechtsschutz, B RN 227; *Korinth*, eR im Arbeitsgerichtsverfahren, S. 318 RN 230; LAG Hamburg v. 24.03.1987 – 8 Sa 25/87 = LAGE Art. 9 GG Arbeitskampf Nr. 33; dagegen LAG München v. 27.03.1987 – 4 Sa 264/87 = LAGE § 1 TVG Friedenspflicht Nr. 2.

Die streitige Verpflichtung i.S.d. § 29 ZPO soll danach die aus dem Tarifvertrag abzuleitende Friedenspflicht sein, deren Verletzung behauptet werde.[908] Die Friedenspflicht sei demnach überall dort zu erfüllen, wo sie gelte.[909]

Ebenso *Baur*[910]: Gläubiger der tariflichen Friedenspflicht sei der jeweils andere Tarifpartner, ihm stünden daher die Erfüllungsansprüche aus der Friedenpflicht zu; der Ort der Zuwiderhandlung stehe von vornherein fest.

Gegen diese Ansicht bestehen durchgreifende Bedenken. Es geht bei der Verletzung der tarifvertraglichen Friedenspflicht nicht um die Verletzung einer Norm, die überall in ihrem Geltungsbereich wirkt, sondern um eine persönliche, schuldrechtliche Verpflichtung, die eine Personengesamtheit durch das Unterlassen von Kampfhandlungen zu erfüllen hat.[911] Zur Durchsetzung von deren Erfüllung will § 29 ZPO keineswegs eine Allzuständigkeit begründen.[912]

Es handelt sich bei den Arbeitskampfstreitigkeiten ohnehin aber vordergründig nicht um solche, bei denen die Rechtswidrigkeit der Kampfmaßnahme aus der Verletzung der Friedenspflicht erkannt wird, sondern um solche, bei denen es um eine Verletzung des § 823 BGB – Eingriff in den eingerichteten und ausgeübten Gewerbebetrieb – geht.[913] Diesbezüglich kommt der besondere Gerichtsstand der unerlaubten Handlung gem. § 32 ZPO in Betracht, so dass stets eine Zuständigkeit gegeben ist, in dessen Sprengel der vom Arbeitskampf betroffene Betrieb liegt.[914]

Eine andere Ansicht zieht den Sitz der Koalition für die Bestimmung des Erfüllungsortes heran, gegen die die Unterlassungsansprüche geltend gemacht werden.[915]

---

908 Stellungnahme DAV, S. 5. Wo diese Verpflichtung zu erfüllen sei, bestimme sich nach § 269 BGB, a.a.O.

909 *Löwisch*, NZA 98, Beil., 3 (7).

910 in: Dunkl/Moeller/Baur/Feldmeier, Handbuch einstweiliger Rechtsschutz, B RN 227. Diese Ansicht werde auch dem Gesichtspunkt der Sachnähe des angerufenen Gerichts und demjenigen der Prozessökonomie gerecht, a.a.O. m.w.N.

911 *Bepler* in: FS Loschelder, S. 15 (20).

912 *Bepler* in: FS Loschelder, S. 15 (20); LAG München v. 27.03.1987, 4 Sa 264/87 = NZA 1988, 23; *Walker* in: Schwab/Weth, ArbGG, § 2 RN 234; *Vollkommer* in: Zöller, ZPO, § 29 RN 25 m.w.N.

913 *Bepler* in: FS Loschelder, S. 15 (20).

914 *Korinth*, eR im Arbeitsgerichtsverfahren, S. 318 RN 230; *Otto* in: MüKo-ArbR, § 293 RN 8; *Sittard*, ZTR 08, 178 (180).

915 *Korinth*, eR im Arbeitsgerichtsverfahren, S. 318 RN 230; Stellungnahme DAV, S. 8; *Isenhardt* in: FS Stahlhacke, S. 195 (196); *Fischer*, FA 08, 1 (4); LAG München v. 27.03.1987 – 4 Sa 264/87 = LAGE § 1 TVG Friedenspflicht Nr. 2; ArbG Stuttgart

Die Begründung beruht vor allem auf dem Gesichtspunkt der Sachgerechtheit. Bei bundesweiten Streikaufrufen lasse sich nämlich nicht konkretisieren, wo sich der Erfüllungsort befinde.[916]

Ist die Wahlfreiheit des Verfügungsklägers bei der Anrufung des aus seiner Sicht örtlich zuständigen Gerichts durchaus legitim, so ist dennoch bedenklich, wenn der Kläger einen Gerichtstand nur deshalb wählt (wählen kann!), weil er sich davon besondere Vorteile verspricht.[917]

Dies ist auch unter dem Gesichtspunkt des Rechtsschutzinteresses fragwürdig, muss man sich doch die Frage stellen, ob ein Antragsteller nicht gar treuwidrig oder missbräuchlich handelt, wenn er eine formal gegebene Zuständigkeitsregelung ausnutzt, um ein Gericht anzurufen, dessen Rechtsprechung ihm günstig erscheint.[918]

Die derzeit gegebene endlose Möglichkeit zur Gerichtsstandswahl sollte jedenfalls nicht zum Spielball kampftaktischer Erwägungen werden. So haben im Jahre 2007 verschiedene Arbeitsgerichte ihre Zuständigkeit unter Hinweis auf das „Willkürverbot" verneint.

Kernaussage war dabei, dass bei der Wahlmöglichkeit aus einer Mehrheit von Gerichten die Wahl eines dieser Gerichte ohne nähere Begründung und erkennbaren Bezug „willkürlich" sei.[919]

---

v. 02.08.2007 – 12 Ga 31/07 – juris-online; *Bepler* macht sich hingegen für die Beibehaltung des „Ist-Zustandes" unter einer einschränkenden Interpretation des § 32 ZPO stark, in: FS Loschelder, S. 15 (29).

916 Stellungnahme DAV, S. 5; ArbG Stuttgart v. 02.08.2007 – 12 Ga 31/07 – juris-online, führt dazu aus: „*Sofern eine Leistung nach den Umständen und der Natur des Schuldverhältnisses an einer Vielzahl von Orten zu erbringen ist, ist jedoch nicht entsprechend der 2. Alternative des § 269 Abs. 1 BGB jeder Ort des Leistungsgebietes Leistungsort. Das wäre systemfremd. Das Gesetz will mit § 269 BGB einen Leistungsort und mit § 29 ZPO einen (Wahl-)Gerichtsstand, aber nicht eine örtliche Allzuständigkeit begründen (LAG München, Urteil vom 27.03.1987, 4 Sa 264/87 = NZA 1988, 23). Bei einem Unterlassen in einem Großraum lässt sich ein bestimmter Leistungsort nicht näher fixieren.*"

917 *Fischer*, FA 08, 2 unter Verweis auf *Hausmann* in: Wieczorek/Schütze, ZPO, vor § 12 RN 79.

918 Fragte auch das OLG Hamm v. 15.05.1986 – 4 U 326/85 = NJW 87, 138.

919 ArbG Stuttgart v. 02.08.2007 – 12 Ga 31/07 – juris-online; ArbG Chemnitz v. 01.11.2007 – 11 Ca 3142 – juris-online; ArbG Nürnberg v. 16.11.2007 – 13 Ca 5293/07 = NZA-RR 08, 203 dazu wörtlich: „*Kommt aus dem besonderen Gerichtsstand der unerlaubten Handlung die örtliche Zuständigkeit einer Vielzahl von Arbeitsgerichten für Anträge auf Unterlassung bundesweiter Streikmaßnahmen in einem bundesweit tätigen Unternehmen in Frage, so kann der örtliche Gerichtsstand unter dem Gesichtspunkt des Willkürverbots beschränkt sein. Ruft das Unternehmen eine Vielzahl von Arbeitsgerichten*

Man kann aber kaum von einem „gesunden Zustand“ sprechen, wenn umständlich eine Prüfung eventueller „Willkür“ vorzunehmen ist, anstatt eine eindeutige Gesetzeslage zu schaffen. Es stellt sich daher die Frage, ob es nicht vorzugswürdig wäre, wenn es um die Untersagung eines von der Gewerkschaft getragenen Arbeitskampfes geht, dass ausschließlich das Gericht am Sitz der kampfführenden Gewerkschaft zuständig sein soll, um zu verhindern, dass unnötig die Arbeitsgerichtsbarkeit mit denselben Anträgen mehrfach konfrontiert wird.[920]

Klar dafür spricht, dass gegensätzliche Entscheidungen mangels Reversibilität nur dann verhindert werden können, wenn der Gesetzgeber einen einheitlichen Gerichtsstand am Sitz der Gewerkschaft anordnet.[921] Begrüßenswerter Nebeneffekt wäre darüber hinaus, dass eine Spezialisierung des Spruchkörpers erreicht werden könnte.[922] Dass eine solche Lösung zu Lasten der Prozessökonomie geht, ist regelmäßig nicht zu befürchten, geschieht dies dennoch einmal, so ist dies im Vergleich zur jetzigen Situation das kleinere Übel.[923]

8.3 Exkurs: Änderung des Instanzenzuges?

Die Zuständigkeit für den einstweiligen Rechtsschutz im Arbeitskampf liegt gem. § 62 Abs. 2 Satz 1 ArbGG i.V.m. 937 Abs. 1 ZPO beim Gericht der Hauptsache, dem ArbG oder dem LAG. Die Revision ist nach § 72 Abs. 4 ArbGG ausgeschlossen.

Arbeitskämpfe werden zunehmend der richterlichen Kontrolle unterworfen und im Verfügungsverfahren vor die Arbeitsgerichte gebracht. Der Trend ist unübersehbar. Der Mangel einer Revisionsinstanz zeigt sich auch an der Fülle uneinheitlicher Entscheidungen.[924] Im Verfahren der einstweiligen Verfügung

---

an und wird erkennbar, dass es so lange verschiedene Arbeitsgerichte über denselben Streitgegenstand anrufen will, bis es ein Gericht findet, dass in der ihm genehmen Weise entscheidet, missbraucht es Zuständigkeitsvorschriften. Dieser Rechtsmissbrauch wird von der Rechtsordnung nicht gedeckt.“

920 *Isenhardt* in: FS Stahlhacke, S. 195 (210); *Wank*, RdA 09, 1 (11).

921 *Isenhardt* in: FS Stahlhacke, S. 195 (211); Stellungnahme DAV, S. 8, der zugleich einen Entwurf für die gesetzestechnische Umsetzung mitliefert, a.a.O, S. 9; *Fischer*, FA 08, 2 (4). Die Streuung rechtlich unabhängiger Konzerntöchter mit unterschiedlichem Sitz könnte aber auch dadurch nicht verhindert werden, gesehen im Rahmen der Bahnstreiks 2007. Verfügungsklägerin war dort z.B. die DB Fernverkehr AG.

922 Stellungnahme DAV, S. 8.

923 Stellungnahme DAV, S. 8.

924 *Walker*, eR im Zivilprozess, RN 748; vgl. auch *Meik*, NZA 2010, Beil., 116 (120), der die Meinung der Fachteilnehmer des Symposions „Tarifpluralität“ am 16.09.2009 in Köln zusammenfasst.

ist als Rechtsmittel lediglich die Berufung gegeben, so dass der Instanzenzug vor den Landesarbeitsgerichten endet. Das BAG kann mit Problemen des einstweiligen Rechtschutzes allenfalls im Rahmen einer Schadensersatzklage nach § 945 ZPO befasst werden,[925] was selten vorkommt. Die Instanzgerichte entscheiden im Eilverfahren meist abschließend, ein Hauptsacheverfahren folgt in aller Regel nicht nach. Da im Arbeitskampfrecht typischerweise Rechtsfortbildung nötig ist, die im Interesse der Rechtsvereinheitlichung nicht den Instanzgerichten überlassen bleiben sollte, ist zu überlegen, wie die Misere der Nichtzuständigkeit des BAG – § 72 Abs. 4 ArbGG – für Arbeitskampfverfügungen behoben werden könnte.

Dazu stehen verschiedene Lösungsmöglichkeiten zur Verfügung: Entweder als dritte Instanz[926], im Wege eines Rechtsentscheids[927] den das LAG vor seiner Entscheidung beim BAG einzuholen hat oder durch eine Alleinzuständigkeit[928] des BAG.

Isenhardt[929] plädiert unter Gesichtspunkten der Rechtssicherheit dafür, für einstweilige Verfügungen im Arbeitskampf die Erstzuständigkeit bei den Landesarbeitsgerichten als Tatsacheninstanz beginnen und die Letztzuständigkeit beim BAG als Rechtsinstanz zu liegen kommen zu lassen. Dies überzeugt. Eine einheitliche Rechtsprechung lässt sich nur erreichen, wenn der Weg zum BAG eröffnet wird.[930] Diese Lösung führt am ehesten zu einer Vereinheitlichung der Rechtsprechung unter Beibehaltung der Schnelligkeit des Verfahrens. Ähnlich dem Vorbild des § 48 VwGO, der die Zuständigkeit bei komplizierten und überregionalen Verfahren beim OVG bündelt, könnte so die bei Arbeitskämpfen auch häufig anzutreffende überregionale Bedeutung Berücksichtigung finden. Erfahrene Richter mit weniger Massensachen und hoher Legitimität wären

---

925 *Heinze*, RdA 86, 196 (201).

926 *Wenzel*, NZA 84, 112 (113).

927 *Isenhardt* in: FS Stahlhacke, 195 (211); *Heinze*, RdA 86, 273 (294 f.); *ders.* in: FS Molitor, S. 159 (169 ff.); dagegen *Walker*, eR im Zivilprozess, RN 749. Er hält ein solches Verfahren wegen der damit verbundenen Zeitdauer für unvereinbar mit dem Charakter des Eilverfahrens; vgl. auch *Isenhardt*, a.a.O.

928 *Seiter*, Streikrecht, S. 387; *Müller*, Arbeitskampfrecht, S. 367 f.

929 *Isenhardt* in: FS Stahlhacke, 195 (211); ebenso der DAV, Stellungnahme, S. 8, der zugleich einen Entwurf für die gesetzestechnische Umsetzung mitliefert, a.a.O, S. 9 f.; *Fischer*, FA 08, 1 (4); *Meik*, NZA 2010, Beil., 116 (120), der die Meinung der Fachteilnehmer des Symposions „Tarifpluralität" am 16.09.2009 in Köln zusammenfasst.

930 *Walker*, eR im Zivilprozess, RN 750; *Fischer*, FA 08, 1 (4); er sieht nur so die Glaubwürdigkeit der deutsche Arbeitsgerichtsbarkeit gesichert, die durch den Bahnkonflikt deutlich sichtbar „*Federn*" gelassen hätten.

anstelle der oft überforderten Arbeitsgerichte zur Entscheidung berufen.[931] Gegen die erstgenannten Auffassungen spricht, dass die Einrichtung einer zusätzlichen Instanz wegen der Zeitdauer nicht mit dem Charakter des Eilverfahrens zu vereinbaren ist.[932] Gleiches gilt für einen vorab einzuholenden Rechtsentscheid. Die Verfahrensaussetzung bis zum Rechtsentscheid stünde bei unmittelbar bevorstehenden Kämpfen einem effektiven Rechtsschutz entgegen.[933] Gegen eine Alleinzuständigkeit des BAG wendet *Walker*[934] ein, dass sich der betroffene Arbeitgeber schwer tun würde um einstweiligen Rechtsschutz nachzusuchen, wenn er sich sofort an das BAG wenden und dort präsente Beweismittel bereit halten müsste. Vor allem aber sei nicht zu erkennen, dass ein auf Schnelligkeit angelegtes summarisches Verfahren überhaupt geeignet sei, die angestrebte endgültige Entscheidung von offenen Rechtsfragen herbeizuführen.

Entscheidungen, die die Spielregeln für die Verteilung des Sozialprodukts aufstellen, sind nämlich von enormer Bedeutung, müssen sorgfältig bedacht werden und lassen sich nicht improvisieren.[935] Es ist nicht zu rechtfertigen, in einer konkret wichtigen Einzelsache eine Entscheidung auf so unsicheren Boden zu stellen, wie eine im Eilverfahren vorgenommene Rechtsfortbildung.[936]

Insgesamt würde der empfohlene Lösungsansatz – erste Instanz an die Landesarbeitsgerichte und Revisionsinstanz beim BAG – die Verfügungsverfahren kalkulierbarer machen.[937]

---

931 *Fischer*, FA 08, 1 (4).

932 *Walker*, eR im Zivilprozess, RN 750; *ders.* in: Schwab/Weth, ArbGG, § 62 RN 172; *Müller*, Arbeitskampfrecht, S. 367.

933 *Walker*, eR im Zivilprozess, RN 750.

934 in: ZfA 95, 185 (226) und in: *Schwab/Weth*, ArbGG, § 62 RN 172.

935 *Dorndorf* in: Dorndorf/Weiss, Warnstreiks und vorbeugender Rechtsschutz, S. 30. Eine endgültige Entscheidung könnte möglicherweise im Rahmen einer bloßen Glaubhaftmachung und ohne Anhörung des Gegners ergehen.

936 *Dorndorf* in: Dorndorf/Weiss, Warnstreiks und vorbeugender Rechtsschutz, S. 30. Es komme auch nicht der sozialen Akzeptanz der Entscheidung eines Revisionsgerichts zu, wenn es in eine solche Lage versetzt werde, a.a.O. Alternativ denkt *Walker*, eR im Zivilprozess, RN 750, im Anschluss daran an, eine frühzeitige Zuständigkeit des BAG im Hauptsacheverfahren herbeizuführen und eine erst- und letztinstanzliche Zuständigkeit des BAG zur endgültigen Entscheidung über die Rechtswidrigkeit von Arbeitskämpfen einzuführen. Dies hätte den Vorteil, dass eine höchstrichterliche Vereinheitlichung der Rechtsfortbildung erreicht werden könnte, ohne dass der effektive Rechtsschutz im Eilverfahren angetastet werden müsste.

937 Stellungnahme DAV, S. 8.

8.4 Zwischenergebnis

1. Schutzschriften dienen der vorbeugenden Darlegung der eigenen Rechtsauffassung und können vorab, also vor einem drohenden Verfahren, bei Gericht hinterlegt werden. In der Prozessordnung sind Schutzschriften zwar nicht vorgesehen, sie können beim Erlass einstweiliger Verfügungen jedoch Berücksichtigung finden.
2. Ein Recht auf Einsicht des Inhalts einer Schutzschrift besteht erst nach Anhängigkeit des Verfahrens, da sie erst dann Teil der Prozessakte geworden ist.
3. Im arbeitsgerichtlichen Verfahren können auch Schutzschriften eingereicht werden, bei denen der potentielle Gesuchsteller unbekannt oder nicht eindeutig bestimmbar ist; zumindest dann, wenn besondere Umstände die Kennzeichnung des Antragstellers nicht erlauben, spätestens jedoch bei Einreichung des Verfügungsantrags eindeutig bestimmt und zugeordnet werden kann.
4. Nach derzeitiger Rechtslage ist es der streikenden Gewerkschaft erlaubt, bei jedem Arbeitsgericht eine einstweilige Verfügung zu beantragen, in dessen Bezirk gestreikt wurde, weshalb es zu einer Vielzahl an divergierenden Entscheidungen kommen kann.
5. Sieht eine Meinung den Gerichtsstand des Erfüllungsortes überall dort, wo der Tarifvertrag gilt, weil die streitige Verpflichtung i.S.d. § 29 ZPO die aus dem Tarifvertrag abzuleitende Friedenspflicht sei, deren Verletzung behauptet wird, so bestehen gegen diese Ansicht durchgreifende Bedenken. Es geht bei der Verletzung der tarifvertraglichen Friedenspflicht nicht um die Verletzung einer Norm, die überall in ihrem Geltungsbereich wirkt, sondern um eine persönliche, schuldrechtliche Verpflichtung, die eine Personengesamtheit durch das Unterlassen von Kampfhandlungen zu erfüllen hat.
6. Kommt der besondere Gerichtsstand der unerlaubten Handlung gem. § 32 ZPO in Betracht, wäre stets eine Zuständigkeit des Gerichts gegeben, in dessen Sprengel der vom Arbeitskampf betroffene Betrieb liegt. Eine überzeugendere Ansicht zieht den Sitz der Koalition für die Bestimmung des Erfüllungsortes heran, gegen die die Unterlassungsansprüche geltend gemacht werden. Die Begründung beruht vor allem auf dem Gesichtspunkt der Sachgerechtheit.
7. Bedenklich ist, wenn der Kläger einen Gerichtstand nur deshalb wählen kann, weil er sich davon besondere Vorteile verspricht. Dieses „Gerichtspflücken" ist auch unter dem Gesichtspunkt des Rechtsschutzinteresses fragwürdig. Es wäre vorzugswürdig, wenn es um die Untersagung eines von der Gewerkschaft getragenen Arbeitskampfes geht, dass ausschließlich das Gericht am Sitz der kampfführenden Gewerkschaft zuständig sein soll, um zu verhindern, dass unnötig die Arbeitsgerichtsbarkeit mit denselben Anträgen mehrfach konfrontiert

wird. Klar dafür spricht auch, dass gegensätzliche Entscheidungen mangels Reversibilität nur dann verhindert werden können, wenn der Gesetzgeber einen einheitlichen Gerichtsstand am Sitz der Gewerkschaft anordnet.

8. Die Revision ist nach § 72 Abs. 4 ArbGG ausgeschlossen. Der Mangel einer Revisionsinstanz zeigt sich auch an der Fülle uneinheitlicher Entscheidungen. Die Misere der Nichtzuständigkeit des BAG für Arbeitskampfverfügungen könnte über verschiedene Lösungsmöglichkeiten erreicht werden:
   Entweder als dritte Instanz, im Wege eines Rechtsentscheids, den das LAG vor seiner Entscheidung beim BAG einzuholen hat oder durch eine Alleinzuständigkeit des BAG.
9. Überzeugend ist der Ansatz, der für einstweilige Verfügungen im Arbeitskampf die Erstzuständigkeit bei den Landesarbeitsgerichten als Tatsacheninstanz beginnen und die Letztzuständigkeit beim BAG als Rechtsinstanz zu liegen kommen lässt. Diese Lösung führt am ehesten zu einer Vereinheitlichung der Rechtsprechung unter Beibehaltung der Schnelligkeit des Verfahrens. Insgesamt würde der empfohlene Lösungsansatz die Verfügungsverfahren kalkulierbarer machen.

9 Blick ins Ausland

9.1 Arbeitskampf in den USA

9.1.1 Evolution des Arbeitskampfrechts und Eingriffsmöglichkeiten

Keine Quelle des Streikrechts ist das US-Verfassungsrecht; es enthält anders als bei uns in Art. 9 Abs. 3 GG keine Garantie der Koalitionsfreiheit.[938] Der Schutz der Koalitionsfreiheit – diese umfasst auch das Streikrecht – wurde zum ersten Mal mit Section 7[939] des National Labour Relations Act von 1935 gewährleistet.[940] Bis dato hatten die organisierten Arbeitnehmer stets mit einer feindseligen Haltung des Staates zu kämpfen.[941] Eine bedeutsame Rolle spielte die „Labour Injunction“ (die anti-gewerkschaftliche einstweilige Verfügung). Praktisch bedeutete sie einen Befehl des nach Billigkeit Recht sprechenden Gerichts, durch welchen den Gewerkschaften in den meisten Fällen verboten wurde, bestimmte Handlungen vorzunehmen.[942] Mit dieser Möglichkeit ausgestattet, erließen die Gerichte häufig „preliminary injunctions“, die aufgrund fragwürdiger Entscheidungsfindung zustande kamen.[943] Der Erlass einer Unterlassungsverfügung wurde erst seit dem 1932 in Kraft getretenen „Norris-La Guardia Act“ den zu damaliger Zeit gewerkschaftsfeindlichen Bundesgerichten nicht mehr gestattet.[944] Der oben erwähnte “National Labour Relations Act” von 1935 brachte den Gewerkschaften zwar zuvor unbekannte Freiheiten, diese blieben aber nicht folgenlos.

Das Streikrecht in Verbindung mit der nicht mehr gegebenen Möglichkeit, Verfügungen zu erlassen, ließen das Kräfteverhältnis schnell kippen. Aufgrund der folgenden sagenhaften Streikwelle (1945–1947) wurde daraufhin der „Taft-Hartley-Act“ (1947) erlassen, der die Schwächen des NLRA wieder korrigieren

938 *Kitzberger*, ArbeitskampfR in den USA, GBR und BRD, S. 67; *Biedenkopf*, RdA 64, 61 (82).

939 29 U.S.C. §§ 151–168.

940 *Biedenkopf*, RdA 64, 61 (82); *Kitzberger*, ArbeitskampfR in den USA, GBR und BRD, S. 72.

941 *Humphrey*, GMH 51, 510 f.

942 *Humphrey*, GMH 51, 510. Die Wirkung der einstweiligen Verfügung war die Schwächung der organisierten Arbeiterschaft in Bezug auf die Durchführung von Streiks und anderen industriellen Aktionen, a.a.O.

943 *Piehler*, eR und materielles Recht, S. 159 f.

944 *Kitzberger*, ArbeitskampfR in den USA, GBR und BRD, S. 69; *Piehler*, eR und materielles Recht, S. 160.

sollte.[945] Der um einige Ergänzungen erweiterte NLRA erklärte bestimmte Gewerkschaftsmaßnahmen nunmehr für rechtswidrig, Sec. 8 b. Das Gesetz schuf mit dem National Labour Relation Board – NLRB – zugleich eine unabhängige Behörde, die diese Restriktionen überwachen sollte. In abschließend aufgezählten Fällen (vgl. dazu Sec. 10 LMRA), sog. „*unfair labour practice*", kann – in anderen Fällen muss – das National Labor Relations Board eine „preliminary injunction" bei einem Bundesgericht erster Instanz beantragen.[946] Der Schutz der Bevölkerung wird neben der Tätigkeit des NLRA durch ein Eingriffsrecht des Präsidenten erreicht, wenn dieser der Ansicht ist, dass die nationale Sicherheit oder Gesundheit[947] gefährdet ist.[948] Ist das Gericht ebenfalls dieser Auffassung, verbietet es den Arbeitskampf oder trifft entsprechende Maßnahmen.[949]

9.1.2 Konsequenz

In den USA sind gerichtliche Maßnahmen also nur unter engen normativen Voraussetzungen möglich. Grundlage des Arbeitskampfrechts, das im Gegensatz zur hiesigen Rechtsordnung keineswegs bloßes Richterrecht ist, sind wie gesehen nach wie vor zum einen der „National Labor Relations Act" (NLRA[950] oder „Wagner-Act") und zum anderen der Railway Labour Act (RLA[951]). Erstgenannter erfasst Arbeiter privater Unternehmen, letztgenannter gilt für den jeden Ortes traditionell sensiblen Bereich des Bahn- und Flugverkehrs, also des Transportes.[952] Der

945 *Piehler*, eR und materielles Recht, S. 163.

946 Die Antragsbefugnis einer „preliminary injunction" obliegt allein dem Board, nicht den Beteiligten selbst, *Piehler*, eR und materielles Recht, S. 164. Bei den aufgezählten Fällen in Sec. 10 (j) steht der Antrag im Ermessen des Boards, nach Sec. 10 (l) ist das NLRB verpflichtet, eine „preliminary injunction" zu beantragen.

947 "*…imperil the national health or safety…*".

948 Für den Bereich der Privatwirtschaft: Sec. 206 LMRA (Labour Management Relations Act, auch "Taft-Hartley Act" genannt, dazu *Humphrey*, GMH 51, 510). Er setzt dann einen Untersuchungsausschuss ein, der ihm Bericht erstatten muss. Auf dieser Grundlage kann er dann den Attorney General anweisen, ein Verbot des Arbeitskampfes zu beantragen, Sec. 208a LMRA. Für den Bereich Transport und Verkehr (LRA) ergibt sich dies unmittelbar aus dem Gesetz.

949 Sec. 208a LMRA. Erfolgt dann innerhalb von 60 Tagen keine Einigung, erfolgt unter den Arbeitnehmern eine Urabstimmung über den letzten Vorschlag des Arbeitgebers.

950 29 U.S.C. §§ 151–169.

951 Im Bereich des LRA ist der Erlass einer Unterlassungsverfügung nicht ausgeschlossen.

952 *Thüsing*, Das Arbeitskampfrecht der USA, unter: http://www.zukunftderarbeit.eu/professoren-initiative-arbeitskampf/usa/index.html.

Hauptzweck der Gesetzesmaterialen liegt in der Eindämmung exzessiver Arbeitskämpfe im Bereich der fundamentalen Wirtschaftszweige. Im Hauptunterschied zur hiesigen Lage trifft dort der Gesetzgeber bereits eine Entscheidung über Maßnahmen, die zu untersagen sind. Dieser Tatbestandkanon ist der wesentliche Unterschied zum deutschen Recht: Klar ist, was den Erlass einer Verfügung nach sich zieht bzw. nach sich ziehen kann. Diese Vorgehensweise bietet ein deutliches Plus an Rechtssicherheit im Vergleich zum deutschen Arbeitskampfrichterrecht. Die schwierigen Verhältnismäßigkeitsprüfungen und Interessenabwägungen sind nicht vorzunehmen, es kann sich an der Gesetzeslage orientiert werden.

9.2 Zwischenergebnis

Anders als in Deutschland sind Streik und Aussperrung in den Vereinigten Staaten Gegenstand eingehender gesetzlicher Regelung. In den USA sind gerichtliche Maßnahmen nur unter engen normativen Voraussetzungen möglich. In abschließend aufgezählten Fällen – Sec. 10 LMRA – kann eine Überwachungsbehörde eingreifen und eine „preliminary injunction“ bei einem Bundesgericht erster Instanz beantragen. Der Präsident hat in Ausnahmefällen ebenfalls ein Eingriffsrecht. Aufgrund der tatbestandlichen Festschreibung in Sec. 10 LMRA ist im Vergleich zum nationalen Arbeitskampfrecht wesentlich eindeutiger, wann eine „injunction“ zu erlassen ist. Dies bedeutet einen Zuwachs an Rechtssicherheit.

10 Endergebnis/Schlussgedanken

1. Das Dilemma, indem sich das Arbeitskampfrecht befindet, wird weiter anhalten und auf hoher Flamme kochen, solange der Gesetzgeber den Dauerkonflikt nicht durch eine Wertentscheidung löst.

Da nicht geregelt ist, welche engen Voraussetzungen für den Erlass einer „Kampfverfügung" vorliegen müssen, unterliegt deren Ausformung der Rechtsprechung. Diese sieht sich vor die Schwierigkeit gestellt, einen Kriterienkatalog (insbesondere an die Verhältnismäßigkeit[953]) dahingehend zu entwickeln, welche Voraussetzungen abzufragen und in die Rechtmäßigkeitsprüfung einzustellen sind, um einerseits ein höchstmögliches Maß an Rechtssicherheit zu schaffen und vollkommen unterschiedliche Ergebnisse weitgehend zu vermeiden, und andererseits nicht die sich ständig wandelnde Wirtschafts- und Sozialordnung in ihrem Fortkommen zu hindern. Dies ist bis heute nicht überzeugend gelungen. Nur die Kodifizierung des materiellen Arbeitskampfrechts anstelle eines „Flickenteppichs aus Instanzgerichtsrechtsprechung" würde auch im Bereich der einstweiligen Verfügung die Rechtssicherheit fördern.[954] Als Grund allen Übels ist die Untätigkeit des Gesetzgebers auszumachen, der es nach wie vor der Rechtsprechung überlässt, diesen Spagat zu schaffen, obwohl es sich um sehr komplexe wertende Entscheidungen handelt, die eigentlich nur der Gesetzgeber selbst treffen kann und aufgrund des Vorbehalt des Gesetzes treffen müsste.[955]

Bis heute bleibt immer noch unklar, wie, ab wann und wodurch genau ein Arbeitskampfmittel unverhältnismäßig und damit unzulässig wird.[956]

---

953 Weder dem Strafrecht noch dem Verwaltungsrecht können Kriterien für die Rechtmäßigkeit von Arbeitskämpfen entnommen werden, die der Eigenart des Arbeitskampfes entsprechen, *Mayer-Maly*, FS Richardi, S. 692.

954 So auch *Isenhardt* in: FS Stahlhacke, S. 195 (211).

955 Ebenso *Höfling/Engels*, NJW 07, 3102 f.; *Söllner/Waltermann*, Arbeitsrecht, § 30 RN 670. *Fischer*, jurisPR-ArbR 4/2015 Anm. 1 unter A.

956 *Steinau-Steinrück/Glanz*, NZA 2009, 113 (115); *Steinau-Steinrück/Brugger* sehen den Verhältnismäßigkeitsgrundsatz aufgrund fehlender Konkretisierung *„zur Leerformel verkommen"*, NZA 2010, Beil., 127 (131); kritisiert auch *Fischer*, jurisPR-ArbR 4/2015 Anm. 1.

Mangels klarer gesetzlicher Rahmenbedingungen liegt dies wie in kaum einem anderen Rechtsgebiet im Auge des Betrachters und des jeweils bearbeitenden Gerichts.[957] Dass Konturen schnell verwischen, zeigt eben jener Blick auf die Rechtsprechung.[958] Die Hoffnung auf ein generelles Arbeitskampfrecht – auf eine „große Lösung" – dürfte weiterhin vergebens sein. Der Gesetzgeber traut sich an diesen äußerst grundrechtssensiblen Bereich des Arbeitskampfes auch aus politischen Gründen seit Jahrzehnten nicht heran.[959]

Was bleibt, ist die Aussicht auf eine „kleine Lösung". Diese würde dahin gehen, die Arbeitskämpfe der Spartengewerkschaften – gerade im Bereich der Daseinsvorsorge – festen Regeln zu unterwerfen.[960] Damit gäbe es klare Vorgaben für die Zulässigkeit und damit auch klarere Konturen für den Erlass einstweiliger Verfügungen. Das derzeitige durch Richterrecht geprägte Streikrecht wird den aktuellen Herausforderungen der Gewerkschaften nicht mehr gerecht. Die Tarifstreitigkeiten der letzten Zeit setzen den Gesetzgeber schon beträchtlich unter Druck, so dass dessen „Wegducken" vor dem Hintergrund der aufkommenden Spartengewerkschaften nicht mehr ewig weitergelebt werden kann.[961] Denn aufgrund der jüngsten Geschehnisse im Fluglotsen- und Bahnstreik werden die Rufe nach einem Einschreiten zwingender …

---

957 M.E. ist es schlicht unmöglich, dass die Rechtswidrigkeit eines Streiks überhaupt in jedem einzelnen Fall eindeutig und „Rechts-richtig" festgestellt werden kann. Eine Entscheidung, die aufgrund einer Abwägung ergeht, hat immer auch einen „subjektiv-richtigen" Charakter, der Entscheidungsspielraum wäre daher verbindlicher zu objektivieren, *Fischer*, jurisPR-ArbR 4/2015 Anm. 1 unter C.

958 vgl. die Nachweise in FN 6.

959 Insbesondere die großen Verbände haben generell kein oder nur wenig Interesse an einer gesetzlichen Regelung des Arbeitskampfes, so *Mayer-Maly*, FS Richardi, S. 692. Dass eine solche Lösung nicht unmöglich ist, zeigt aber der Entwurf von *Seiter*, NJW 76, 1369 ff., ebenfalls *Mayer-Maly*, a.a.O.

960 Daher auch der Gesetzesentwurf der Professoreninitiative, der versuchen soll, zumindest im Bereich der Daseinsvorsorge Arbeitskämpfe gesellschaftsverträglicher zu regeln. Dazu sieht er erstmals gesetzliche Schranken für Arbeitskämpfe in diesem Bereich vor, z.B. eine 4-tätige Vorankündigungsfrist und den generellen Ausschluss von Arbeitskämpfen von Berufsgruppengewerkschaften, die weniger als 15 % der Beschäftigten stellen. Zumindest für diesen wichtigen Bereich bringen die Vorgaben klarere Verhältnisse, die zugleich Vorgaben für den Erlass oder Nichterlass einstweiliger Verfügungen bedeuten.

961 Der Gesetzgeber hat sich kurz vor Veröffentlichung für ein „Tarifeinheitsgesetz" (soll im Sommer 2015 verabschiedet werden) entschieden, dass die Spartengewerkschaften einbremsen soll, vgl. FN 41.

Könnten sich doch die politischen Parteien als handlungsfähig zeigen, indem sie die „unliebsamen" Spartengewerkschaften in die Schranken weisen und zugleich das eigene Unvermögen hinsichtlich einer ganzheitlichen Lösung überspielen. Ob am Ende dann lediglich die gesetzliche Festschreibung des Grundsatzes der Tarifeinheit oder tatsächlich ein Arbeitskampfgesetz (in der Sparte) steht, bleibt abzuwarten.[962] Ein Verbot der eV im Arbeitskampf[963] kann indes vor dem Hintergrund der geltenden Rechtslage und der gewachsenen Strukturen im Arbeitskampfrecht keine Alternative sein. Dies käme nur in Betracht, wenn das Arbeitskampfsystem eine komplette Neuausrichtung erführe, was nicht zu erwarten ist.

2. Durch das Auftreten der Spartengewerkschaften sind alte Fragen neu aufgeworfen worden. Im Ergebnis ist zwar der Zurückhaltung der deutschen Arbeitsgerichtsbarkeit beim Erlass von Kampfverfügungen beizupflichten. Notwendig sind sie aufgrund der Machtlage der Gewerkschaften und die mittlerweile strukturelle Unterlegenheit der Arbeitgeber indes mehr denn je: Durch die Verschiebung der Parität zu Gunsten der Arbeitnehmer und der gleichzeitigen weitgehenden Wirkungslosigkeit der Kampfmittel der Arbeitgeber verbleibt nur die Kampfverfügung als Verteidigungsmittel erster Wahl, auch wenn die Aussicht auf den begehrten Erlass nach der vorliegenden Rechtsprechung der Instanzen eher generell gering erscheinen mag.[964] Begrüßenswert wäre daher ein kodifiziertes Arbeitskampfrecht, dem etwa wie in den Vereinigten Staaten genau zu entnehmen ist, wann Arbeitskampfmaßnahmen rechtswidrig und per Unterlassungsverfügung zu untersagen sind. Die politische Eingriffsmöglichkeit, einen Arbeitskampf nach amerikanischem Vorbild zeitweise auszusetzen, kann zur Vermeidung kapitaler Schäden für die Volkswirtschaft als Notfallkorrektiv eine Option sein. Die Notwendigkeit, die Verhältnismäßigkeitsprüfung an klareren Regeln auszurichten, wird derzeit auch dadurch verhindert, dass eine letztinstanzliche Zuständigkeit des BAG nicht gegeben ist.

Eine Rechtsvereinheitlichung kann deshalb nicht erfolgen.[965] Um das Dickicht der Instanzentscheidungen zu lichten, wäre es nötig, zeitnah die letztinstanzliche Zuständigkeit bei einstweiligen Verfügungen beim BAG zu liegen kommen zu lassen.

962 Siehe aber FN 958, die Entscheidung ist kürzlich zugunsten eines „Tarifeinheitsgesetzes" gefallen.

963 Vgl. den Entwurf des Bundesarbeitsministeriums zum 2. Arbeitsrechtsbereinigungsgesetzes, RdA 71, 355 (357).

964 *Steinau-Steinrück/Brugger*, NZA 2010, Beil., 127 (134).

965 Wie hier *Steinau-Steinrück/Brugger*, NZA 2010, Beil., 127 (134).

Literaturverzeichnis

Arens, Peter: Verfügungsanspruch und Interessenabwägung beim Erlass einstweiliger Verfügungen, in: Festschrift für Ernst von Caemmerer zum 70. Geburtstag, hrsg. v. Hans Claudius Ficker u.a., Tübingen, 1978, zit.: *Arens* in: FS v. Caemmerer, … .

Alternativkommentar zur Zivilprozessordnung: Reihe Alternativkommentare, Gesamtherausgeber Rudolf Wassermann, bearb. v. Ernst Ankermann u.a, Neuwied/Darmstadt, 1987, zit.: *Bearbeiter* in: AK-ZPO, … .

Band, Maren: Tarifkonkurrenz, Tarifpluralität und der Grundsatz der Tarifeinheit, Schriften zum Arbeitsrecht und Wirtschaftsrecht, Band 28, Frankfurt a.M. u.a., 2003, zit.: *Band*, Tarifkonkurrenz, Tarifpluralität und der Grundsatz der Tarifeinheit, … .

Bader, Peter, Dörner, Hans-Jürgen, Mikosch, Ernst, Schleusener, Aino, Schütz, Friedrich, Vossen, Reinhard: Gemeinschaftskommentar zum Arbeitsgerichtsgesetz, Loseblattsammlung, Peter Bader, Hans-Jürgen Dörner, u.a., zit.: *Bearbeiter* in: GK-ArbGG, … .

Bartz, Alexander: Reichweite und Grenzen gewerkschaftlicher Friedenspflicht, ZTR 04, S. 122 u. 170.

Baumbach, Adolf, Lauterbach, Wolfgang, Albers, Jan, Hartmann, Peter: Zivilprozessordnung, begr. v. Adolf Baumbach, 71. Aufl., München 2013, zit.: *Hartmann* in: B/L/A/H, ZPO, … .

Baumgärtel, Gottfried: Besprechung von Fritz Bauer, Studien zum einstweiligen Rechtsschutz, AcP 168 (1968), S. 401.

Bauer, Jobst-Hubertus, Krieger, Steffen: Firmentarifsozialplan als zulässiges Ziel eines Arbeitskampfes?, NZA 04, S. 1019.

Baur, Fritz: Arrest und einstweilige Verfügung, BB 64, S. 607.

Baur, Fritz: Studien zum einstweiligen Rechtsschutz, Tübingen, 1967, zit.: *Baur*, Studien zum einstweiligen Rechtsschutz, … .

Baur, Fritz, Stürner, Alexander, Bruns, Adolf: Zwangsvollstreckungsrecht, 13. Aufl., Heidelberg, 2006, zit.: *Baur/Stürner/Bruns*, ZVR, … .

Bayreuther, Frank: Tarif- und Arbeitskampfrecht in der Neuorientierung, NZA 08, S. 12.

Bayreuther, Frank: Der Arbeitskampf des Marburger Bundes, NZA 06, S. 642.

Bayreuther, Frank: Gewerkschaftspluralismus im Spiegel der aktuellen Rechtsprechung – Abschied vom „Einheitstarifvertrag", BB 05, S. 2633.

Begemann, Helmut: Der Streik und das Recht am Gewerbebetrieb, Diss., Köln, 1957, zit.: *Begemann*, Streik und das Recht am Gewerbebetrieb, … .

Bepler, Klaus: Fliegende Gerichtsstände, in: Festschrift für Michael Loschelder, hrsg. v. Willi Erdmann, Matthias Leistner, Wilfried Rüffer, Thomas Schulte-Beckhausen, Köln, 2010, zit.: *Bepler* in: FS Loschelder, … .

Berger, Christian: Zur Statthaftigkeit der auf Feststellung gerichteten einstweiligen Verfügung, ZZP 110 (1997), S. 287.

Biedenkopf, Kurt: Grundzüge des kollektiven amerikanischen Arbeitsrechts, RdA 64, S. 61.

Birk, Rolf, Konzen, Horst, Löwisch, Manfred, Raiser, Thomas, Seiter, Hugo: Gesetz zur Regelung kollektiver Arbeitskonflikte – Entwurf und Begründung, Tübingen, 1988, erschienen bei Mohr/Siebeck.

Birk, Rolf: Boykott und einstweilige Verfügung im grenzüberschreitenden Arbeitskampf, AuR 74, 289.

Blank, Michael: Die Warnstreikprozesse in der Metall-Tarifrunde 1987, NZA 88, Beil., S. 9.

Blanke, Thomas: Arbeitskampfrecht: Zurück auf LOS … ? Die GdL-Streiks – Eine Dokumentation, KJ 08, S. 204.

Blomeyer, Karl: Arrest und einstweilige Verfügung, ZZP 65 (1952), S. 52.

Brändel, Claus: Einstweilige Friedensregelungen in kollektiven Arbeitsrechtsstreitigkeiten, Diss., Hamburg, 1960, zit.: *Brändel*, Einstweilige Friedensregelungen in kollektiven Arbeitsrechtsstreitigkeiten, … .

Brocker, Ulrich: Ende der Tarifeinheit aus betrieblicher Sicht, NZA 2010, Beil., S. 121.

Brox, Hans: Aussperrung oder einstweilige Verfügung bei rechtswidrigem Streik?, JA 82, S. 221.

Brox, Hans, Rüthers, Bernd: Arbeitskampfrecht, 2. Auflage, Stuttgart, 1982, zit.: *Brox/Rüthers*, Arbeitskampfrecht, … .

Brox, Hans, Rüthers, Bernd, Henssler, Martin: Arbeitsrecht, 18. Aufl., Stuttgart, 2011, zit.: *Brox/Rüthers/Henssler*, Arbeitsrecht, … .

Brox, Hans, Walker, Wolf-Dietrich: Zwangsvollstreckungsrecht, 9. Aufl., München, 2011, zit.: *Brox/Walker*, ZVR, … .

Bruns, Rudolf, Peters, Egbert: Zwangsvollstreckungsrecht, 3. Aufl., München, 1987, zit.: *Bruns/Peters*, ZVR, … .

Buchner, Herbert: Turbulenzen im Arbeitskampfrecht, BB 08, S. 106.

Buchner, Herbert: Tarifverträge im Wettbewerb, ZfA 04, S. 229.

Canaris, Claus-Wilhelm: Grundstrukturen des deutschen Deliktsrechts, VersR 05, S. 577.

Coester, Michael: Verfassungsrechtliche Gewährleistung der Aussperrung, Jura 92, S. 84.

Compensis, Ulrike: Die einstweilige Verfügung auf Unterhaltsleistung, Köln, 1991, zit.: *Compensis*, Die einstweilige Verfügung auf Unterhaltsleistung, … .

Corts, Jochen: Einstweilige Verfügung auf Urlaubsgewährung, NZA 98, S. 357.

Damm, Reinhard: Einstweiliger Rechtsschutz im Gesellschaftsrecht, ZHR 154, 1990, S. 413.

Dannhäuser, Wolfgang: Das Spannungsverhältnis zwischen Funktionstüchtigkeit der Verwaltung und rechtzeitigem Rechtsschutz für die Personalvertretung, PersV 91, S. 193.

Däubler, Wolfgang: Arbeitskampfrecht. Handbuch für die Rechtspraxis, hrsg. von Wolfgang Däubler, 3. Aufl., 2011, Baden-Baden, zit.: *Bearbeiter* in: Däubler, Arbeitskampfrecht … .

Däubler, Wolfgang: Das Arbeitsrecht 1: ArbR., 16. Aufl., München, 2006, zit.: *Däubler*, Arbeitsrecht 1, … .

Däubler, Wolfgang: Anmerkung zu LAG Rheinland-Pfalz v. 22.06.2004 – 11 Sa 2096/03 = AP Nr. 169 zu Art. 9 GG Arbeitskampf.

Däubler, Wolfgang: Arbeitskampfrecht mit neuen Konturen?, AuR 92, S. 1.

Deinert, Olaf: Folgen der Tarifpluralität für das Arbeitskampfrecht, RdA 2011, S. 12.

Derleder, Peter: Betriebsbesetzung und Zivilrecht, BB 87, S. 818.

Deutscher Anwaltverein: Stellungnahme Nr. 03/2008 des Deutschen Anwaltvereins durch den Ausschuss Arbeitsrecht zur Änderung der arbeitsrechtlichen Zuständigkeit in Arbeitskampfsachen, abrufbar unter www.anwaltverein.de, zit.: Stellungnahme DAV, … .

Dorndorf, Eberhard, Weiss, Manfred: Warnstreiks und vorbeugender Rechtsschutz gegen Streiks, Köln, 1983, zit.: *Bearbeiter* in Dorndorf/Weiss, Warnstreiks und vorbeugender Rechtsschutz, … .

Dunkl, Hans, Moeller, Dieter, Baur, Hansjörg, Feldmeier, Georg: Handbuch des vorläufigen Rechtsschutzes, 3. Aufl., München, 1999, zit.: *Bearbeiter* in: Dunkl/Moeller/Baur/Feldmeier, Handbuch vorläufiger Rechtsschutz, … .

Dütz, Wilhelm: Vorläufiger Rechtsschutz im Arbeitskampf, BB 80, S. 533.

Dütz, Wilhelm, Thüsing, Gregor: Arbeitsrecht, 18. Aufl., München, 2013, zit.: *Dütz/Thüsing*, Arbeitsrecht … .

Enders, Peter, Börstinghaus, Ulf: Einstweiliger Rechtsschutz, 2. Aufl., Münster, 2010, zit.: *Bearbeiter* in: Enders/Börstinghaus, Einstweiliger Rechtsschutz, … .

Faecks, Friedhelm: Die einstweilige Verfügung im Arbeitsrecht, NZA 85, Beil., S. 6.

Faupel, Rainer: Streikverbot durch einstweilige Verfügung, Teil 1 u. 2, DB 71, S. 816 u. 868.

Fenn, Herbert: Der Grundsatz der Tarifeinheit, in: Meinhard Heinze, Alfred Söllner (Hrsg.), Arbeitsrecht in der Bewährung, Festschrift für Otto Rudolf Kissel zum 65. Geburtstag, München 1994, S. 213, zit.: *Fenn* in: FS Kissel, … .

Feudner, Bernd W.: Tarifzuständigkeit der Gewerkschaften, BB 04, S. 2297.

Feudner, Bernd W.: Tarifverträge für „Funktionseliten"?, BB 07, S. 2459.

Feudner, Bernd W.: Zum Arbeitskampfrecht der Berufsgruppengewerkschaften, RdA 08, S. 104.

Finken, Klaus: Die endgültige Vermögensverschiebung aufgrund einstweiliger Verfügung, Diss., Bochum, 1970, zit.: *Finken*, Vermögensverschiebung aufgrund einstweiliger Verfügung, … .

Fischer, Ulrich: Das BVerfG als Superrevisionsinstanz der Arbeitsgerichtsbarkeit in Arbeitskampfsachen? – Der Flashmobfall in Karlsruhe, RdA 2011, S. 50.

Fischinger, Philipp: Zur Begrenzung des Streikrechts durch den Grundsatz der Verhältnismäßigkeit, RdA 07, S. 99.

Flatow, Georg, Joachim, Richard: Arbeitsgerichtsgesetz vom 23. Dezember 1926 […], Berlin, 1928; zit.: *Flatow/Joachim*, ArbGG, … .

Forsthoff, Ernst, Hueck, Alfred: Die politischen Streikaktionen des Dt. Gewerkschaftsbundes anlässlich der parlamentarischen Beratung des BetrVG in ihrer verfassungs- und zivilrechtlichen Bedeutung, Schriftenreihe BDA, Heft 6, 1952, S. 31, zit.: *Forsthoff/Hueck*, Rechtsgutachten, … .

Franzen, Martin: Tarifrechtssystem und Gewerkschaftswettbewerb – Überlegungen zur Flexibilisierung des Flächentarifvertrags, RdA 01, S. 1.

Franzen, Martin: Das Ende der Tarifeinheit und die Folgen, RdA 08, S. 193.

Franzen, Martin, Thüsing, Gregor, Waldhoff, Christian: Gesetz zur Regelung kollektiver Arbeitskonflikte in der Daseinsvorsorge, Entwurf u. Begründung, Berlin, 2012, abzurufen unter: http://www.cfvw.org/stiftung/projektbereich-zukunft-der-arbeit/arbeitskampf/gesetzentwurf.

Gamillscheg, Franz: Die Differenzierung nach der Gewerkschaftszugehörigkeit, Berlin, 1966; zit.: *Gamillscheg*, Differenzierung nach Gewerkschaftszugehörigkeit, … .

Gamillscheg, Franz: Kollektives Arbeitsrecht. Ein Lehrbuch, Band I, Grundlagen/Koalitionsfreiheit/Tarifvertrag/Arbeitskampf und Schlichtung, München, 1997; zit.: *Gamillscheg*, Kollektives Arbeitsrecht I, … .

Gamm, Otto Friedrich von: Vermutung der Dringlichkeit in Wettbewerbssachen, WRP 68, S. 312.

Gattung, Heinz-Walter: Einstweiliger Rechtsschutz gegen Streiks, Diss., München, 1972, zit.: *Gattung*, Einstweiliger Rechtsschutz gegen Streiks?, … .

Gaul, Hans Friedhelm: Zur Frage nach dem Zweck des Zivilprozesses, AcP 68 (1968), S. 27.

Gaul, Hans Friedhelm, Schilken, Eberhard, Becker-Eberhard, Ekkehard: Zwangsvollstreckungsrecht, begr. v. Leo Rosenberg, fortgeführt v. Hans Friedhelm Gaul u.a., 12. Aufl., München, 2010, zit.: *Gaul/Schilken/Becker-Eberhard*, ZVR, … .

Germelmann, Claas-Hinrich, Matthes, Hans-Christoph, Prütting, Hanns, Müller-Glöge, Rudi: Arbeitsgerichtsgesetz, 7. Aufl., München, 2009, zit.: *Bearbeiter* in: G/M/P/M-G, ArbGG, … .

Gerkan, v. Hartwin: Gesellschafterbeschlüsse, Ausübung des Stimmrechts und einstweiliger Rechtsschutz, ZGR 85, S. 167.

Giesen, Richard: Tarifeinheit im Betrieb, NZA 09, S. 11.

Greiner, Stefan: Der Arbeitskampf der GdL, NZA 07, S. 1023.

Greiner, Stefan: Landesarbeitsgerichtsentscheidungen, Art. 9 Arbeitskampf Nr. 80, Anmerkung, S. 45.

Grunsky, Wolfgang: Arbeitsgerichtsgesetz, 7. Aufl., München. 1995, zit.: *Grunsky*, ArbGG, … .

Grunsky, Wolfgang: Grundlagen des einstweiligen Rechtsschutzes, JuS 76, S. 277.

Grunsky, Wolfgang: Die auf Leistungserbringung gerichtete einstweilige Verfügung, Jura 70, S. 724.

Grunsky, Wolfgang: Zivilprozessrecht, 13. Aufl., München, 2008, zit.: *Grunsky*, ZPO, … .

Heckelmann, Dieter: Die einstweilige Verfügung im Arbeitskampf, AuR 70, S. 166.

Heinze, Meinhard: Einstweiliger Rechtsschutz im arbeitsgerichtlichen Verfahren, RdA 86, S. 273.

Heinze, Meinhard: Bestandsschutz durch Beschäftigung trotz Kündigung, DB 85, S. 111.

Heinze, Meinhard: Einstweiliger und vorläufiger Rechtsschutz in Streitfällen des Arbeits-, Sozial- und Wirtschaftsrecht, in: Festschrift für Albrecht Zeuner zum siebzigsten Geburtstag, hrsg. v. Bettermann, Löwisch, Otto u. Schmidt, Tübingen, 1994, zit.: *Heinze* in: FS Zeuner, … .

Heinze, Meinhard: Gesetzliche und vertragliche Arbeitskampfordnung, in: Festschrift für Karl Molitor zum 60. Geburtstag: Sozialpartnerschaft in der Bewährung, hrsg. v. Gamillscheg, Rüthers, Stahlhacke, München, 1988, zit.: *Heinze* in: FS Molitor, … .

Henniges, Rolf-Hermann: Einstweiliger Rechtsschutz gegen gewerkschaftliche Streiks?, Diss., Neuwied/Darmstadt, 1987; zit.: *Henniges*, Einstweiliger Rechtsschutz gegen gewerkschaftliche Streiks?, … .

Henssler, Martin, Willemsen, Heinz J., Kalb, Heinz-Jürgen: Arbeitsrecht. Kommentar. Herausgegeben von Martin Henssler, Heinz J. Willemsen und Heinz-Jürgen Kalb, 4. Aufl., Köln, 2010, zit.: *Bearbeiter* in: H/W/K, … .

Herschel, Wilhelm: Anmerkung zu LAG Hamburg v. 13.09.72, AR-Blattei, D, Zwangsvollstreckung, Entscheidung 22.

Hessel, Philipp: Einstweilige Verfügung bei Arbeitskämpfen?, DB 67, S. 2071.

Hobbeling, Walther: Die Rechtstypen der zivilprozessualen einstweiligen Verfügung: Eine Untersuchung zur Unterscheidung und Abgrenzung der zivilprozessualen Verfügungsrechtsgrundlagen § 935 und § 940 ZPO sowie zur Einordnung der sog. Leistungsverfügung, Diss., Münster, 1974, zit.: *Hobbeling*, Rechtstypen der zivilprozessualen einstweiligen Verfügung, … .

Hoeniger, Heinrich: Einige Gedanken zum Arbeitskampfrecht, RdA 53, S. 204.

Hoffmann, Reinhard: Einstweilige Verfügungen gegen Streiks?, AuR 68, S. 33.

Höfling, Wolfram, Engels, Andreas: Der „Bahnstreik" – oder: Offenbarungseid des Arbeitskampfrichterrechts?, NJW 07, S. 3102.

Hohenstatt, Klaus-Stefan: Problematische Ordnungsvorstellungen des BAG im Tarifrecht – Tarifpluralität und Tarifeinheit, DB 92, S. 1678.

Holzinger, Rainer: Einstweilige Verfügungen gegen gewerkschaftliche Streiks, Diss., Erlangen/Nürnberg, 1974, zit.: *Holzinger*, EVen gegen gewerkschaftliche Streiks, … .

Hoyer, Jürgen: Streik nur auf dem Sofakissen? Zu einstweiligen Verfügungen gegen Streikaktionen im Arbeitskampf '84, AiB 86, 243.

Hromadka, Wolfgang: Tarifeinheit bei Tarifpluralität in: Alfred Söllner u.a. (Hrsg.), Gedächtnisschrift für Meinhard Heinze, München, 2005, S. 383, zit.: *Hromadka* in: FS Heinze, … .

Hromadka, Wolfgang: Entwurf eines Gesetzes zur Regelung der Tarifkollision, NZA 08, S. 384.

Hromadka, Wolfgang, Maschmann, Frank: Arbeitsrecht Bd. 2. Kollektivarbeitsrecht + Arbeitsstreitigkeiten, 5. Aufl., Berlin, 2010, zit.: *Hromadka/Maschmann*, Arbeitsrecht Bd. 2, … .

Hromadka, Wolfgang, Schmitt-Rolfes, Günther: Am Ziel? – Senat will Grundsatz der Tarifeinheit bei Tarifpluralität kippen, NZA 2010, 687.

Hueck, Alfred, Nipperdey, Hans Carl: Lehrbuch des Arbeitsrechts, Band 2, Kollektives Arbeitsrecht, 2. Halbband, 7. Aufl., Berlin, Frankfurt a.M., 1970, zit.: *Bearbeiter* in: Hueck/Nipperdey, Arbeitsrecht Bd. 2, 2. Halbbd., …

Humphrey, Hubert H.: Die Bedeutung des Taft-Hartley-Gesetzes, aus dem englischen von Franz L. Neumann, GMH, Vol. 2, 1951, S. 510.

Hunold, Wolf: Tarifpluralität oder Tarifeinheit – Gedanken aus der Praxis, NZA 07, S. 1037.

Iliakopoulos, Ilias N.: Die Grenzen der Befriedigungsverfügung im deutschen und griechischen Recht, Frankfurt/M., Bern, Nancy, New York, 1983, zit.: *Iliakopoulos*, Grenzen der Befriedigungsverfügung, … .

Isenhardt, Udo: Einstweiliger Rechtsschutz im Arbeitskampf, in: Farthmann, Friedhelm u.a. (Hrsg.), Arbeitsgesetzgebung und Arbeitsrechtsprechung: Festschrift zum 70. Geburtstag von Eugen Stahlhacke, München 1995, S. 195, zit.: *Isenhardt* in: FS Stahlhacke, … .

Isensee, Josef, Kirchhof, Paul: Handbuch des Staatsrechts, Band VII: Freiheitsrechte, 3. Aufl., Heidelberg 2009, zit.: *Bearbeiter* in: Isensee/Kirchhof, Handbuch des Staatsrechts, … .

Jacobs, Matthias: Tarifpluralität statt Tarifeinheit – Aufgeschoben ist nicht aufgehoben!, NZA 08, S. 325.

Jacobs, Matthias, Krause, Rüdiger, Oetker, Hartmut: Tarifvertragsrecht, München, 2007, zit.: *Jacobs/Krause/Oetker*, TVR, … .

Jacobs, Matthias: Der Gegenstand des Feststellungsverfahrens, Tübingen, 2005, zit.: *Jacobs*, Gegenstand des Feststellungsverfahrens, … .

Jacobs, Matthias: Tarifeinheit und Tarifkonkurrenz, Berlin, 1999, zit.: *Jacobs*, Tarifeinheit und Tarifkonkurrenz, … .

Jacobs, Matthias: Tarifpluralität und Tarifeinheit, NZA 08, S. 325.

Jauernig, Othmar: Bürgerliches Gesetzbuch, hrsg. v. Othmar Jauernig, 14. Aufl., München, 2011, zit.: *Bearbeiter* in: Jauernig, BGB, … .

Jauernig, Othmar: Der zulässige Inhalt einstweiliger Verfügungen, ZZP 79 (1966), S. 321.

Jauernig, Othmar, Berger, Christian: Zwangsvollstreckungs- und Insolvenzrecht, 23. Aufl., München, 2010, zit.: *Jauernig/Berger*, ZV- u. Insolvenz, … .

Junker, Abbo: Anmerkung zu BAG, Urt. v. 19.6.2007 – 1 AZR 396/06: Rechtmäßigkeit eines Unterstützungsstreiks, JZ 08, S. 102.

Junker, Abbo: Grundkurs Arbeitsrecht, 12. Aufl., München, 2013, zit.: *Junker*, GK Arbeitsrecht, … .

Kamanabrou, Sudabeh: Der Streik durch Spartengewerkschaften – Zulässigkeit und Grenzen, ZfA 08, S. 241.

Keller, Christoph: Der einstweilige Rechtsschutz im Zivilprozess – 2. Teil, Jura 07, S. 327.

Kentner, Kathrin: Arbeitskampfmittel der Arbeitgeber, Frankfurt am Main, Berlin, Bern, Bruxelles, New York, Oxford, Wien, 2010, Schriften zum Arbeitsrecht und Wirtschaftsrecht, Bd. 61, hrsg. v. Abbo Junker, zit.: *Kentner*, Arbeitskampfmittel der Arbeitgeber, … .

Kessel, Christian, Koch, Susanne: Anforderungen an die Leistungsverfügung auf Belieferung – unter besonderer Berücksichtigung von Fällen aus der Automobilindustrie, BB 09, S. 1032.

Kiesel, V.n.b.: Die einstweilige Verfügung in Streiksachen. Arbeitsrecht, Zeitschrift für das gesamte Dienstrecht der Arbeiter, Angestellten und Beamten, 14, 1927, zit.: *Kiesel*, ArbeitsR 14, … .

Kissel, Otto Rudolf: Arbeitskampfrecht. Ein Leitfaden., München, 2002, zit.: *Kissel*, Arbeitskampfrecht, … .

Kitzberger, Ralf: Das Arbeitskampfrecht in den Vereinigten Staaten von Amerika, Grossbritannien und der Bundesrepublik Deutschland unter besonderer Berücksichtigung von „secondary industrial activities" und drittbezogenen Arbeitskampfmaßnahmen, Diss., Konstanz, 1996, zit.: *Kitzberger*, ArbeitskampfR in den USA, GBR und BRD, … .

Klaka, Rainer: Die einstweilige Verfügung in der Praxis, GRUR 79, S. 593.

Klimpe-Auerbach, Wolf: Der Streik als legitimes Kampfmittel, Der Personalrat 08, S. 51.

Koch, Hartmut: Neues im arbeitsgerichtlichen Verfahren, NJW 91, S. 1856.

Kohler, Jürgen: Feststellende Einstweilige Verfügungen?, ZZP 103 (1990), S. 184.

Konzen, Horst: 50 Jahre richterliches Arbeitskampfrecht – Grundlagen, Bilanz, Weiterentwicklung, Festschrift 50 Jahre Bundesarbeitsgericht, München 2004, S. 515, zit.: *Konzen* in: FS 50 Jahre BAG, … .

Konzen, Horst: Die erweiterte Zulassung des Unterstützungsstreiks, SAE 08, S. 1.

Konzen, Horst: Die Tarifeinheit im Betrieb, RdA 78, S. 146.

Korinth, Michael H.: Einstweiliger Rechtsschutz im Arbeitsgerichtsverfahren, 2. Aufl., Köln, 2007, zit.: *Korinth*, eR im Arbeitsgerichtsverfahren, … .

Kraft, Alfons: Tarifkonkurrenz, Tarifpluralität und das Prinzip der Tarifeinheit, RdA 92, 161.

Kraft, Kornelius: Beschränkungen für Spartengewerkschaften, WAZ v. 09.05.2011.

Krause, Rüdiger: Die Konkretisierung der Grenzen von Streiks durch einstweilige Verfügung, Jahrbuch des Arbeitsrechts, Bd. 45, 2008, S. 23.

Kreuz, Harald: Der Grundsatz der Verhältnismäßigkeit im Arbeitskampfrecht, Berlin, 1988, zit.: *Kreuz*, Verhältnismäßigkeit im Arbeitskampfrecht, … .

Krieger, Steffen, Günther, Jens: Streikrecht 2.0 – Erlaubt ist, was gefällt!?, NZA 2010, S. 20.

Kühling, Jürgen, Bertelsmann, Klaus: Tarifautonomie und Unternehmerfreiheit – Arbeitskampf aus Anlass von Standortentscheidungen, NZA 05, S. 1017.

Lehmann, Friedrich-Wilhelm: Schaffung eines Gesetzes über die Tarifeinheit – Gewerkschaftskonkurrenz im Betrieb – zwischen skylla und charybdis, BB 2010, S. 2237.

Leinemann, Wolfgang: Ewiges Zunftrecht oder Recht auf Freiheit?, AuR 70, S. 289.

Leipold, Dieter: Strukturfragen des einstweiligen Rechtsschutzes, ZZP 90 (1977), S. 258.

Leipold, Dieter: Grundlagen des Einstweiligen Rechtsschutzes im zivil-, verfassungs- und verwaltungsgerichtlichen Verfahren, München, 1971, zit.: *Leipold*, Grundlagen, … .

Leipold, Dieter: Die Schutzschrift zur Abwehr einstweiliger Verfügungen gegen Streiks, RdA 83, S. 164.

Lieb, Manfred, Jacobs, Matthias: Arbeitsrecht, 9. Aufl., Heidelberg, 2006, zit.: *Lieb/Jacobs*, Arbeitsrecht, … .

Lindemann, Achim, Simon, Oliver: Tarifpluralität – Abschied vom Grundsatz der Tarifeinheit?, BB 06, S. 1852.

Loritz, Karl-Georg: Das Bundesarbeitsgericht und die Neue Beweglichkeit, ZfA 85, S. 185.

Loritz, Karl-Georg: Betriebsbesetzungen – ein rechtswidriges Mittel im Arbeitskampf, DB 87, S. 223.

Löwisch, Manfred, Caspers, Georg, Klumpp, Steffen: Arbeitsrecht, 9. Aufl., München, 2012, zit.: *L/C/K*, Arbeitsrecht, … .

Löwisch, Manfred: Schriften zur Arbeitsrechtblattei, Bd. 17, Schlichtungs- und Arbeitskampfrecht, Wiesbaden, 1989, zit.: *Bearbeiter* in: Löwisch, Schlichtungs- u. ArbeitskampfR, … .

Löwisch, Manfred: Der rundfunkpolitische Streik, RdA 82, S. 74.

Löwisch, Manfred: Zur rechtlichen Beurteilung besonderer Arbeitskampfmaßnahmen im Medienbereich, RdA 87, S. 219.

Löwisch, Manfred: Reichweite und Durchsetzung der tariflichen Friedenspflicht am Beispiel der Metalltarifrunde 1987, NZA 88, Beil., S. 3.

Luckscheiter, Uwe: Der einstweilige Rechtsschutz gegen Streiks, Konstanzer Schriften zur Rechtswissenschaft, Bd. 15, 1989, zit.: *Luckscheiter*, eR gegen Streiks … .

Mangoldt v., Hermann, Klein, Friedrich, Starck, Christian: Grundgesetz, Band 1, 6. Aufl., München 2010, begr. von Hermann v. Mangoldt, fortgeführt von Friedrich Klein; hrsg. von Christian Starck, zit.: *Bearbeiter* in: v. Mangoldt/Klein/Starck, GG, … .

Mathäser, Johanna: Der Arrestgrund – Eine Einführung, JuS 95, S. 442.

Marly, Jochen: Akteneinsicht in arbeitsgerichtliche Schutzschriften vor Anhängigkeit eines Verfahrens, BB 89, S. 770.

May, Axel: Die Schutzschrift im Arrest- und Einstweiligen Verfügungsverfahren, Köln, 1983, zit.: *May*, Die Schutzschrift, … .

Mayer-Maly, Theo: Die Kriterien der Rechtmäßigkeit von Arbeitskämpfen, in: Festschrift für Reinhard Richardi zum 70. Geburtstag, hrsg. v. Georg Annuß, Eduard Picker und Hellmut Wißmann, München, 2007, zit.: *Mayer-Maly* in: FS Richardi, … .

Meik, Frank: Tarifpluralität, NZA 2010, Beil., S. 116.

Merten, Philip: Das Prinzip der Tarifeinheit als arbeitsrechtliche Kollisionsnorm, BB 93, S. 572.

Meyer, Cord: Aktuelle Fragen zum Grundsatz der Tarifeinheit, DB 06, S. 1271.

Meyer, Cord: Rechtliche wie praktische Unzuträglichkeiten einer Tarifpluralität, NZA 06, S. 1387.

Michalski, Lutz: Arbeitsrecht, 7. Aufl., Heidelberg, 2008, zit.: *Michalski*, Arbeitsrecht, … .

Michlik, Frank: Die gewerkschaftliche Urabstimmung vor einem Arbeitskampf: eine Untersuchung zum deutschen und britischen Recht, Diss., Berlin, 1995, zit.: *Michlik*, Die gewerkschaftliche Urabstimmung vor einem Arbeitskampf, … .

Minnerop, Manfred: Materielles Recht und einstweiliger Rechtsschutz, Köln, 1973, zit.: *Minnerop*, Materielles Recht u. Einstweiliger RS, … .

Morbach, Bertram: Einstweiliger Rechtsschutz in Zivilsachen, Frankfurt/M., Bern, New York, Paris, 1988, zit.: *Morbach*, eR in Zivilsachen, … .

Mossler, Sven: Beschleunigter Rechtsschutz für Zahlungsgläubiger in Europa, Diss., Tübingen, 2004, zit.: *Mossler*, Beschleunigter Rechtsschutz, … .

Müller, Bernd: Tarifkonkurrent und Tarifpluralität, NZA 89, S. 449.

Müller, Gerhard: Arbeitskampf und Arbeitskampfrecht, insbesondere die Neutralität des Staates und verfahrensrechtliche Fragen, Kassel, 1985, zit.: *Müller*, Arbeitskampfrecht, … .

Erfurter Kommentar zum Arbeitsrecht: Erfurter Kommentar zum Arbeitsrecht, begr. v. Thomas Dieterich, Peter Hanau, Günter Schaub, hrsg. v. Rudi Müller-Glöge, Ulrich Preis, Ingrid Schmidt, 13. Aufl., München, 2013, zit.: *Bearbeiter* in: ErfK, … .

Münch, Ingo v.: Verfassungsrechtliche Grundlagen des Arbeitskampfrechts, Jura 79, S. 25.

Münchener Handbuch zum Arbeitsrecht: Münchener Handbuch zum Arbeitsrecht, Bd. 2, 3. Aufl., München, 2009, hrsg. v. Reinhard Richardi, Otfried Wlotzke, Hellmut Wißmann, Hartmut Oetker u.a., zit.: *Bearbeiter* in: MüKo-ArbR, … .

Münchener Kommentar zur Zivilprozessordnung: Münchener Kommentar zur Zivilprozessordnung, Band 2, 4. Aufl., München, 2012, hrsg. v. Thomas Rauscher, Peter Wax u. Joachim Wenzel, zit.: *Bearbeiter* in: MüKo-ZPO, … .

Münchener Kommentar zum Bürgerlichen Gesetzbuch: Münchener Kommentar zum Bürgerlichen Gesetzbuch, Band 5 und 6, hrsg. v. Franz Jürgen Säcker, Roland Rixecker u. Hartmut Oetker, 6 Aufl., München 2013, zit.: Bearbeiter in: MüKo-BGB, Band 5/6, … .

Musielak, Hans-Joachim: Kommentar zur Zivilprozessordnung, 9. Aufl., München, 2012, zit.: *Bearbeiter* in: Musielak, ZPO, … .

Nikisch, Arthur: Arbeitsrecht. Band 2: Koalitionsrecht, Arbeitskampfrecht und Tarifvertragsrecht, 2. Aufl., Tübingen, 1959, zit.: *Nikisch*, Arbeitsrecht Bd. 2, … .

Nipperdey, Hans Carl: Die Ersatzansprüche für die Schäden, die durch den von den Gewerkschaften gegen das geplante BetrVG geführten Zeitungsstreik vom 27.–29. Mai 1952 entstanden sind, Rechtsgutachten, Schriftenreihe der Bundesvereinigung der Dt. Arbeitgeberverbände, Heft 9, 1953, zit.: Nipperdey, Rechtsgutachten, … .

Olbertz, Klaus, Reinartz, Oliver: Die erweiterten Kampfrechte der Gewerkschaften – Was Arbeitgeber künftig beachten müssen, ArbRB 08, S. 310.

Olbertz, Klaus, Reinartz, Oliver: Der Arbeitskampf im Ungleichgewicht: Rechtmäßigkeit des Unterstützungsstreiks?, DB 08, S. 814.

Olderog, Hans-Hermann: Probleme des einstweiligen Rechtsschutzes im Bereich der sozialen Mitbestimmung, NZA 85, S. 753.

Ortmann, Helmuth: Einstweilige Verfügungen im Arbeitskampfrecht, Diss., Köln, 1930; zit.: *Ortmann*, Einstweilige Verfügungen im Arbeitskampfrecht, … .

Otto, Hansjörg: Arbeitskampf- und Schlichtungsrecht, München, 2006, zit.: *Otto*, Arbeitskampf- und SchlichtungsR, … .

Otto, Hansjörg: Arbeitsrecht, Berlin, 4. Aufl., 2008, zit.: *Otto*, Arbeitsrecht, … .

Paukner, Katharina: Die Zulässigkeit des Unterstützungsstreiks, ZTR 08, S. 130.

Pflüger, Norbert: Verhandlungsparität beim Spezialistenstreik, RdA 08, S. 185.

Piehler, Klaus: Einstweiliger Rechtsschutz und materielles Recht, Frankfurt a.M., 1980, zit.: *Piehler*, eR und materielles Recht, … .

Preis, Ulrich: Praxislehrbuch zum Kollektivarbeitsrecht, 2. Aufl., Köln, 2009, zit.: *Preis*, Kollektives Arbeitsrecht, … .

Prütting, Hanns, Gehrlein, Markus: Zivilprozessordnung, hrsg. v. Hanns Prütting u. Markus Gehrlein, 5. Aufl., Köln, 2013, zit.: *Bearbeiter* in: Prütting/Gehrlein, ZPO, … .

Ramm, Thilo: Streik und Arbeitsvertragsbruch, AuR 64, S. 129.

Reichold, Hermann: Arbeitnehmerrechte im Zugriff der Bahn: eine Geschichte pathologischen Lernens, NZA 07, S. 1262.

Reichold, Hermann: Abschied von der Tarifeinheit im Betrieb und die Folgen, RdA 07, S. 321.

Reichold, Hermann: Grundrechtssuspendierung durch einstweilige Verfügung: Besprechung der Entscheidung des LAG Chemnitz v. 2.11.2007 – 7 SaGa 19/07, FA 08, S. 98.

Reichold, Herman: Arbeitsrecht, 4. Aufl., München, 2012, zit.: *Reichold*, Arbeitsrecht, … .

Reichold, Herman: Grundrechtssuspendierung durch einstweilige Verfügung, FA 08, S. 98.

Reichold, Herman: Verfassungsrechtliche Grenzen der Arbeitskampfverfügung, in: Festschrift für Herbert Buchner, Hrsg. Bauer/Kort/Möllers/Sandmann, München, 2009, zit.: *Reichold* in: FS Buchner, … .

Reuß, Wilhelm: Einige Gedanken zur Beschränkung der Arbeitskampffreiheit, in: Recht im Wandel, Festschrift 150 Jahre Carl Heymanns Verlag, Köln, 1965, S. 253, zit.: *Reuß* in: FS 150 Jahre Carl Heymanns-Verlag, … .

Reuß, Wilhelm: Aktuelle Arbeitskampffragen, DB 65, S. 817.

Reuß, Wilhelm: Tarifautonomie und Richterrecht, AuR 72, S. 136.

Reuter, Dieter: Anm. zu BAG v. 26.5.1977 – 2 AZR 632/76, SAE 1978, S. 242.

Richardi, Reinhard: Der Beschluss des Bundesverfassungsgerichts zur Aussperrung und seine Folgen für das Arbeitskampfrecht, JZ 92, S. 27.

Richardi, Reinhard: Arbeitskampfbegriff und Arbeitskampfrecht, in: Recht und Rechtserkenntnis, Festschrift für Ernst Wolf zum 70. Geburtstag, hrsg. v. Dietrich Bickel, Walther Hadding u.a, Köln, 1985, S. 549, zit.: *Richardi* in: FS Wolf, … .

Richardi, Reinhard: Sind im Interesse einer gerechten Verteilung der Arbeitsplätze Begründung und Beendigung des Arbeitsverhältnisses neu zu regeln?, JZ 78, S. 485.

Rieble, Volker: Zulässigkeit des Lokführer-„Funktionseliten“- Streiks, BB 2003, S. 1227.

Rieble, Volker: Das neue Arbeitskampfrecht des BAG, BB 08, S. 1506.

Rieble, Volker: Flash-mob – Ein neues Kampfmittel?, NZA 08, S. 796.

Rieble, Volker: Gewerkschaftswettbewerb und Tariffähigkeit (Besprechung BAG vom 14.12.2004 – 1 ABR 51/03), SAE 06, S. 89.

Rieble, Volker, Triskatis, Claudiana: Vorläufiger Rechtsschutz im Betriebsratswahlverfahren, NZA 06, S. 233.

Rieger, Eva-Maria: Die arbeitskampfbedingte Betriebsstilllegung, Diss., Mainz, 2004, zit.: *Rieger*, Die arbeitskampfbedingte Betriebsstilllegung, … .

Rieth, Horst: Alternativen zum Arbeitskampf?, NZA 86, S. 697.

Risak, Martin E., Born, Jürgen, Holter, Jan: Der Kampf um Arbeit. Dimensionen und Perspektiven; hrsg. v. Gottfried Schweiger u. Bernd Brandl, Wiesbaden, 2010, zit.: *Bearbeiter* in: Der Kampf um Arbeit, … .

Rolfs, Christian: Studienkommentar Arbeitsrecht, 3. Aufl., München, 2010, zit.: *Rolfs*, Studienkommentar Arbeitsrecht, … .

Rolfs, Christian, Giesen, Richard, Kreikebohm, Ralf, Udsching, Peter: Beck'scher Online-Kommentar Arbeitsrecht, hrsg. v. Rolfs, Giesen u.a., 23. Edition, Stand. 01.03.2012, zit.: *Bearbeiter* in: BeckOK-ArbGG, … .

Rudolphi, Hans-Joachim: Gewerkschaftliche Beschlüsse über Betriebsbesetzungen als strafbares Verhalten gemäß § 111 StGB, RdA 87, S. 160.

Rüfner, Wolfgang: Zur Gemeinwohlbindung der Tarifvertragsparteien, RdA 85, S. 193.

Rüthers, Bernd: Der Abbau des „ultima ratio"-Gebotes im Arbeitskampfrecht durch das Bundesarbeitsgericht, DB 90, S. 113.

Rüthers, Bernd, Höpfner, Clemens: Anmerkung zu BAG, Urt. v. 22.9.2009 – 1 AZR 972/08 („Flashmob"), JZ 2010, S. 261.

Sack, Rolf: Die Subsidiarität des Rechts am Gewerbebetrieb, VersR 06, S. 1001.

Saenger, Ingo: Einstweiliger Rechtsschutz und materiellrechtliche Selbsterfüllung, Tübingen, 1998, zit.: *Saenger*, eR und materiellrechtliche Selbsterfüllung, … .

Salje, Peter: Anmerkung zu BAG, Urt. v. 20.03.1991 – 4 AZR 455/90, SAE 1993, S. 79.

Säcker, Franz Jürgen: Von der offenen Arbeitseinstellung zur verdeckten Betriebsblockade – Der Arbeitskampf im Wandel zum Partisanenkampf, NJW 2010, S. 1115.

Schaub, Günter: Arbeitsrechtshandbuch, 14. Aufl., München, 2011, begr. v. Günter Schaub, bearb. v. Ulrich Koch u.a., zit.: *Bearbeiter* in: Schaub, Arbeitsrechtshandbuch, … .

Schäfer, Horst: Der einstweilige Rechtsschutz im Arbeitsrecht, Berlin, 1996, zit.: *Schäfer*, eR im Arbeitsrecht, … .

Schäuble, Paul: Widerrechtlicher Streik und Abwehraussperrung – Die Reaktionsmöglichkeiten des widerrechtlich und unmittelbar bestreikten Arbeitgebers, Frankfurt, Bern, New York, 1983, zit.: *Schäuble*, Widerrechtlicher Streik und Abwehraussperrung, … .

Schiefer, Bernd, Worzalla, Michael: Unzulässige Streiks um Tarifsozialpläne, DB 06, 46.

Schilken, Eberhardt: Die Befriedigungsverfügung, Berlin, 1976, zit.: *Schilken*, Befriedigungsverfügung, … .

Schliemann, Harald: Streikkaskaden in der Daseinsvorsorge, in: Festschrift für Jobst-Hubertus Bauer zum 65. Geburtstag, hrsg. v. Ulrich Baeck, Friedrich Hauck, Ulrich Preis, Volker Rieble, Gerhard Röder und Achim Schunder, München 2010, zit.: *Schliemann* in: FS Bauer, … .

Schliemann, Harald: Betriebliche Tarifeinheit und Gewerkschaftspluralität, in: Festschrift für Wolfgang Hromadka zum 70. Geburtstag, hrsg. v. Maschmann, München, 2008, zit.: *Schliemann* in: FS Hromadka, … .

Schlosser, Peter: Der einstweilige Rechtsschutz im Zivilprozess, Jura 84, S. 360.

Schmidt, Karsten: Integritätsschutz von Unternehmen nach § 823 BGB, JuS 93, S. 985.

Scholz, Rupert, Konzen, Horst: Die Aussperrung im System von Arbeitsverfassung und kollektivem Arbeitsrecht, Berlin, 1980, zit.: *Scholz/Konzen*, Die Aussperrung, … .

Schreiber, Klaus: Arrest und Einstweilige Verfügung, Jura 2000, S. 492.

Schuler, V.n.b.: Die auf Leistung lautende einstweilige Verfügung, NJW 59, S. 1801.

Schultheis, Thomas: Die Stilllegungsbefugnis des Arbeitgebers im Arbeitskampf, Diss., Berlin, 2001, zit.: *Schultheis*, Stilllegungsbefugnis, … .

Schulze, Reiner, u.a.: Bürgerliches Gesetzbuch, Handkommentar, 7. Aufl., Baden-Baden, 2012, zit.: *Bearbeiter* in: Schulze, BGB, … .

Schwab, Norbert, Weth, Stephan: ArbGG, Kommentar zum Arbeitsgerichtsgesetz, 3. Aufl., Köln, 2011, zit.: *Bearbeiter* in: Schwab/Weth, ArbGG, … .

Schwarze, Roland: Die verfassungsrechtliche Garantie des Arbeitskampfes, JuS 94, S. 653.

Schwitanski, Heinz-Georg: Deliktsrecht, Unternehmensschutz und Arbeitskampfrecht, Berlin, 1987, zit.: *Schwitanski*, Deliktsrecht, Unternehmensschutz und Arbeitskampfrecht, … .

Seiter, Hugo: Anmerkung zu BAG v. 21.03.1978 – 1 AZR 11/76, AP Nr. 62 zu Art. 9 GG Arbeitskampf.

Seiter, Hugo: Streikrecht und Aussperrungsrecht. Ein Arbeitskampfrechtssystem auf der Grundlage subjektiv-privater Kampfrechte, Tübingen, 1975, zit.: *Seiter*, Streikrecht, … .

Seiter, Hugo: Zur Gestaltung der Arbeitskampfordnung durch den Gesetzgeber, RdA 86, S. 165.

Semler, Franz-Jörg: Einstweilige Verfügungen bei Gesellschafterauseinandersetzungen, BB 79, S. 1533.

Sittard, Ulrich: Die Bedeutung der Daseinsvorsorge und des Grundsatzes der Tarifeinheit für das Arbeitskampfrecht am Beispiel des Bahnstreiks, ZTR 08, S. 178.

Soergel, Theodor: Bürgerliches Gesetzbuch mit Einführungsgesetz und Nebengesetzen: BGB, begr. v. Theodor Soergel, Band 12, §§ 823 - 853 BGB, 13. Aufl., Stuttgart, 2005, zit.: *Bearbeiter* in: Soergel, BGB, … .

Söllner, Alfred, Waltermann, Raimund: Arbeitsrecht, 15. Aufl., München, 2009, zit.: *Söllner/Waltermann*, Arbeitsrecht, … .

Starek, Lutz: Die Zulässigkeit der einstweiligen Verfügung auf Feststellung, Berlin, 2000, zit.: *Starek*, Die Zulässigkeit der einstweiligen Verfügung auf Feststellung, … .

Staudinger, Julius v.: Kommentar zum Bürgerlichen Gesetzbuch mit Einführungsgesetz und Nebengesetzen, begr. von Julius von Staudinger, Unerlaubte Handlungen, §§ 823 - 825, 13. Aufl., Berlin 1999, zit.: *Bearbeiter* in: Staudinger, BGB, … .

Stein, Friedrich, Jonas, Martin: ZPO, Kommentar zur Zivilprozessordnung, Band 9, 22. Aufl., Tübingen, 2002, zit.: *Bearbeiter* in: Stein/Jonas, ZPO, … .

Steinau-Steinrück, Robert, Glanz, Peter: Dauerarbeitskämpfe durch Spartenstreiks - Die verbliebenen Kampfmittel der Arbeitgeber, NZA 09, S. 113.

Steinau-Steinrück, Robert, Brugger, Helen: Arbeitskampfrecht quo vadis?, NZA 2010, Beil., S. 127.

Steinbrück, Hans-Joachim: Streikposten und einstweiliger Rechtsschutz im Arbeitskampfrecht der Bundesrepublik Deutschland, Baden-Baden, 1992, zit.: *Steinbrück*, Streikposten und einstweiliger Rechtsschutz, … .

Steinbrück, Hans-Joachim: Einstweilige Verfügungen im Arbeitskampf - Zivilprozessuale Aspekte, AuR 87, 161 (165).

Sunnus, Michael: Arbeitskampfrecht in Bewegung? Alte Begriffe und neue Rechtsprechung, AuR 08, S. 1.

Teplitzky, Otto: Arrest und einstweilige Verfügung, JuS 80, S. 882, fortgesetzt in JuS 81, S. 122, 352 u. 435.

Teplitzky, Otto: Streitfragen beim Arrest und bei der einstweiligen Verfügung, DRiZ 82, 41.

Teplitzky, Otto: Die „Schutzschrift" als vorbeugendes Verteidigungsmittel gegen einstweilige Verfügungen, NJW 80, S. 1676.

Thomas, Heinz, Putzo, Hans: Zivilprozessordnung, 34. Aufl., München, 2013, zit.: *Bearbeiter* in: Thomas/Putzo, ZPO, … .

Thüsing, Gregor: Tarifautonomie im Wandel, Beiträge zum Tarif-, Arbeitskampf- und Koalitionsrecht, hrsg. von Gregor Thüsing, Köln, 2003, zit.: *Bearbeiter* in: Thüsing, Tarifautonomie im Wandel, … .

Thüsing, Gregor, von Medem, Andreas: Tarifeinheit und Koalitionspluralismus: Zur Zulässigkeit konkurrierender Tarifverträge im Betrieb, ZIP 07, S. 510.

Vogg, Stefan: Einstweilige Feststellungsverfügung?, NJW 93, S. 1357.

Vogg, Stefan: Einstweiliger Rechtsschutz und vorläufige Vollstreckbarkeit – Gemeinsamkeiten und Wertungswidersprüche, Diss., Berlin, 1991, *zit.: Vogg*, Einstweiliger RS u. vorläufige Vollstreckbarkeit, … .

Vorwerk, Volker, Wolf, Christian: Beck'scher Online-Kommentar ZPO, hrsg. v. Vorwerk u. Wolf, 4. Edition, Stand. 15.04.2012, zit.: *Bearbeiter* in: BeckOK-ZPO, … .

Waas, Bernd: Tarifkonkurrenz und Tarifpluralität, Baden-Baden, 1999, zit.: *Waas*, Tarifkonkurrenz und Tarifpluralität, … .

Walker, Wolf-Dietrich: Einstweiliger Rechtsschutz im Arbeitskampf, ZfA 95, S. 185.

Walker, Wolf-Dietrich: Grundlagen und aktuelle Entwicklungen des einstweiligen Rechtsschutzes im Arbeitsgerichtsprozess, ZfA 05, S. 45.

Walker, Wolf-Dietrich: Der einstweilige Rechtsschutz im Zivilprozess und im arbeitsgerichtlichen Verfahren, Tübingen, 1993, zit.: *Walker*, eR im Zivilprozess, …

Walker, Wolf-Dietrich: Verfahrensrechtliche Streitfragen im arbeitsgerichtlichen Eilverfahren, in: Gedächtnisschrift für Meinhard Heinze, hrsg. v. Alfred Söllner, Wolfgang Gitter, Raimund Waltermann, Richard Giesen u. Oliver Ricken, München, 2005, zit.: *Walker* in: GS Heinze, … .

Walter, Torsten: Arbeitskampf, AiB 07, S. 683.

Wank, Rolf: Aktuelle Probleme des Arbeitskampfrechts, RdA 09, S. 1.

Weber, Maria: Die Verhältnismäßigkeit der Arbeitskämpfe von Spartengewerkschaften, Diss., Greifswald, 2011, zit.: *Weber*, Verhältnismäßigkeit der Arbeitskämpfe von Spartengewerkschaften, … .

Wehlau, Andreas, Kalbfus, Björn: Die Schutzschrift – Funktion, Gestaltung und prozesstaktische Erwägungen, WRP 2012, S. 395.

Wenzel, Leonhard: Zur einstweiligen Verfügung im Arbeitskampf-, Vertrags- und Betriebsverfassungsrecht, NZA 84, S. 112.

Wenzel, Leonhard: Grundlinien des Arrestprozesses – Zu Fritz Baurs Studien zum einstweiligen Rechtsschutz, MDR 67, S. 889.

Wieczorek, Bernhard, Schütze, Rolf A.: Zivilprozessordnung und Nebengesetze. Großkommentar, Band 5, hrsg. v. Rolf A. Schütze, begr. v. Bernhard Wieczorek, 3. Aufl., Berlin, New York, 1995, zit.: *Bearbeiter* in: Wieczorek/Schütze, ZPO, … .

Widmer, Corinne: Die Haftung der Gewerkschaft im Arbeitskampf, ArbR 2007 (Schulthess-Verlag, Zürich/Schweiz), S. 66.

Wiedemann, Herbert, Arnold, Markus: Tarifkonkurrenz und Tarifpluralität in der Rechtsprechung des Bundesarbeitsgerichts (Teil 1), ZTR 94, S. 399.

Wiethölter, Rudolf: Zur politischen Funktion des Rechts am eingerichteten und ausgeübten Gewerbebetrieb, KJ 70, S. 121.

Willemsen, Heinz Josef, Mehrens, Christian: Streikbegleitende „Flashmob-Aktion" im Einzelhandel - Grundsatz der Verhältnismäßigkeit, AP Nr. 174 zu Art 9 GG Arbeitskampf, Anmerkung.

Willemsen, Heinz Josef, Stamer, Katrin: Erstreikbarkeit tariflicher Sozialpläne: Die Wiederherstellung der Arbeitskampfparität, NZA 07, S. 413.

Willikonsky, Birgit: Akteneinsicht in arbeitsgerichtliche Schutzschriften, BB 87, S. 2013.

Wolfer, Heiner: Einstweilige Verfügungen zu gewerkschaftlichen Protestdemonstrationen am 06.03.1986, AiB 86, S. 81.

Wollenschläger, Michael: Arbeitsrecht, 3. Aufl., Köln, 2010, zit.: *Wollenschläger*, Arbeitsrecht, … .

Zeuner, Albrecht: Arbeitskampf und einstweilige Verfügung, RdA 71, S. 1.

Zielke, Oliver: Welche Rechte hat der Arbeitgeber bei politisch motivierten Arbeitsniederlegungen?, BB 05, S. 1274.

Zimmerling, Wolfgang: Die „Zwischenverfügung" und das Streikrecht, ZTR 06, S. 365.

Zöller, Richard: Zivilprozessordnung, begr. v. Richard Zöller, 29. Aufl., Köln, 2012, zit.: *Bearbeiter* in: Zöller, ZPO, … .

Zöllner, Wolfgang, Loritz, Karl-Georg, Hergenröder, Curt Wolfgang: Arbeitsrecht. Ein Studienbuch, 6. Aufl., München, 2008, zit.: *Zöllner/Loritz/Hergenröder*, Arbeitsrecht, … .

Zöllner, Wolfgang: Die Zulässigkeit neuer Arbeitskampfformen, in: Festschrift für Eduard Bötticher zum 70. Geburtstag, hrsg. v. Karl August Bettermann u. Albrecht Zeuner, Berlin, 1969, zit.: *Zöllner* in: FS Bötticher, … .

www.ingramcontent.com/pod-product-compliance
Ingram Content Group UK Ltd.
Pitfield, Milton Keynes, MK11 3LW, UK
UKHW021905290926
8980IPUK00015B/1068

9 783631 664926